2022
QUINTA EDIÇÃO

MARCELO ABELHA RODRIGUES

SUSPENSÃO DE SEGURANÇA

SUSPENSÃO DA EXECUÇÃO DE DECISÃO JUDICIAL CONTRA O PODER PÚBLICO

Dados Internacionais de Catalogação na Publicação (CIP) de acordo com ISBD

R696s   Rodrigues, Marcelo Abelha
       Suspensão de segurança: suspensão da execução de decisão judicial contra o Poder Público / Marcelo Abelha Rodrigues. - 5. ed. - Indaiatuba, SP : Editora Foco, 2022.

       208 p. ; 17cm x 24cm.

       Inclui bibliografia e índice.

       ISBN: 978-65-5515-418-4

       1. Direito. 2. Direito processual. 3. Suspensão de segurança. 4. Suspensão da execução. 5. Decisão judicial. 6. Poder Público.   I. Título.

2021-4776   CDD 341.46   CDU 347.9

Elaborado por Vagner Rodolfo da Silva - CRB-8/9410

Índices para Catálogo Sistemático:

1. Direito processual 341.46

2. Direito processual 347.9

QUINTA
EDIÇÃO

MARCELO
ABELHA
RODRIGUES

SUSPENSÃO
DE SEGURANÇA

SUSPENSÃO DA EXECUÇÃO DE DECISÃO
JUDICIAL CONTRA O PODER PÚBLICO

2022 © Editora Foco

Autor: Marcelo Abelha Rodrigues
Diretor Acadêmico: Leonardo Pereira
Editor: Roberta Densa
Assistente Editorial: Paula Morishita
Revisora Sênior: Georgia Renata Dias
Revisora: Simone Dias
Capa Criação: Leonardo Hermano
Diagramação: Ladislau Lima e Aparecida Lima
Impressão miolo e capa: EXPRESSÃO E ARTE

DIREITOS AUTORAIS: É proibida a reprodução parcial ou total desta publicação, por qualquer forma ou meio, sem a prévia autorização da Editora FOCO, com exceção do teor das questões de concursos públicos que, por serem atos oficiais, não são protegidas como Direitos Autorais, na forma do Artigo 8º, IV, da Lei 9.610/1998. Referida vedação se estende às características gráficas da obra e sua editoração. A punição para a violação dos Direitos Autorais é crime previsto no Artigo 184 do Código Penal e as sanções civis às violações dos Direitos Autorais estão previstas nos Artigos 101 a 110 da Lei 9.610/1998. Os comentários das questões são de responsabilidade dos autores.

NOTAS DA EDITORA:

Atualizações e erratas: A presente obra é vendida como está, atualizada até a data do seu fechamento, informação que consta na página II do livro. Havendo a publicação de legislação de suma relevância, a editora, de forma discricionária, se empenhará em disponibilizar atualização futura.

Erratas: A Editora se compromete a disponibilizar no site www.editorafoco.com.br, na seção Atualizações, eventuais erratas por razões de erros técnicos ou de conteúdo. Solicitamos, outrossim, que o leitor faça a gentileza de colaborar com a perfeição da obra, comunicando eventual erro encontrado por meio de mensagem para contato@editorafoco.com.br. O acesso será disponibilizado durante a vigência da edição da obra.

Impresso no Brasil (12.2021) – Data de Fechamento (12.2021)

2022

Todos os direitos reservados à
Editora Foco Jurídico Ltda.
Avenida Itororó, 348 – Sala 05 – Cidade Nova
CEP 13334-050 – Indaiatuba – SP

E-mail: contato@editorafoco.com.br
www.editorafoco.com.br

À Camila Abelha, meu amor!

"Eu confio em você
De olhos fechados posso ver
Honestidade, em um ser humano
Tá difícil de encontrar
Hoje em dia igual a ti
Considere-se a pessoa mais linda do mundo...
O sorriso mais lindo
O olhar mais sincero
O meu porto seguro
A pessoa mais linda no mundo"
(Andinho / Kelly Key)

APRESENTAÇÃO À 5ª EDIÇÃO

Esta nova edição do meu livro *Suspensão de Segurança* apresenta três mudanças importantes.

A primeira é que agora passou a ser editado pela Editora Foco, cujo trabalho de editoração é irretocável, quase artesanal. Estou muito feliz com isso. O sucesso do *Ação civil pública e meio ambiente* e da *Execução por quantia contra devedor solvente* confirma a minha alegria e satisfação. E vejo que o público também aprovou, pois em menos de 3 meses já se principia uma nova edição.

A segunda é que recebi, honrosamente, um novo – *e lindo* - prefácio, do meu querido amigo Nelson Nery Junior para estampar esta nova (5ª) edição. Há 20 anos ele, meu orientador, fez o prefácio da primeira edição "apostando" num sucesso editorial do trabalho acadêmico com o qual obtive o título de Doutor em Direito em 1999, mesmo sabendo que se tratava de um tema extremamente específico e técnico. O tempo mostrou que seu vaticínio estava certo. Sua orientação segura e presente foi decisiva para isso. Com muito orgulho tenho a honra de desfrutar a sua amizade e de toda a sua família. Já disse, e não canso de dizer, que o convívio familiar que tive com Nelson, Rosa e com as meninas ainda tão pequenas [Carmen, Ana e Maria] foram decisivos na minha formação pessoal e acadêmica.

> [Não sei porque neste instante me lembrei de Rosa - com as meninas miudinhas ainda brincando numa sala que tinha um piso que parecia um tabuleiro de xadrez - me ensinando a usar os copos e talheres do jantar de que iríamos participar no dia seguinte na sua casa com os demais orientandos e monitores do Professor Nelson. Como a Rosa teve paciência comigo. Se eu disser para ela que desaprendi tudo...ela vai brigar comigo].

A terceira é que a edição que ora apresento ao público por meio da Editora Foco conta com uma "veia" menos acadêmica e mais voltada ao operador do direito. Ao longo desses 20 anos, embora a obra seja a versão comercial da minha tese de doutoramento, percebi que ela vem sendo menos utilizada pelos acadêmicos e muito mais pelos operadores do direito, em especial pela Fazenda Pública, pelos membros Ministério Público e pelos operadores que trabalham nos Tribunais brasileiros. Em respeito a este público, procurei dar uma formatação bem mais voltada à utilização prática do instituto, comunicando-se umbilicalmente com a jurisprudência do assunto, sem descurar, obviamente, das raízes e fundamentos acadêmicos - e da veia crítica - muito comum nos meus escritos.

Por fim, agradeço o público pelo sucesso até aqui obtido, desde já disponibilizando meu contato para receber o contraditório do leitor com críticas e sugestões sempre muito bem-vindas.

Vitória, 12 de setembro de 2021.

marceloabelha@cjar.com.br

marceloabelha1970 (insta)

PREFÁCIO À 5.ª EDIÇÃO

No ano 2000 Marcelo Abelha Rodrigues lançava a primeira edição deste exitoso livro *Suspensão da Segurança: sustação da eficácia de decisão judicial proferida contra o Poder Público*, ocasião em que tivemos a honra de prefaciá-lo. A primeira edição teve como gênese os originais da tese com que Marcelo obteve o grau de doutor em direito pela PUC-SP.

As sucessivas edições do livro atestam o sucesso editorial do bem elaborado trabalho que agora sai em 5.ª edição, acrescida, atualizada e retrabalhada. Por gentileza e deferência do Autor tenho a honra de prefaciar também esta 5.ª edição.

Marcelo Abelha Rodrigues é Professor Associado do Departamento de Direito da Universidade Federal do Espírito Santo (UFES), exercendo o magistério tanto no curso de graduação quanto nos de pós-graduação dessa importante Universidade brasileira.

Obteve os graus de Mestre em Direito e de Doutor em Direito pela Pontifícia Universidade Católica de São Paulo (PUC-SP), em 1995 e 1999, respectivamente, ambos os trabalhos sob nossa orientação, o que muito nos envaidece e orgulha, pois foi um dos mais brilhantes orientandos que tivemos em nossa carreira acadêmica.

Marcelo é pós-doutor pela Universidade de Lisboa e tem ministrado cursos e palestras sobre Direito Ambiental, Direito Eleitoral e Direito Processual Civil, matérias que domina com grande mestria.

Sua *expertise* nessas três áreas é demonstrada pelos numerosos trabalhos que tem editado, em livros, capítulos de livros e artigos publicados em prestigiosas revistas brasileiras e estrangeiras.

No Direito Eleitoral escreveu importantes trabalhos, colhidos de sua experiência como Juiz (Classe Jurista) do Tribunal Regional Eleitoral do Espírito Santo de 2008 a 2012 sucedendo Flávio Cheim Jorge, que atuou no TRE-ES, também como juiz, de 2004 a 2008. Juntos, Marcelo e Flávio publicaram o *Curso de Direito Eleitoral*, já em 3.ª edição (2020), livro de que também é coautor Ludgero Liberato.

Além de suas qualidades como jurista e escritor, Marcelo Abelha Rodrigues é, também, advogado, exercendo sua advocacia no Espírito Santo e nos tribunais superiores. Tal como ocorre na literatura jurídica, Marcelo tem experimentado fabuloso êxito no exercício da advocacia, sendo profissional de respeitabilíssima atuação no foro brasileiro.

Esta 5.ª edição do *Suspensão de segurança* sai totalmente remodelada, pois se deu ênfase ao aspecto mais pragmático do instituto, isto é, está mais adaptada ao dia a dia do profissional do direito. Foram rearranjados os itens e capítulos de forma a tornar o livro mais dinâmico e mais fácil de consultar os temas relativos à suspensão da segurança. Marcelo manteve o referencial teórico do livro – originariamente sua tese de doutoramento –, mas o reformulou dando-lhe feição mais de mercado. Em virtude dessa remodelagem, a leitura está mais fluida e dinâmica. A melhora portanto, é sensível.

Relativamente ao conteúdo: é o ponto alto desta 5.ª edição! O Autor melhorou a disposição das matérias pelos capítulos e itens e retrabalhou os temas à luz da doutrina especializada e da jurisprudência de nossos tribunais, notadamente do STF e do STJ. É nos tribunais que a utilização da medida de *suspensão da liminar e/ou da sentença* concessiva de mandado de segurança mais se faz presente, constituindo-se como riquíssima fonte de consulta. E dos tribunais superiores é que provém a grande maioria das decisões-líderes na matéria da *suspensão da segurança* e que norteiam o trabalho de Marcelo nesta edição que ora prefaciamos.

Mudança significativa no entendimento dos tribunais superiores ocorreu com o cancelamento explícito do STJ 217[1] e com o cancelamento implícito do STF 506,[2] verbetes estes da Súmula da jurisprudência predominante no STF e STJ que afirmavam não caber recurso de agravo interno contra a decisão do Presidente denegatória da suspensão de segurança, mas só da que concedia, dada a superveniência da MedProv 2180-35, que alterou a Lei 8.437/1992, art. 4.º, § 3.º, para prever expressamente o cabimento do agravo, tanto para impugnar a decisão concessiva da suspensão, quanto da denegatória.

Marcelo Abelha Rodrigues trata dessa temática – que denomina de 4.ª fase da legislação sobre suspensão de segurança – com objetividade e profundidade. Seus posicionamentos no livro são bastante críticos em relação ao instituto, mormente quanto a algumas previsões na legislação superveniente à Lei 4.348, de 26.06.1964, que denomina de "*regalias*" e não de prerrogativas do Poder Público.

Utiliza-se de jurisprudência notavelmente atualizada,[3] comentando-a com rigor técnico-científico, de forma a indicar ao leitor norte seguro a ser seguido no tratamento da matéria.

---

1. STJ, Corte Especial, QOAgRgSS 1204-AM, rel. Min. Nilson Naves, j. 23.10.2003, v.u., DJUe 22.3.2004.

2. STF, Pleno, QOAgRgAgRgAgRgSS 1945-AL, rel. orig. Min. Marco Aurélio (vencido), rel. p/ac. Min. Gilmar Mendes, j. 19.12.2002, m.v., DJU 1.8.2003. Em seu voto condutor, o Min. Gilmar Mendes entende que houve "*lacuna superveniente de regulação*", pois a nova redação dada ao § 3.º do art. 4.º da Lei 8.437/1992 pela MedProv. 1984-16, de 6.4.2000, reeditada e renumerada para MedProv 2180-35, de 24.8.2001 (ainda em vigor – EC 32, de 11.9.2001), não contempla a decisão do Presidente do Tribunal em MS, mas deveria tê-lo feito, para que houvesse simetria entre as liminares ou sentenças proferidas em ação civil pública, cautelar e medida provisória de urgência ou evidência (CPC 300 ss.) e as proferidas em MS.

3. Como se pode ver, por exemplo: a) *grave lesão à segurança pública* (decisão judicial impede continuação de atividade de mineração): STJ, Corte Especial, AgIntSLS 2515-MG, rel. Min. João Otávio de Noronha, j. 22.4.2021, DJUe 17.5.2021; b) *grave lesão à ordem pública* (decisão judicial usurpa função legislativa): STJ, Corte Especial, AgIntSLS 2730-PR, rel. Min. Humberto Martins, j. 16.12.2020, DJUe 18.12.2020; c) afirma que a *suspensão de segurança não é recurso*: "A suspensão de liminar e de sentença é medida excepcional que não tem natureza jurídica de recurso, razão pela qual não propicia a devolução do conhecimento da matéria para eventual reforma" (STJ, Corte Especial AgIntSLS 2917-DF, rel. Min. Humberto Martins, j. 10.8.2021, DJUe 13.8.2021).

O Autor escreve com clareza e didatismo, em linguagem elegante de fácil entendimento, qualidades que nem sempre se encontram na literatura jurídica, nacional ou estrangeira.

Por ser de conteúdo extremamente atual, ratificamos tudo o quanto dissemos no prefácio à primeira edição deste admirável livro de Marcelo Abelha Rodrigues.

Recomendamos vivamente a leitura deste livro ao mesmo tempo em que cumprimentamos o Autor, a Editora e o público leitor, que ganha obra já clássica e sedimentada na literatura jurídica brasileira.

Nelson Nery Junior

Professor Titular da Faculdade de Direito da PUC-SP

Sócio de Nery Sociedade de Advogados

PREFÁCIO À 1.ª EDIÇÃO (ANO 2000)

Temos a honra e o privilégio de prefaciar o excelente livro do Prof. Dr. Marcelo Abelha Rodrigues sobre o instituto da Suspensão de segurança, versão comercial do trabalho com que conquistou, com raro e excepcional brilho, o título de Doutor em Direito pela Pontifícia Universidade Católica de São Paulo, sob nossa orientação.

O autor dispensaria apresentação, porquanto já conhecido do público leitor pelo fato de haver publicado vários livros de direito processual e de direito ambiental, entre os quais destacamos o *Manual de Direito Ambiental e Legislação Aplicável*, em coautoria, São Paulo, Max Limonad, 1. ed., 1997, 2. ed., 1999; *Direito Processual Ambiental Brasileiro*, em coautoria, Belo Horizonte, Del Rey, 1996; *Direito Ambiental e Patrimônio Genético*, Belo Horizonte, Del Rey, 1996. Neste ano de 2000, publicou pela prestigiosa Editora Revista dos Tribunais, de São Paulo, os didáticos e bem elaborados *Elementos de direito processual civil*, em dois volumes (o primeiro em 2. ed.). Além desses livros, o autor tem publicado importantes artigos de doutrina nas revistas brasileiras especializadas.

Natural do Espírito Santo, foi nosso aluno no Curso de Mestrado da PUC-SP. Destacou-se como um dos melhores alunos que já tivemos, razão que nos motivou a convidá-lo para ser nosso assistente nas cadeiras de Direito Processual Civil, Direito das Relações de Consumo e Direito Ambiental, na Faculdade de Direito da PUC-SP. Foi nosso orientando tanto no Mestrado como no Doutorado. Pessoa íntegra, de caráter ilibado, amigo de todas as horas, soube honrar as responsabilidades que lhe foram atribuídas, tanto no magistério como nos Cursos de Pós-Graduação.

É Professor de Direito Processual Civil na Universidade Federal do Espírito Santo e na Faculdade de Direito de Vitória, sendo, também, advogado militante no foro capixaba. O livro que ora publica pela Editora Revista dos Tribunais é de grande atualidade e utilidade para o profissional do direito. Não há, na literatura jurídica brasileira, nenhuma monografia a respeito do tema da Suspensão de segurança. O livro objeto deste prefácio inaugura, portanto, o tratamento monográfico da matéria, ganhando, com isso, plena originalidade.

Instituto criado pelo art. 4.º da Lei 4.348, de 26.06.1964, é pela primeira vez sistematizado no livro que ora se publica. Trata-se de incidente processual (que não é recurso), de competência originária de Tribunal e, neste, do Presidente do Tribunal, cuja finalidade é a de suspender a execução das liminares ou mesmo das sentenças proferidas em mandado de segurança, ação coletiva, tutela antecipada etc., sempre que, a requerimento de pessoa jurídica de direito público, verificar-se perigo de grave lesão à ordem, saúde, segurança e economia públicas. Com o incremento da utilização das medidas liminares, por exemplo, em mandado de segurança, ação coletiva lato sensu, tutela antecipada contra o poder público, situações em que, por expressa disposição de lei, se aplica o instituto da suspensão da segurança aqui retratado, o livro ressalta em importância, caracterizando-se como instrumento de grande utilidade prática para o profissional do direito, seja ele magistrado, membro do Ministério Público, advogado ou, mesmo estudante de direito.

Na primeira parte do livro, o autor trata dos incidentes processuais, gênero do qual faz parte o instituto da suspensão da segurança. Faz-se uma verdadeira teoria geral dos incidentes processuais. Na segunda parte do livro é estudado, de forma pormenorizada, o incidente de suspensão de execução da decisão (liminar) ou da sentença proferida nas ações que já mencionamos acima. O tratamento da matéria é exaustivo. O autor trata de toda a base dogmática do instituto, como também disseca o seu procedimento, analisando a legitimidade para arguir o incidente, a competência para processá-lo e julgá-lo, o prazo para requerer-se a suspensão, os requisitos da petição inicial etc.

Merecem destaque os tópicos relativos à decisão que suspende a execução e sua eficácia no tempo, bem como sua impugnabilidade. Quanto a este último item, foram examinadas as Súmulas 506 do STF e 217 do STJ, que dizem só caber agravo da decisão que defere a suspensão e, de consequência, não caber agravo da decisão que rejeita o pedido de suspensão.

Interessante notar que não é raro o Presidente do Tribunal, ao apreciar o pedido de suspensão, ingressar no mérito do mandado de segurança ou da tutela antecipada, procedimento que não está autorizado pelo art. 4.º da Lei 4.348/64. Deve ser examinado, exclusivamente, se há perigo de grave lesão à ordem, saúde, segurança e economia públicas, se a liminar ou a sentença for executada. Esse erro bastante comum é tratado pelo autor com grande competência.

Escrito em linguagem correta e clara, o autor comunica bem o seu pensamento e permite que o leitor compreenda do que se está tratando. Esse aspecto didático é de suma importância para que o livro possa atingir seu desiderato, que é o de fornecer meios e mecanismos para que o profissional do direito possa valer-se do instituto da suspensão da segurança e dele tirar todo o proveito e operatividade.

A bibliografia utilizada é adequada e o autor se valeu da doutrina nacional e estrangeira para fundamentar seus pontos de vista. Aliado a esse aspecto doutrinário de rigoroso cunho científico, o autor utilizou-se da experiência de nossos tribunais, enriquecendo o trabalho com farta e selecionada jurisprudência, de modo que o livro tem um sentido prático extremamente interessante e útil ao profissional do direito.

Na certeza de que o livro será um clássico da literatura jurídica brasileira, de consulta obrigatória no tema da suspensão da segurança, cumprimentamos o autor pela originalidade do tema eleito e pela excelência da pesquisa e da exposição, a Editora Revista dos Tribunais pela iniciativa de proporcionar a publicação do trabalho e, principalmente, o público leitor (advogados, estudantes de direito, membros do Ministério Público e Magistrados), destinatários últimos do livro que ora é dado à publicação.

Nelson Nery Jr.

Professor Titular da Faculdade de Direito da PUC-SP

LISTA DE ABREVIATURAS

§ – Parágrafo
1.º TACivSP – Primeiro Tribunal de Alçada Civil de São Paulo
Ac. – Acórdão
ACP – Ação Civil Pública
AD – Ação declaratória incidental
ADIn – Ação direta de inconstitucionalidade
AgRg – Agravo Regimental
AgSL – Agravo na suspensão de liminar
Antep. – Anteprojeto
AP – Ação Popular
Apel. – Apelação
AI – Agravo inominado
BGB – Bürgerliches Gesetzbuch
BolAASP – Boletim da Associação dos Advogados de São Paulo
c/c – Combinado com
Câm. – Câmara
CC – Código Civil
Ccom. – Código Comercial
CDC – Código de Defesa do Consumidor
CF/88 – Constituição Federal de 1988
cit. – Citado; citação
Civ. – Civil; cível
CLT – Consolidação das Leis do Trabalho
CP – Código Penal
CPC/39 – Código de Processo Civil de 1939
CPC/73 – Código de Processo Civil de 1973
CPP – Código de Processo Penal
Des. – Desembargador
DJU – Diário de Justiça da União
DL – Decreto-lei
DPC – Direito Processual Civil

HC	–	*habeas corpus*
HD	–	*habeas data*
j.	–	Julgamento
JCC	–	Jurisdição Civil Coletiva
LACP	–	Lei de Ação Civil Pública (Lei 7.347/85)
LC	–	Lei complementar
LMC	–	Lei das Medidas Cautelares (Lei 8.437/92)
LOMP	–	Lei Orgânica Nacional do Ministério Público (Lei 8.625/93)
LR	–	Lei dos Recursos (Lei 8.038/90)
m.v.	–	maioria de votos
Min.	–	Ministro
MP	–	Ministério Público
MP	–	Medida Provisória
MS	–	Mandado de segurança
MSC	–	Mandado de segurança coletivo
Obs.	–	Observação
Recl.	–	Reclamação
rel.	–	Relator
RePro	–	Revista de Processo (periódico RT)
Resp	–	Recurso Especial
Rext	–	Recurso Extraordinário
RF	–	Revista Forense (Forense)
RJP	–	Relação Jurídica Processual
RSTJ	–	Revista do Superior Tribunal de Justiça
RISTF	–	Regimento Interno do STF
RISTJ	–	Regimento Interno do STJ
RT	–	Revista dos Tribunais
s/d	–	sem data
SL	–	Suspensão de liminar
SLS	–	Suspensão de liminar e sentença
SS	–	Suspensão de Segurança
ss.	–	seguintes
STF	–	Supremo Tribunal Federal
STJ	–	Superior Tribunal de Justiça
t.	–	tomo
TACiv.	–	Tribunal de Alçada Cível de São Paulo

TJ	–	Tribunal de Justiça
TJBA	–	Tribunal de Justiça da Bahia
TJES	–	Tribunal de Justiça do Espírito Santo
TJMG	–	Tribunal de Justiça de Minas Gerais
TJPR	–	Tribunal de Justiça do Paraná
TJRJ	–	Tribunal de Justiça do Rio de Janeiro
TJRS	–	Tribunal de Justiça do Rio Grande do Sul
TJSP	–	Tribunal de Justiça de São Paulo
TRF	–	Tribunal Regional Federal
Unân.	–	Unânime
v. g.	–	*verbi gratia*
v. u.	–	votação unânime
ZPO	–	Zivilprozeßordnung

SUMÁRIO

APRESENTAÇÃO À 5ª EDIÇÃO VII

PREFÁCIO À 1.ª EDIÇÃO (ANO 2000) IX

LISTA DE ABREVIATURAS XI

CAPÍTULO 01 – BREVE ANOTAÇÃO HISTÓRICA DA SUSPENSÃO DE SEGURANÇA.... 1

1.1 Introdução 1

1.2 Origem remota: as raízes do instituto 2

1.3 Segunda fase: predominância do estado liberal na suspensão de segurança 6

1.4 Terceira fase: influência do estado social na suspensão de segurança – panorama da suspensão de segurança nos diversos diplomas legais 12

1.5 Quarta fase: a criticável proliferação das hipóteses de cabimento do instituto 20

1.6 Quinta fase: o novo cpc e perspectivas em relação à suspensão de segurança 23

CAPÍTULO 02 – ASPECTOS GERAIS: NATUREZA JURÍDICA, CONSTITUCIONALIDADE E FINALIDADE.. 29

2.1 Natureza jurídica.. 29

2.2 Constitucionalidade 35

CAPÍTULO 03 – REQUISITOS DE ADMISSIBILIDADE DO INCIDENTE DE SUSPENSÃO DE SEGURANÇA 43

3.1 Introito: juízo de admissibilidade e de mérito do incidente de supensão de segurança.. 43

    3.1.1 A admissibilidade 43

    3.1.2 O mérito 44

3.2 Estado de pendência de onde emana o pedido de suspensão de segurança 45

3.3 Inadmissão da suspensão de segurança quando o poder público está na posição de autor da demanda 46

3.4 Inadmissão da suspensão de segurança em cumprimento definitivo da sentença ou em processo de execução 48

3.5 Da necessidade de provocação (requerimento) ao tribunal competente............... 50

3.6 Vigência da decisão que se pretende suspender 50

3.7 Suspensão de segurança nos processos objetivos 50

3.8 Competência 53

    3.8.1 Introito 53

    3.8.2 Identificação da competência para a suspensão de segurança em manda-
do de segurança 55

        3.8.2.1 Suspensão da execução da *liminar* ou da *sentença* 55

        3.8.2.2 Competência na hipótese de suspensão da suspensão negada
pelo Presidente do Tribunal (art. 15, § 1º, da Lei 12.016) 56

        3.8.2.3 Suspensão do acórdão do Plenário ou órgão especial que dá pro-
vimento ao agravo interno que revoga a suspensão concedida.... 58

        3.8.2.4 Suspensão de segurança contra acórdão que nega provimento a
agravo de instrumento interposto contra a liminar 58

    3.8.3 Suspensão de segurança de decisão (liminar ou acórdão) proferida em
única ou última instância em mandado de segurança (na hipótese do art.
25 da Lei 8.030) 59

    3.8.4 Identificação da competência para a suspensão de segurança para os de-
mais casos do art. 4.º da Lei 8.437/1992 60

    3.8.5 Suspensão de segurança e deslocamento da competência........................ 61

    3.8.6 Impedimento e suspeição na suspensão de segurança 63

    3.8.7 O uso da reclamação para preservação da competência na suspensão de
segurança.. 64

    3.8.8 Inexistência de competência horizontal do Presidente da Tribunal de
onde emanou a decisão liminar cuja execução se pretende suspender...... 65

    3.8.9 Direito local – incompetência do STJ e STF... 68

3.9 Legitimidade.. 70

    3.9.1 A legitimidade da pessoa jurídica de direito público 70

    3.9.2 A legitimidade do Ministério Público.. 72

    3.9.3 A Legitimidade do agente político afastado.. 76

3.10 Suspensão de segurança em procedimento criminal.................................... 79

CAPÍTULO 04 – MÉRITO DO INCIDENTE DE SUSPENSÃO DE SEGURANÇA: OS
FUNDAMENTOS (DE DIREITO E DE FATO) E O *PEDIDO* NA SUSPENSÃO DE SEGU-
RANÇA 83

4.1 Introito 83

4.2 Fundamentos de direito: as hipóteses de cabimento 83

    4.2.1 Introito 83

SUMÁRIO **XXIII**

4.2.2 Suspensão de segurança em mandado de segurança.............................. 84

    4.2.2.1 Suspensão de decisão proveniente de juiz de primeiro grau de jurisdição (art. 15 da Lei 12.016)... 84

        4.2.2.1.1 Introito... 84

        4.2.2.1.2 Suspensão da liminar ou da sentença proferida por juiz em mandado de segurança 85

        4.2.2.1.3 Suspensão da suspensão negada (art. 15, § 1.º, da Lei 12.016/ 2009)............................. 86

        4.2.2.1.4 Suspensão dos efeitos do acórdão do plenário do TJ/Tribunais regionais (art. 15, § 1° segunda parte)... 88

        4.2.2.1.5 Suspensão dos efeitos do acórdão no agravo de instrumento interposto pelo ente público que confirma a liminar do juiz de primeiro grau (§ 2.º do art. 15 da Lei 12.016/2009)... 89

        4.2.2.1.6 Suspensão coletiva (efeito expansivo dos limites subjetivos da suspensão de segurança para outros casos semelhantes)................... 91

    4.2.2.2 Suspensão da decisão (liminar ou acórdão) proferida em única ou última instância pelo Tribunal (art. 25 da Lei 8.038/1990).... 94

4.2.3 Suspensão de segurança nos demais casos (medida cautelar, ação civil pública, ação popular, tutelas provisórias)... 96

    4.2.3.1 Suspensão da liminar e sentença em ação cautelar inominada (art. 4.º, *caput* e § 1.º, da Lei 8.437/1992)................................. 96

    4.2.3.2 Suspensão da liminar ou sentença em ação civil pública e ação popular... 99

    4.2.3.3 Suspensão dos efeitos do acórdão que julgou o agravo regimental em desfavor do Poder Público (art. 4° da Lei 8.437).............. 101

4.3 Fundamento de fato: a existência de "risco de grave lesão à ordem, à saúde, à segurança e à economia públicas".. 104

4.3.1 O juízo de convencimento: juízo político e demonstração do risco de grave lesão 104

4.3.2 O dano potencial decorrente do "efeito multiplicador"........................... 109

4.3.3 As expressões "Manifesto interesse público", "flagrante ilegitimidade", "evitar grave lesão à ordem, à saúde, à segurança e à economia públicas" 111

    4.3.3.1 Introito 111

    4.3.3.2 A opção política de privilegiar a tutela do interesse público enquanto não se tornou definitiva a decisão contra o poder público. 112

SUSPENSÃO DE SEGURANÇA • Marcelo Abelha Rodegues

4.3.3.3 Para "evitar grave lesão à ordem, à saúde, à segurança e à economia públicas".. 114

    4.3.3.3.1 Ainda sobre o sopesamento de valores em jogo 114

        4.3.3.3.2 A finalidade de evitar grave lesão à ordem, à saúde, à segurança e à economia públicas 116

4.3.3.4 As expressões "flagrante ilegitimidade" e o "manifesto interesse público" constantes apenas do art. 4º da Lei 8.437 123

4.4 O pedido na suspensão de segurança 126

    4.4.1 O que significa suspender a execução...................................... 126

    4.4.2 Pronunciamento decisório numa demanda movida contra o Poder Público... 126

    4.4.3 A "execução" do pronunciamento decisório, cuja eficácia se pretende suspender 128

    4.4.4 Prazo para requerimento do pedido de suspensão..................... 133

    4.4.5 Limites objetivos do incidente 134

    4.4.6 A decisão que suspende a execução 139

        4.4.6.1 Natureza do pronunciamento que suspende a execução da decisão 139

        4.4.6.2 Prazo de duração da suspensão da execução da decisão judicial. 145

            4.4.6.2.1 Introito.. 145

            4.4.6.2.2 Vigência da decisão cuja eficácia foi suspensa no incidente 146

CAPÍTULO 05 – PROCEDIMENTO DO INCIDENTE DE REQUERIMENTO DE SUSPENSÃO DE EXECUÇÃO DE DECISÃO JUDICIAL... 153

5.1 Generalidades 153

5.2 Petição inicial 154

5.3 Emenda da petição inicial 155

5.4 Indeferimento 155

5.5 Deferimento 156

5.6 Recebimento da petição inicial 158

5.7 O direito ao contraditório pelo autor da demanda 158

5.8 A intervenção do ministério público 161

5.9 O recurso de agravo no incidente de suspensão de execução de decisão judicial 164

    5.9.1 Generalidades.. 164

    5.9.2 Cabimento do agravo interno.. 165

5.9.2.1 Agravo interno nos incidentes de suspensão de execução nos processos de mandado de segurança.. 165

5.9.2.2 Prazo para interpor o agravo interno da decisão do presidente... 167

5.10 Procedimento do agravo interno 168

5.11 O requerimento de suspensão da decisão diante do recurso contra a mesma decisão ... 169

REFERÊNCIAS 177

Capítulo 01
BREVE ANOTAÇÃO HISTÓRICA DA SUSPENSÃO DE SEGURANÇA

1.1 INTRODUÇÃO

Apenas para fins didáticos, optou-se por dividir a história do instituto da suspensão de segurança em cinco momentos diversos.

O primeiro momento, da origem remota do instituto, é marcado pela identificação das raízes e dos modelos estrangeiros que serviram de inspiração à sua criação. Ainda, neste tópico, procurou-se demonstrar que o instituto nasceu praticamente junto ao próprio mandado de segurança, na primeira lei processual que regulamentou o *writ* constitucional criado em 1934.

A segunda e terceira fases foram neste trabalho delimitadas, respectivamente, pela forte influência liberal e social do Estado na utilização do instituto. O critério para a divisão entre a segunda e a terceira fases foi a mudança de comportamento do Estado na regulação e na utilização do instituto, o que se deu pela mudança de paradigma do Estado Liberal para o Social. Passou-se de uma quase nenhuma utilização do instituto a uma utilização voltada à atuação intervencionista do Estado para a garantia de execução de suas políticas públicas.

Por sua vez, a quarta fase foi reservada para cuidar da suspensão de segurança após as sensíveis mudanças "legislativas", perpetradas pela MP 2.180-35 (congelada pela EC n. 32/2001), em que se observa que o remédio ganhou um papel meramente político e fruto de um indecente privilégio do poder público. Tais mudanças atingiram o âmago do instituto, alterando-lhe a natureza e criando hipóteses de cabimento, sempre em favor da Fazenda Pública e em detrimento do particular.

Já a quinta fase do instituto, atualmente em curso, tem tímido início no fim da primeira década deste século, pelos idos de 2010, e agora é sacramentada com o advento do NCPC (Lei 13105/2015) e com a implementação na lei processual do modelo constitucional de processo, em que se destacam dois aspectos centrais: a) a necessidade de que o processo seja realmente um método democrático de concretização de direitos fundamentais e b) seja concretizada a defesa da coerência, estabilidade e isonomia do direito positivo, mediante o resgate do verdadeiro e fulcral papel das cortes supremas (jurisdição extraordinária) e a valorização dos seus precedentes, com o intuito de que este fenômeno restabeleça a identidade jurídica do instituto com sensível diminuição da sua utilização, reservando-o apenas para situações absolutamente excepcionalíssimas.

1.2 ORIGEM REMOTA: AS RAÍZES DO INSTITUTO

No processo romano formulário, em geral, a sentença prolatada produzia coisa julgada logo após ser proferida pelo juiz popular. Assim, em tal sistema, não havia a possibilidade de a sentença ser reformada pelo mesmo juiz ou por outro. Entretanto, como bem pontua José Carlos Moreira Alves[1], "indiretamente podia a parte vencida chegar a resultado a que modernamente se atinge com recursos".

Um desses mecanismos era a *intercessio*[2], que consistia no veto que um magistrado fazia à exceção de um ato ordenado por outro. De tal forma, por esse instituto, um juiz de igual ou superior hierarquia deveria suspender a execução de um ato prolatado por outro magistrado[3]. Ora, não há dúvidas de que a origem do pedido de suspensão de execução de decisão encontra ao menos inspiração na *intercessio* do período formulário[4].

É justamente essa inspiração romana que talvez venha justificar a existência desse instituto não só no Brasil, mas também nos países que adotam medida similar à nossa como na *acción de amparo*[5] (art. 2.º, *c*, da L. 6.986/1966) do direito argentino[6-7] pela qual deve ser negada a proteção, caso a providência jurisdicional solicitada

---

1. José Carlos Moreira Alves. *Direito romano*, vol. 1, p. 225.
2. Os demais eram a *revocatio in duplum e a restitutio in integrum*.
3. "No período republicano, em princípio, não se conhecem recursos tendentes ao exame das decisões proferidas, conhecendo-se, porém, certos meios processuais dirigidos contra a sentença. Entre eles conheciam os romanos a *intercessio*, a *revocatio in duplum* e a *restitutio in integrum*. Pela *intercessio*, um magistrado da mesma categoria ou de categoria superior à daquele que proferiu sentença impedia por meio de veto que o ato fosse executado" (José Cretella Júnior. *Curso de direito romano*, p. 429).
4. Uma vez implantada a República pelos idos de 510 a.C., esta foi caracterizada por uma administração em várias magistraturas. A suprema magistratura era exercida pelo *imperium*, que por sua vez era formado por dois cônsules eleitos para um mandato de um ano, que exerciam um a um, alternadamente mês a mês, a função de governar e fiscalizar, ou seja, enquanto num mês um governava, o outro fiscalizava, tendo este último, no exercício do poder fiscalizador, o direito de veto, ou intercessio, sempre que houvesse discordância do ato do governante.
5. O *juicio de amparo* é um remédio oriundo do ordenamento mexicano utilizado contra as arbitrariedades do Estado, cujo campo de incidência é superior ao do nosso mandado de segurança. Em linhas gerais, o amparo só é possível por iniciativa da parte, sendo essencial a existência de dano ou prejuízo pessoal, e dificilmente é admitido em caráter preventivo. Pacífica é a sua utilização contra atos administrativos ou jurisdicionais. A seu respeito ver por todos Alfredo Buzaid. Juicio de amparo e mandado de segurança: contrastes e confrontos. In: *Revista de direito processual civil*, São Paulo: Editora Saraiva, v. 3, n. 5, p. 30–70, jan./jun., 1962.
6. No que diz respeito ao ordenamento jurídico argentino, assim se pronuncia Sagüés, comentando a Lei 16.986: "En su art. 1.º la ley 16.986 declara tutelados por la acción de amparo 'los derechos o garantías explícita o implícitamente reconocidos por la Constitución Nacional'". Sobre tal artigo prossegue o autor: "(...) es cierto que, en sentido estricto resulta correcto delimitar los derechos de las garantías; pero en menos cierto que en el derecho argentino tal distinción no es perfecta, y que la aplicación de esa clasificación tampoco resulta unánime. De ahí que la expresión del art. 1.º de la ley 16.986 (derechos o garantías), aunque no muy técnica, brinda sin embargo la solución de insertas en el proceso de amparo, incuestionablemente, a una extensa gama de bienes jurídicos, se han éstos rotulados de una otra forma. (...) De todas maneras, debe advertirse que el amparo también es una garantía, en tanto en cuanto se programa para guarecer derechos. Se trata de una garantía Constitucional aunque implícita, como bien se ha hecho notar que protege los diversos aspectos de la libertad individual, emergiendo tácitamente de la Corte Suprema, sentada en el caso Kot" (Néstor Pedro Sagüés. Acción de amparo. *Derecho procesal constitucional*, vol. 3, p. 150). Criticando a terminologia empregada no referido artigo comentado, posiciona-se Viemonte Sanchez. Juicio de Amparo. *Enciclopedia Jurídica Omeba*, t. XVII, p. 171. A este respeito, ver ainda Lazzarini, *El juicio de amparo*, p. 249 e 256.
7. Sobre o tema, ver Néstor Pedro Sagüés. Op. cit., p. 230 e ss.; com críticas mais brandas que Sagüés ao referido instituto, ver Osvaldo A. Gozaíni. *El derecho de amparo*, p. 41 e ss.

no amparo possa comprometer serviço público ou atividade essencial do Estado; como, ainda, em antiga e já revogada Lei austríaca de 1945, que permitia à Corte, a pedido da parte interessada e durante a tramitação do recurso, ordenar a suspensão da execução do ato impugnado, se a medida ocasionar prejuízos à autoridade e ao interesse público (art. 86). Outras figuras com finalidade de proteção do interesse público em face da tutela de direitos particulares também podem ser encontradas no recurso de amparo da Costa Rica[8] (art. 41 da Ley de la Jurisdicción Constitucional 7.135), no direito suíço, germânico, e até em países da *commom law*, como na legislação de alguns *writs* norte-americanos[9].

No Brasil, a previsão legislativa do incidente de suspensão de execução de decisão judicial tem a sua origem histórica presa à ação de mandado de segurança, motivo pelo qual a sua previsão legislativa expressa só surgiu com o advento do próprio mandado de segurança[10]. Já a origem histórica do mandado de segurança guarda íntima relação com os *writs*[11] do direito anglo-saxão e as seguranças reais do direito reinol, como bem evidencia Nelson Nery Junior[12]. Exatamente por isso a origem histórica do mandado de segurança está intimamente atrelada ao próprio

---

8. "La interposión del amparo no suspenderá los efectos de leyes u otras disposiciones normativas cuestionadas, pero sí la aplicación de aquéllas al recurrente, así como la de los actos concretos impugnados. Sin enbargo, en casos de excepcional gravedad la Sala podrá disponer la elecución o la continuidad de la ejecución, a solicitud de la Administración de la que dependa el funcionario u órgano demandado, aún de oficio, cuando la suspensión cause o amenace causar daños o perjuicios ciertos e inminentes a los intereses públicos, mayores que los que la ejecución causaría al agraviado, mediante las cautelas que considere procedentes para proteger los derechos o libertades de este último y no hacer ilusorio el efecto de una eventual resolución del recurso a su favor (...)".

9. Nesse sentido, ver Arnoldo Wald. *Do mandado de segurança na prática judiciária*, p. 448 e ss.

10. A expressão "suspensão de segurança", promiscuamente utilizada para as demais modalidades de suspensão de execução de decisão judicial, guarda atávica correspondência com sua origem, pois surgiu para sustar a eficácia de liminar em mandado de segurança.

11. Bem lembra Diomar Ackel Filho que o termo *writ* (de *written*=escrito), com origem pertinente ao direito anglo-saxônico, tinha, aprioristicamente, o significado de escrito, lei, regulamento, édito, ordem, sendo que, *a posteriori*, numa dada evolução, passou a significar as medidas assecuratórias das liberdades individuais e direitos da cidadania, contando, hoje, com uma conotação intimamente relacionada com todos os processos especiais e sumários, quase sempre de contraditório angusto, restrito à apresentação de prova pré-constituída, em que se acha infirmada a presença de uma cognição sumária do juiz, que, por sua vez, retribui, conforme o caso, a conceder mandamentos judiciais *in natura*. Ainda nos passos do referido autor, pode-se dizer que são diversas as espécies de *writs* no direito anglo-americano, *v.g.*, *writ of mainprize*, *writ of habeas corpus*, *writ of mandamus*, *writ of injunction*, *writ of certiorari*, *writ of quo warranto* etc. "O *writ of mandamus*, segundo White, é utilizado para compelir o funcionário à prática de ato do seu ofício, nos casos em que o servidor não tem poder discricionário. Em caso contrário, a ordem pode ser dada, isto é, o funcionário deverá praticar o ato, porém, respeitada sua liberdade de escolha dentro dos limites legais" (Diomar Ackel Filho. *Writs constitucionais*, p. 13 e ss.); ver, ainda, Leonard D. White. *Introduction to the study of administration*, 3. ed., p. 579, Nova York, apud Celso Agrícola Barbi. *Do mandado de segurança*, p. 20.

12. "Quer com a evolução das 'seguranças reais' do direito reinol, quer com o tratamento dado pela doutrina mais antiga à 'posse dos direitos pessoais', o fato é que o mandado de segurança tem mesmo origem no antigo direito luso-brasileiro, havendo recebido, contudo, influência do *juicio de amparo* do direito mexicano e dos *writs* do direito anglo-saxão" (Nelson Nery Junior. *Princípios do processo civil na Constituição Federal*, p. 93).

habeas corpus[13], conquanto, hoje em dia, o cabimento de um remédio afaste o do outro[14 15 16].

A legislação do mandado de segurança com a previsão do incidente de suspensão de execução de liminar (e posteriormente de sentença), que nele era concedida, veio surgir, justamente, porque já não era mais possível continuar a dar uma interpretação elástica[17] ao *habeas corpus*,[18] cujas finalidade e natureza eram a tutela da liberdade física[19].

Com isso, uma vez reconduzido o *habeas corpus* à sua função histórica, diversos anteprojetos[20] foram apresentados à Câmara dos Deputados com a finalidade de criação de uma ação com rito célere, similar ao das possessórias, para a tutela dos direitos pessoais. Entretanto, como a Revolução de 1930[21] dissolveu o Poder

---

13. Nesse sentido ver Themístocles Brandão Cavalcanti. *Do mandado de segurança*, p. 36 e ss.
14. Na Constituição Brasileira de 1891 estabelecia o Artigo 72 §22: "dar-se-á habeas corpus sempre que o indivíduo sofrer violência, ou coação, por ilegalidade ou abuso de poder". Apenas na reforma Constitucional em 1926 o *habeas corpus* teve seu âmbito de proteção reduzido, ficando vedada a sua proteção a direitos que não a liberdade de locomoção, e abrindo espaço para surgir posteriormente o mandado de segurança.
15. Não só na nossa constituição, mas também, *v.g.*, na *acción de amparo*, como bem pontua Sagüés: "La ley 16.986 en su art. 1.º exceptúa del ámbito del amparo la protección de la libertad individual, tutelada pelo *habeas corpus*. (...) La acción de amparo, pues, no está para proteger a esa libertad física" (Op. cit., p. 156).
16. "Pode-se dizer que, na realidade, entre nós, se constitui o Mandado de Segurança num desdobramento operativo e processual da figura do *habeas corpus*, criado que foi como instrumento especificamente destinado à proteção de assuntos não respeitantes ao direito penal" (José Manoel de Arruda Alvim. Revogação da medida liminar em mandado de segurança, *RePro* 11, p. 12).
17. Essa foi a mensagem do então Presidente Arthur Bernardes, em 3 de maio de 1924, acerca da revisão constitucional do *habeas corpus* ocorrida quase dois anos depois: "A extensão dada ao instituto do *habeas corpus*, desviado do seu conceito clássico por interpretação que acatamos, é outro motivo de excesso de trabalho no primeiro Tribunal da República. É tempo de fixar-se os limites do instituto, criando-se as ações rápidas e seguras, que o substituam e que não sejam de ilegal constrangimento ao direito de locomoção e à liberdade física do indivíduo" (apud Themístocles Brandão Cavalcanti. Op. cit., p. 41).
18. Há de ressaltar que essa interpretação elástica comentada no texto do *habeas corpus* para situações não penais era autorizada pela própria Constituição de 1891 que dizia: "dar-se-á *habeas corpus* sempre que o indivíduo sofrer ou se achar em iminente perigo de sofrer violência ou coação, por ilegalidade ou abuso de poder".
19. A reforma constitucional de 1926 alterou propositadamente o dispositivo relativo ao *habeas corpus* justamente para delimitar seu campo de aplicação. Se, por um lado, nessa reforma se perdeu a oportunidade de inserir tratamento constitucional ao mandado de segurança, cujo estudo já estava bastante evoluído pelo que se percebe do projeto de Gudesteu Pires, por outro lado, com a delimitação do cabimento do *habeas corpus*, acabou forçando a evolução da criação do mandado de segurança, uma vez que a utilização de interditos possessórios na defesa de direitos pessoais também, de certa forma, consistia num desvirtuamento desses institutos. Com a reforma, o texto do § 22, art. 72, da Constituição passava a ser o seguinte: "Dar-se-á o *habeas corpus* sempre que alguém sofrer ou se achar em iminente perigo de sofrer violência, por meio de prisão ou constrangimento ilegal, em sua liberdade de locomoção".
20. Projetos de Gudesteu Pires, Mattos Peixoto, Odilon Braga, Clodomir Cardoso, Bernardes Sobrinho, Sérgio Loretto, entre outros.
21. Neste ponto valem as palavras de Luis Eulálio Bueno Vidigal: "O objetivo evidente da reforma – restringe o *habeas corpus* estritamente à proteção do direito de ir e vir – não seria provavelmente atingido. As expressões finais deste texto, *Constrangimento ilegal em sua liberdade de locomoção*, certamente poderiam prestar-se, como acontecera ao texto primitivo da Constituição de 1891, para o florescimento de jurisprudência que, sob o pretexto de proteger a liberdade de locomoção, amparasse outros direitos do cidadão. Todavia isso não chegou a acontecer no curto período em que vigorou o novo texto. Ao deflagrar a revolução de 1930, cujo

CAPÍTULO 01 • BREVE ANOTAÇÃO HISTÓRICA DA SUSPENSÃO DE SEGURANÇA

5

Legislativo e nenhum dos projetos havia sido votado ainda, a discussão legislativa em torno da criação do mandado de segurança só retornou com o projeto de João Mangabeira, que atribuiu o nome *mandado de segurança*, incorporado pela Comissão Elaboradora do anteprojeto constitucional no art. 10, § 21.

Portanto, a CF/1934 introduziu o instituto no art. 113, § 33[22] e expressamente determinou que o mandado de segurança tivesse o mesmo processo do *habeas corpus*. Todavia, isso não impediu que fosse criada uma regulamentação específica para o tema, já que muitas eram as dúvidas sobre o instituto, como mais se vê adiante[23].

O texto do artigo 113, §33, inserido no capítulo II, dedicado aos direitos e garantias individuais da CF/34, era o seguinte:

> Dar-se-á mandado de segurança para defesa do direito, certo e incontestável, ameaçado ou violado por ato manifestamente inconstitucional ou ilegal de qualquer autoridade. O processo será o mesmo do habeas corpus, devendo ser sempre ouvida a pessoa de direito público interessada. O mandado não prejudica as ações petitórias competentes.

Assim, dispunha a Lei 191, no seu art. 13:

> Nos casos do art. 8.º, § 9.º, e art. 10, poderá o Presidente da Côrte Suprema, quando se tratar de decisão da Justiça Federal, ou da Côrte de Apelação, quando se tratar de decisão da justiça local, a requerimento do representante da pessoa jurídica de direito público interno interessada, para evitar grave lesão à ordem, à saúde ou à segurança pública, manter a execução do ato impugnado até o julgamento do feito, em primeira ou em segunda instâncias.

A disposição legal supracitada coube ao Deputado Levi Carneiro que apontou como justificativa o seguinte:

> O dispositivo do projeto, que acabamos de transcrever, encerra uma inovação interessante, que se pode tornar muito valiosa. Acha-se, porém, mal colocado no artigo que regula o processo do recurso – por isso mesmo que nem só neste caso se deve admitir a suspensão da execução do mandado. Máxime, se se adotasse, como fez o substitutivo no § 6.º do art. 4.º, já apreciado, à regra de ter sempre efeito suspensivo do ato impugnado o simples despacho inicial do pedido de mandado de segurança.
>
> Admito que o juiz suspenda, desde logo, os efeitos do ato impugnado, quando circunstâncias especiais justifiquem tão melindrosa determinação. Por isso mesmo, estabeleço que, não só no caso do recurso – que não tem efeito suspensivo – mas também nessa outra hipótese, caiba a

---

triunfo assinalou o fim da vigência da Constituição de 1891, o movimento tendente ao restabelecimento de fato e de direito das garantias que a reforma constitucional de 1926 visara suprimir, já se desencadeara e ganhara largo impulso (...)" (*Direito processual civil*, p. 15).

22. Vale acrescentar neste momento que a essa época vigorava o conceito civilista da ação, ou seja, concebia-se a existência da ação somente quando violado um direito. Outro não era o entendimento, senão aquele estatuído no próprio diploma civil, no seu art. 75, quando dizia que a todo direito corresponde uma ação que o assegura. Então, criado nesse contexto, o exercício da ação de mandado de segurança (como toda e qualquer ação) estava condicionada à "existência de um direito". Justifica-se o exposto com a expressão contida no texto constitucional: "defesa de direito, certo e incontestável", enfim, que além de "existir" estivesse evidente, às claras e pudesse ser demonstrado mediante prova documental.

23. Nesse sentido, Themístocles Brandão Cavalcanti. Op. cit., p. 71.

representação tendente a excluir a suspensão imediata do ato. O dispositivo, assim completado, constituirá artigo separado.

Também não me parece que a representação deva caber ao Ministério Público, mas, sim, ao representante da Pessoa Jurídica de Direito Público Interno. O Ministério Público pode ser o representante judicial dessa pessoa – mas é a ela mesma que compete atender aos altos interesses públicos salvaguardados pelo dispositivo.

Finalmente, êsses casos não devem ser os que possam acarretar simples 'danos irreparáveis' à ordem ou à saúde pública, mas grave dano irreparável. O dispositivo deverá constituir o art. 9.º do projeto, para ficar depois do preceito referente aos julgamentos originários dos tribunais.

Ao olhar para o artigo 13 da Lei n.º191/36, bem como para a justificativa do Deputado Levi Carneiro, percebe-se nitidamente que a dissociação entre (a) o pedido de suspensão de segurança endereçado ao Presidente do Tribunal (b) do recurso interposto contra a respectiva decisão. Contudo, sem conhecer o anteprojeto apresentado, não é possível perceber que, da forma como foi apresentado o instituto, a intenção era de que, embora dissociado em peça autônoma e para órgão diverso, o pedido de suspensão era dependente da interposição do recurso, a ser visto mais adiante.

Essa observação é muito interessante, porque, embora a interposição do recurso simultaneamente ao pedido de suspensão ao Presidente do Tribunal não constitua hoje um pressuposto para a sua utilização (v.g. art. 4º, §6º), não se pode negar, ao menos historicamente, que esse era o desejo do legislador, já que no anteprojeto original, depois substituído e convertido nesse artigo desta Lei, a expressão "do feito" passou a ocupar a expressão "do recurso" constante no projeto original.

O art. 5.º, § 3.º, do anteprojeto, assim dispunha:

Não terá efeito suspensivo o recurso da decisão que conceder o mandado. Se, entretanto, o cumprimento imediato acarretar dano irreparável à ordem ou à saúde pública ou à segurança nacional, o Presidente do Tribunal ad quem poderá suspender, a requerimento da autoridade, a execução do mandado até a decisão do recurso (grifo nosso).

A intenção era, portanto, de que a pessoa jurídica de direito público manejasse os dois remédios, o pedido de suspensão ao presidente do tribunal e o recurso cabível para o órgão competente, de forma que o primeiro *dependeria* da existência do segundo, deixando muito claro que o instituto era uma espécie de *efeito suspensivo do recurso* analisado e deferido por órgão jurisdicional diverso daquele que conheceria do próprio recurso interposto.

1.3 SEGUNDA FASE: PREDOMINÂNCIA DO ESTADO LIBERAL NA SUSPENSÃO DE SEGURANÇA

No tópico anterior, a intenção foi a de demonstrar as raízes do instituto da suspensão de segurança, sem uma preocupação *ideológica* na sua utilização, mostrando apenas onde nasceu o instituto, como nasceu, e quais as possíveis influências estrangeiras na sua formação. Este mesmo tipo de análise não pode ser feito daqui para frente.

Não é possível simplesmente fazer "vista grossa" da evolução (ou involução!!!) do instituto sob a ideologia estatal que se seguiu de 1939 até os dias atuais, pois só assim se conseguirá ter a exata dimensão dos motivos que levaram o legislador – *ou falso legislador* – a colocar a suspensão de segurança como um anti-herói do particular e um herói processual da Fazenda Pública.

De tal forma, desde a sua criação pela Lei 191/1936 até o surgimento da ação civil pública (Lei 7.347/1985), o instituto da suspensão de segurança foi fortemente influenciado pela ideologia estatal vigente à época. Era o Estado liberal, e, portanto, *não intervencionista*, coincidente, portanto, com a consolidação dos direitos humanos de primeira geração. Enfim, um Estado que cumpria o seu papel quando não intervinha na sociedade (sob qualquer forma, inclusive o Estado-juiz), evitando assim "ferir" a propriedade, a liberdade e a suposta isonomia formal entre os cidadãos.

Desta forma, na vigência deste modelo estatal, era de se esperar que a suspensão de segurança fosse um remédio de utilização excepcionalíssima, simplesmente porque sua função é a suspensão da eficácia da decisão em mandado de segurança, um remédio que simbolizava (e simboliza) a arma cível mais importante do jurisdicionado para a tutela dos direitos e garantias fundamentais contra atos do Estado.

Ora, neste período de puro liberalismo, época em que se deu a sedimentação dos direitos fundamentais e absoluto afastamento do papel intervencionista do Estado, certamente que todos os ingredientes estavam postos para inibir o uso da suspensão de segurança. A suspensão de segurança era uma exceção – e por isso de utilização muito cautelosa – em um Estado cujo modo de atuar era não intervencionista. Não foi por outro motivo que durante muito tempo o "pedido de suspensão de segurança" manteve-se quase invisível na legislação, sendo o seu uso extremamente raro, controlado e legitimado apenas às situações realmente excepcionais, afinal o papel do Estado era não intervir e não ofender os direitos individuais, salvo quando fosse patente o interesse público contraposto.

Retornando ao bosquejo histórico, e sempre dentro da perspectiva do Estado Liberal, a Lei 191 retrocitada teve pouco tempo de vida, já que logo foi revogada pelo CPC/1939, que, ao cuidar do processamento do mandado de segurança, assim dispôs no art. 328:

> A requerimento do representante da pessoa jurídica de direito público interessada e para evitar lesão grave à ordem, à saúde ou à segurança pública, poderá o presidente do Supremo Tribunal Federal ou do Tribunal de Apelação, conforme a competência, autorizar a execução do ato impugnado.

Pelo que se percebe, a norma acima transcrita foi mais sucinta que a anterior, já que não previu, como a outra, o *prazo de duração do incidente de suspensão de execução da liminar*, apesar de o entendimento doutrinário daquela época continuar sendo o de que a suspensão da execução da liminar perduraria até a sua substituição pela sentença ou pelo acórdão, caso tivesse sido concedida, nesta última hipótese, em sede de mandado de segurança de competência originária do tribunal.

Conquanto mais enxuto, tal dispositivo foi mais feliz no tratamento da competência para apreciar o pedido de suspensão, porque já previa de modo mais claro a competência do presidente do Supremo Tribunal Federal nos *writs* de competência originária de tribunal quando do deferimento da liminar e, ainda, na hipótese típica de suspensão de execução de liminar em mandado de segurança concedida por juiz singular.

Com o advento da Carta de 1937, o mandado de segurança não foi considerado garantia constitucional, o que se justifica pelo regime político instituído no país, tendo sido mantido, de qualquer forma, no plano infraconstitucional, como foi citado no texto do art. 328 do CPC/1939.

Com o advento da Carta Política de 1946, o mandado de segurança retornou ao *status* constitucional no art. 141, § 24, com a seguinte redação:

> Para proteger direito líquido e certo não amparado por *habeas corpus*, conceder-se-á mandado de segurança, seja qual for a autoridade responsável pela ilegalidade ou abuso de poder.

Percebe-se que neste texto constitucional não mais há alusão ao direito "incontestável", existente no texto anterior. Há a manutenção tão somente da expressão "direito líquido e certo". Nesse sentido, logo após o texto constitucional, não tardaram a surgir críticas ao lacunoso procedimento do mandado de segurança previsto no CPC de 1939. Nesta atmosfera de críticas, pouco mais de 5 anos depois da Carta Constitucional de 1946, surge a Lei 1533/51 que revogou os dispositivos do CPC/39 relativos ao mandado de segurança e passou a cuidar integralmente do tema.

Pela Lei 1.533/1951, o pedido de suspensão de execução também não foi esquecido, já que o art. 13 assim dizia:

> Quando o mandado fôr concedido e o Presidente do Supremo Tribunal Federal, do Tribunal Federal de Recursos ou do Tribunal de Justiça ordenar ao juiz a suspensão da execução da sentença, dêsse seu ato caberá agravo de petição para o tribunal a que presida.

Posteriormente, com o CPC de 1973, tendo sido eliminado o recurso de *agravo de petição*, nova redação foi dada ao art. 13, da Lei 1.533/51, com a redação dada pela Lei 6.014/73:

> Quando o mandado for concedido e o Presidente do Tribunal, ao qual competir o conhecimento do recurso, ordenar ao juiz a suspensão da execução da sentença, desse seu ato caberá agravo para o Tribunal a que presida.

Como se vê, o artigo retrocitado, na tentativa de melhorar o tema, acabou por complicar o instituto, já que, não obstante ter trazido inovação salutar no tocante ao recurso de agravo de petição (e, posteriormente, o agravo) contra a decisão sus-

CAPÍTULO 01 • BREVE ANOTAÇÃO HISTÓRICA DA SUSPENSÃO DE SEGURANÇA

pensiva do presidente do tribunal, deixou de prever as hipóteses que dariam suporte ao pedido e ao deferimento da suspensão de execução de liminar.

Parece que o "esquecimento" do legislador com relação à indicação das hipóteses que ensejariam a suspensão da execução foi propositado[24], no sentido de permitir que ficasse a critério dos Presidentes dos Tribunais os motivos que justificassem a concessão da suspensão, tendo como parâmetro jurídico a legislação anterior[25].

Destarte, percebe-se, ainda que, em sua literalidade, o referido dispositivo não mais autorizava a concessão da medida suspensiva de execução de *liminar*, relegando à hipótese de suspensão de execução da *sentença*, como pode ser visto no texto[26]. Mesmo assim, isso não criou dificuldade para a doutrina e a jurisprudência estenderem o dispositivo às liminares concedidas no mandado de segurança[27].

Todavia, como se disse no início deste tópico, a ideologia liberal que formatava a atuação dos entes públicos era a de não intervenção, senão nos casos excepcionais em que evidente a tutela do interesse público. Nesse passo, qualquer limitação ao uso do mandado de segurança e à liminar nele concedida, se não fosse muito bem fundamentada (interesse público explícito), seria uma forma de o Estado atingir – e ofender a consolidação dos direitos de primeira geração (os direitos e liberdades públicas) e, de certo modo, enfraquecer os direitos de propriedade, liberdade e isonomia dos particulares. Por isso, ainda nesta fase, o pedido de suspensão de segurança continuava a ser um remédio inofensivo ao mandado de segurança, já que a sua utilização era bastante excepcional e restrita.

Destarte, é interessante observar que, após o advento da Lei 1.533/1951, houve um fortalecimento muito grande da tutela jurisdicional das liberdades públicas[28], e esse fato acabou por popularizar o uso deste *writ* para as mais variadas situações contra o Poder Público, tais como: servidores públicos visando obter vantagens; reclassificações; equiparações de vencimentos; uso do *writ* com fins tributários para

---

24. Duras críticas foram desferidas contra o dispositivo anterior que previa as hipóteses de suspensão de execução. Por todos Themistocles Brandão Cavalcanti. Op. cit., p. 91

25. Nesse sentido foi o posicionamento de Castro Nunes. *Do mandado de segurança*, p. 397; Seabra Fagundes. A nova lei do mandado de segurança, *RF* 144, p. 32; Celso Agrícola Barbi. *Do mandado de segurança*, p. 283. Em sentido contrário, posicionou-se Pontes de Miranda ao dizer que o dispositivo que cuidava da suspensão de execução não havia sido revogado pela Lei 1.533, motivo pelo qual continuavam a ser utilizados, obrigatoriamente, os parâmetros estabelecidos na legislação anterior. Pontes de Miranda. *Comentários ao CPC/39*, vol. 5, p. 197 e 198.

26. Não obstante o texto do art. 13 da Lei 1.533 fizesse menção ao vocábulo *mandado*, dando, pois, ensanchas ao entendimento de que também incluía a liminar.

27. . Celso Agrícola Barbi. Do mandado de segurança, p. 188; no mesmo sentido, ver Seabra Fagundes. O controle dos atos administrativos pelo Poder Judiciário, p. 347; Segundo Arruda Alvim (Revogação da medida liminar em mandado de segurança, *RePro* 11, p. 20): "Tendo-se em vista o argumento de que o maior compreende o menor, redutível no caso, a que aquele que podia ordenar a própria cassação da eficácia da sentença, por compreensão poderia ordenar a suspensão de medida liminar".

28. A respeito ver Ada Pellegrini Grinover. *As garantias constitucionais do direito de ação*. São Paulo: Ed. RT, 1973.

liberação de mercadoria sem recolhimento imediato do imposto quando existia dúvida sobre a sua legalidade etc.

Sentindo-se fragilizado com o uso demasiado do mandado de segurança, impulsionado pela ditadura militar que restringiu direitos e liberdades e, ainda, por considerar a existência de falhas na normatização da suspensão de segurança no art. 13 da Lei 1.533/1951, o Estado decidiu fazer um pacote de normas processuais avulsas (Lei 2.770/1956; Lei 4.348/1964 e Lei 5.021/1966), com o intuito de restringir o uso do mandado de segurança. Um dos dispositivos da Lei 4.348/1964, o art. 4.º, revogava o art. 13 da Lei 1.533/1951 e tratava pormenorizadamente da suspensão de segurança.

Repita-se, portanto, motivados pelo regime militar (restrição de liberdades públicas), com necessidade de dar uma resposta ao uso imoderado do mandado de segurança, e, ainda, para reparar as imperfeições do art. 13 da Lei 1.533/1951[29], surgiu a Lei 4.348/1964 que não só vedava a concessão da medida liminar em mandado de segurança que tivesse por finalidade reclassificar, equiparar, estender vantagens ou concessão de aumento aos servidores públicos (art. 5.º), mas também cuidava, no seu art. 4.º, da suspensão de execução de liminar. Já se via aí uma mudança de postura em relação à utilização do instituto da suspensão de segurança. Antes pouquíssimo utilizado, o incidente passava aos poucos a uma posição destaque.

Assim dizia o *caput* do art. 4.º da Lei 4.348/1964:

> Quando, a requerimento de pessoa jurídica de direito público interessada e para evitar grave lesão à ordem, à saúde, à segurança e à economia públicas, o presidente do tribunal, ao qual couber o conhecimento do respectivo recurso (*vetado*), suspender, em despacho fundamentado, a execução da liminar, e da sentença, dessa decisão caberá agravo, sem efeito suspensivo, no prazo de 10 (dez) dias, contados da publicação do ato.

Com este dispositivo não só a execução da *sentença* poderia ser suspensa, mas também a execução da *liminar*, como se pode perceber; tal dispositivo não só delimitava, como também ampliava, o rol dos bens protegidos pelo pedido de suspensão de execução, já que, depois de inúmeras reclamações da doutrina, também a *economia pública* passava a ser alvo de tutela pelo incidente de suspensão de execução.

O veto que aparecia no meio do dispositivo referia-se à atávica ideia, que sempre pareceu equivocada[30], de que no procedimento do mandado de segurança não seria cabível o recurso de agravo de instrumento.

---

29. A primeira restrição à utilização das liminares em mandado de segurança veio com a Lei 2.770/1956, proibindo a concessão de liminares em quaisquer ações ou procedimentos judiciais que visassem à obtenção de liberação de mercadorias ou bens de quaisquer espécies que fossem provenientes do estrangeiro. Tal lei tinha a finalidade precípua de estancar a liberação de veículos importados que ficavam retidos na alfândega porque não eram pagas as obrigações fiscais. O que acontecia é que, obtida a liminar, não se poderia apreender e muito menos encontrar, posteriormente, o veículo liminarmente liberado.

30. Tanto era equivocada que, a Lei 12.016/2009 revogou as Leis 4.348/64, 1.533/51, 4.166/62, 5.021/66, e os arts. 3.º da Lei 6.014/73, 1.º da Lei 6.071/74, 12 da Lei 6.978/82, e 2.º da Lei 9.259/96, regulando o mandado

Com isso, quando o dispositivo quis identificar a *competência do presidente do tribunal*, indicou que será competente aquele que presidir o tribunal ao qual competir o conhecimento do respectivo recurso cabível contra a decisão que se pretende suspender a eficácia.

Ora, como se tornava expressamente previsto o cabimento da suspensão de execução de *liminar* e de *sentença*, então seria incorreto, segundo aquele entendimento, imaginar-se recurso desafiador da liminar, qual seja, o de agravo, já que não se admitia tal recurso no procedimento do mandado de segurança. Todavia, isso não impediu (nem teria razões para tanto) a utilização do incidente nos dois casos, tanto para suspender a execução de liminar, quanto da sentença concedida em mandado de segurança.

Aliás, é interessante observar que a impossibilidade de utilização do sistema recursal do CPC de 1939 em sede de mandado de segurança (redação original do art. 19 da Lei 1.533/1951), bem como o fato de que a própria Lei do Mandado de Segurança não prever recurso contra a liminar no *mandamus* e, somado ao decisivo fato de que se vivia num contexto de regime militar, com nacionalismo exacerbado, em que toda manifestação contra atos do Poder Público (inclusive por mandado de segurança) era ofensiva ao interesse público, isso tudo impulsionou para que fosse aberto um fertilíssimo campo para o florescimento do instituto da suspensão de segurança, visto aí como um sucedâneo recursal do agravo em prol da Fazenda Pública, nos casos ali previstos. Sem dúvida, a impossibilidade de se agravar contra liminares em mandado de segurança e a simplicidade do procedimento da suspensão de segurança foram um prato cheio para o uso demasiado e sem um mínimo de rigor da suspensão de segurança por parte da Fazenda Pública.

> É inegável que a utilização pulverizada do mandado de segurança após a Lei 1533/51 para obtenção de vantagens, reclassificação, equiparação salarial de servidores públicos, bem como para impedir a arrecadação de tributos – fato que se tornou muito comum naquela época – fez com que o poder público reagisse contra a proliferação de liminares valendo-se da suspensão de segurança.

Desde tal momento, já se via uma tendência à utilização vulgarizada do instituto da suspensão de segurança. Isso se viu reforçado – nada obstante o fim da ditadura e o retorno da democracia – pelo fato de que exsurgia o novo modelo estatal (Estado-Social) em substituição ao Estado liberal. É que neste modelo estatal, passa a ser dever dos entes públicos a intervenção na sociedade para dar (realizar) direitos fundamentais e restabelecer a igualdade real que teria sido dizimada à época do capitalismo liberal. De tal modo, ao criar e implementar políticas públicas em prol da sociedade, passou a ser comum o choque de valores entre o interesse público e social (resultante da atuação do Estado) com os interesses privados, e, exatamente

---

de segurança, prevendo, de uma vez por todas, no § 1.º do art. 7.º a possibilidade da interposição de Agravo de Instrumento: "§ 1.º: Da decisão do juiz de primeiro grau que conceder ou denegar a liminar caberá agravo de instrumento, observado o disposto na Lei 5.869, de 11 de janeiro de 1973 – Código de Processo Civil".

por isso, a suspensão de segurança manteve a tendência de uso vulgar pelo Poder Público nas ações de mandado de segurança, passando a ser vista como *meio de proteção de implementação das políticas públicas*. A partir daí já se está na terceira fase da suspensão de segurança, influenciada pelo Estado Social.

1.4 TERCEIRA FASE: INFLUÊNCIA DO ESTADO SOCIAL NA SUSPENSÃO DE SEGURANÇA – PANORAMA DA SUSPENSÃO DE SEGURANÇA NOS DIVERSOS DIPLOMAS LEGAIS

Assim, retornando ao art. 4.º da Lei 4.348/1964, foi justamente desse texto, embora mais de 20 anos depois, que o incidente em estudo se espraiou para outros procedimentos, tais como o art. 12, § 1.º, da Lei 7.347/1985 (Lei da Ação Civil Pública); art. 25 da Lei 8.038/1990 (Lei dos Recursos); art. 4.º da Lei 8.437/1992 (dispõe sobre a concessão de medidas cautelares contra atos do Poder Público); art. 1.º da Lei 9.494/1997 (disciplina a tutela antecipada contra a Fazenda Pública) e art. 16 da Lei 9.507/1997 (*habeas data*). Vale esclarecer que, com a conjunção desses dispositivos, o regime de suspensão de provimentos liminares – cautelares ou antecipatórios – e ou finais – sentenças ou acórdãos – poderia (*rectius* = pode) ser utilizado em qualquer ação em face do Poder Público, tanto individual quanto coletiva.

Entretanto, essa extensão, como se verá adiante, não foi fruto de uma análise cuidadosa ou técnica. Ao esticar a experiência do pedido de suspensão de execução de liminar e sentença em mandado de segurança para outros diplomas e procedimentos, o legislador não teve a menor cautela ou preocupação de criar uma uniformidade entre os institutos, tampouco procurou adaptar o referido incidente às específicas normas procedimentais de algumas ações como a ação civil pública, a ação popular, a ação cautelar, o *habeas data* etc.

Conquanto o aspecto histórico não constitua o melhor critério para interpretar uma norma, pelo menos serve, do ponto de vista doutrinário, como importantíssimo substrato ao correto entendimento do tema. Por isso, como se viu, a figura do mandado de segurança foi idealizada para ter um rito célere, com contraditório angusto e sem uma fase típica para dilação probatória, resumida à apresentação da prova documental do fato jurídico líquido e certo da peça exordial. Exatamente por isso, durante muito tempo, idealizou-se e difundiu a regra de que no procedimento do mandado de segurança não poderiam ser aplicadas as regras do Código de Processo Civil, pela premissa, insuficiente, de que os dispositivos do mandado de segurança no Código de 1939 teriam sido revogados pela Lei 1.533/1951, motivo pelo qual se argumentava o descabimento de recurso de agravo de instrumento em mandado de segurança e também dos embargos infringentes[31].

---

31. Sobre os recursos de agravo de instrumento e dos embargos infringentes no procedimento do mandado de segurança, a Lei 12.016/2009 admitiu, expressamente, no § 1.º do art. 7.º, o cabimento do recurso de agravo de instrumento, e, no art. 25, o *não* cabimento dos embargos infringentes (na esteira da Súmula 169 do STJ).

Diante da "ausência" que existia em relação ao recurso cabível contra a liminar em mandado de segurança, e, mais ainda, do fato de que o recurso de apelação voluntária ou a remessa necessária não tinham o condão de impedir a executoriedade da sentença concessiva da segurança, é que, nos casos permitidos pela lei e desde que provocado, poderia o presidente do tribunal suspender a execução do ato concedido na sentença ou liminarmente.

Perceba-se, pois, que não se trata de um recurso, já que este possui como característica o efeito devolutivo (informado pelo princípio dispositivo). Por isso, ao se pedir a suspensão de execução, não se *devolve* ao presidente do tribunal a matéria decidida, mas apenas se leva a uma *defesa impeditiva por meio do incidente*, a qual visa *impedir* que os efeitos da decisão possam prejudicar o interesse público. Não se discute o conteúdo da decisão em si, somente de impedir que a sua execução cause gravame ao interesse público.

Entretanto, à medida que possuía uma finalidade louvável e salutar de proteção do interesse público, *embora criticável sob o ponto de vista da competência para sua apreciação*, acabou tendo a sua utilização desvirtuada, pois passou a ser manejada de forma indiscriminada e abusiva em situações que não exigiam a proteção do remédio excepcional. E exatamente por isso, numa tentativa clara de limitar a utilização heroica das decisões proferidas em mandado de segurança com imediata execução, é que a suspensão de segurança passou a ser estendida para outros procedimentos em que o legitimado passivo era o poder público, como falado alhures.

A lei que instituiu a ação civil pública para a defesa dos direitos difusos e coletivos (7.347/1985) fez constar no seu art. 12, § 1.º, a regra seguinte:

> A requerimento de pessoa jurídica de direito público interessada, e para evitar grave lesão à ordem, à saúde, à segurança e à economia pública, poderá o Presidente do Tribunal a que competir o conhecimento do respectivo recurso suspender a execução da liminar, em decisão fundamentada, da qual caberá agravo para uma das turmas julgadoras, no prazo de 05 (cinco) dias a partir da publicação do ato.

Com esse dispositivo[32], repetiu-se, quase literalmente, o antigo preceito que estava previsto na Lei 4.348/1964, conquanto trazendo uma alteração importante, que foi o aspecto de que só se admitia o pedido de suspensão de execução de *liminar* em ação civil pública. Dessa maneira, a *sentença* de procedência na ação civil pública que fosse executada provisoriamente (art. 14) não poderia ser suspensa pelo incidente em tela, pelo simples fato de que, até o advento do art. 4.º da Lei 8.437/1992[33], nenhuma norma previa o pedido de suspensão da execução da sentença da ação civil pública.

---

32. A possibilidade de suspensão de execução de liminar foi prevista neste diploma pelo simples fato de que não raramente a União, Estados e Municípios se encontram na situação de réus dessas ações; portanto, aqueles que, descumprindo o pacto do Estado Social, sofreriam os efeitos da liminar concedida.

33. Decerto que a ausência de previsão foi por se entender que a sentença na ação civil pública não poderia ser autoexecutável, daquelas que prescindem de um processo de execução *stricto sensu*. Todavia, esqueceu-se o legislador do fato de que com o art. 21 da LACP, criado pelo art. 117 do CDC, o Título III deste diploma

Para evitar as ações cautelares *"satisfativas"* [34], que passaram a ser utilizadas como "atalho" para se pretender a obtenção de liminares, cuja execução até então não poderia ser impedidas pela suspensão de segurança, logo surgiu a Lei 8.437/1992, que, no seu art. 4.°, assim disse:

> Compete ao presidente do tribunal, ao qual couber o conhecimento do respectivo recurso, suspender, em despacho fundamentado, a execução da liminar nas ações movidas contra[35] o Poder Público ou seus agentes, a requerimento do Ministério Público ou da pessoa jurídica de direito público interessada, em caso de manifesto interesse público ou de flagrante ilegitimidade, e para evitar grave lesão à ordem, à saúde, à segurança e à economia públicas.
>
> "§ 1.° Aplica-se o disposto neste artigo à sentença proferida em processo de ação cautelar inominada, no processo de ação popular e na ação civil pública, enquanto não transitada em julgado.
>
> "§ 2.° O presidente do tribunal poderá ouvir o autor e o Ministério Público, em 5 (cinco) dias.
>
> "§ 3.° Do despacho que conceder ou negar a suspensão, caberá agravo, no prazo de 5 (cinco) dias, que será levado a julgamento na sessão seguinte à sua interposição[36].

Como se vê, muitas foram as alterações promovidas pelo legislador, no tocante ao incidente de suspensão de execução de liminar para os casos de concessão de medida liminar contra atos do Poder Público no procedimento cautelar ou em quaisquer ações de natureza cautelar ou preventiva, tais como consta da dicção do art. 1.°, *caput*, da citada Lei.

Neste tópico, apenas são comentadas as alterações genéricas já que, mais adiante, ao comentar acerca da competência, do prazo de duração da medida, do recurso cabível etc., volta-se a cada um dos dispositivos que cuidam da suspensão de execução de decisão judicial contra o Poder Público.

No dispositivo da lei citada acima (que não revogou o previsto na ação civil pública, porque, quanto a esta, se restringiu apenas à sentença nela concedida), percebe-se que o legislador cuidou melhor do tema, apesar de ter deslizado em alguns pontos.

Assim, um dos pontos relevantes foi a ampliação da legitimidade para requerer o incidente, outorgando-a expressamente ao Ministério Público, se bem que já fosse possível inferi-la, por aplicação subsidiária do art. 127 do texto magno.

---

passaria a ser aplicável à tutela de todo e qualquer direito difuso, coletivo e individual, motivo pelo qual há de se estender à LACP os próprios arts. 83 e 84 do CDC, que permitem a formulação de qualquer tipo de pedido para a tutela dos bens de natureza coletiva *lato sensu*, inclusive, portanto, aqueles que comportam execução imediata da sentença.

34. A expressão nasceu da utilização do rito cautelar (que previa a obtenção de liminar) para ações que não tinham finalidade cautelar (assecuratória).

35. Com o advento da Medida Provisória 2.180-35, o "legislador", ao menos provisoriamente, deu a seguinte redação ao art. 4.°, § 3.°, da Lei 8.437/1992: "Do despacho que conceder ou negar a suspensão, caberá agravo, no prazo de cinco dias, que será levado a julgamento na sessão seguinte a sua interposição".

36. Como se verá adiante, este texto legal foi alterado, posteriormente, pela Medida Provisória 2.180-35/2001. Deixaram-se de acrescentar nesta sede as alterações, porque se entende necessário refazer a construção normativa cronológica do dispositivo em estudo.

CAPÍTULO 01 • BREVE ANOTAÇÃO HISTÓRICA DA SUSPENSÃO DE SEGURANÇA   **15**

O art. 4.º da Lei 8.437/92 diz, ainda, que o recurso de agravo seria cabível não só contra a decisão que concede a suspensão, mas também contra a decisão que a indefere, como se vê no § 3º, o que de certa forma também já deveria ser admitido pela lógica razão de que o *indeferimento pelo* Presidente do Tribunal também é uma decisão agravável. Destarte, em boa hora, apesar de isso também poder ser inferido da aplicação subsidiária do art. 178, I, do CPC (art. 81, III do CPC revogado), colocou-se que, no procedimento do incidente, seria obrigatória a intervenção do Ministério Público, facultando-lhe apenas ouvi-lo antes de decidir acerca do pedido de suspensão. A mesma faculdade lhe foi dada de ouvir o autor antes da concessão da suspensão da execução, como se vê no § 2.º.

Como dito, alguns deslizes podem ser apontados, por exemplo, a utilização, no *caput* do art. 4.º, da expressão *despacho fundamentado*[37]. O equívoco decorre do fato de que não se trata de despacho, mas de decisão e, sendo decisão, pressupõe que seja fundamentada pelo teor do art. 93, IX, da CF/1988. Outro aspecto que se pensa ter sido baralhado pelo legislador é o de ter dito que a suspensão da execução da liminar poderia ser dada em caso de *flagrante ilegitimidade* e para evitar grave lesão ao interesse público.

Ora, quando o legislador permite a suspensão da execução da liminar por "flagrante ilegitimidade", está, ao contrário de todas as hipóteses anteriores, pretendendo entrar na discussão da juridicidade da decisão proferida pelo juízo, que, *data venia*, só seria possível por intermédio de recurso próprio. Está, pois, desvirtuando a própria finalidade do instituto para lhe entregar um efeito devolutivo que não se coaduna com a sua natureza[38]. A expressão "flagrante ilegitimidade" não parece tecnicamente correta, sob pena de transformá-lo, quando utilizado nesta hipótese, em um verdadeiro "recurso".

A Lei 8.038/1990, conhecida como Lei dos Recursos (LR), também foi alvo, pelo legislador, do incidente de suspensão de execução, ao prever no art. 25 o seguinte texto:

> Salvo quando a causa tiver por fundamento matéria constitucional, compete ao Presidente do Superior Tribunal de Justiça, a requerimento do Procurador-Geral da República ou da pessoa jurídica de direito público interessada, e para evitar grave lesão à ordem, à saúde, à segurança e à economia pública, suspender, em despacho fundamentado, a execução de liminar ou de decisão concessiva de mandado de segurança, proferida, em única ou última instância, pelos Tribunais Regionais Federais ou pelos Tribunais dos estados e do Distrito Federal.
>
> § 1.º O Presidente pode ouvir o impetrante, em 05 (cinco) dias, e o Procurador-Geral quando não for o requerente, em igual prazo.

---

37. Repete a utilização do termo *despacho*, em lugar de *decisão*, no § 3.º do mesmo dispositivo.
38. Seria, pois, maneira de *devolver* ao presidente do tribunal a possibilidade de indicar que a decisão foi antijurídica porque teria havido flagrante ilegitimidade. Lembre-se: o presidente do tribunal não é órgão revisor da decisão do magistrado que concedeu a medida.

§ 2.º Do despacho que conceder a suspensão caberá agravo regimental.

§ 3.º A suspensão de segurança vigorará enquanto pender o recurso, ficando sem efeito, se a decisão concessiva for mantida pelo Superior Tribunal de Justiça ou transitar em julgado.

Esse dispositivo veio regular de modo mais claro a utilização do pedido de suspensão de execução em mandado de segurança em sede de Tribunal, que até então tinha previsão expressa apenas para *liminar* e *sentença* pelo que se verificava na Lei 4.348/1964.

Chega-se a tal conclusão não só quando a referida lei indicou a competência para julgamento do incidente[39], mas também quando se utilizou da palavra *decisão*, substituindo o vocábulo *sentença,* que era previsto na norma do art. 4.º da Lei 4.348/1964.

Assim, se fosse o caso de liminar ou acórdão concedidos em mandado de segurança de competência originária de tribunal, a competência para apreciar o pedido de suspensão de execução seria, conforme envolvesse matéria constitucional ou federal, do STF ou do STJ, respectivamente.[40]

Aqui também se estendeu a legitimidade para o Ministério Público, valendo o comentário já feito para a situação anterior. Era de se questionar, todavia, a possibilidade de utilização do agravo nos casos de indeferimento do pedido de suspensão, mesmo tendo havido súmula contrária a respeito do tema que posteriormente foi cancelada. Estabelecia-se prazo distinto (cinco dias) do anteriormente previsto pela Lei 4.348/1964 (dez dias) para oferecimento do recurso do agravo regimental da decisão que concedesse a suspensão e, por fim, fez a ressalva lógica de que seria desnecessária a oitiva do Ministério Público quando o requerente da suspensão fosse o próprio órgão.

Como não poderia deixar de ser, como se estivesse numa guerra jurídica, o legislador não se esqueceu de prever o incidente em estudo para a tutela antecipada, provimento de natureza provisória que, como a liminar, enseja a execução imediata (efetivação imediata). Assim, todas as vezes que fosse deferida a tutela antecipada em primeiro grau contra o Poder Público, nasceria a possibilidade de suspensão da execução do provimento antecipatório para proteção do interesse público por força da Lei 9.494/1997, que no seu art. 1.º descreve:

---

39. Presidente do STF ou STJ, quando envolver matéria constitucional ou federal, respectivamente como se verá ao tratar da competência no capítulo 03, item 7.

40. Especialmente após o advento da CF/1988 e das Constituições estaduais passou a ser frequente a utilização de mandado de segurança de competência originária de tribunal (contra ato de Secretário de Estado, por exemplo), e, com isso, passou a existir uma evidente defasagem entre o texto do art. 4.º da Lei 4.348/1964, que tratava do instituto, e as hipóteses de suspensão de segurança para sustar decisões em mandado de segurança proferida em única instância. Assim, visando corrigir essa lacuna – só existia previsão de suspensão de segurança de decisões proferidas em primeiro grau de jurisdição – foi que veio o art. 25 da Lei 8.038/1990.

CAPÍTULO 01 • BREVE ANOTAÇÃO HISTÓRICA DA SUSPENSÃO DE SEGURANÇA **17**

Aplica-se à tutela antecipada prevista nos arts. 273 e 461 do Código de Processo Civil o disposto nos arts. 5.º e seu parágrafo único e 7.º da Lei 4.348, de 26 de junho de 1964,[41] no art. 1.º e seu § 4.º da Lei 5.021, de 9 de junho de 1966,[42] e nos arts. 1.º, 3.º e 4.º da Lei 8.437, de 30 de junho de 1992[43].

Estendia-se às tutelas antecipada genérica e específica, que estavam, respectivamente, previstas nos arts. 273 e 461 do CPC de 1973, as regras de suspensão de execução, previstas no art. 4.º da Lei 8.437/1992, valendo das mesmas considerações feitas para aquela norma.

Por fim, o legislador também cuidou do incidente de suspensão de execução de liminar no novo procedimento do *habeas data*, como assevera o art. 16 da Lei 9.507, de 12 de novembro de 1997, que assim diz:

> Quando o *habeas data* for concedido e o Presidente do Tribunal ao qual competir o conhecimento do recurso ordenar ao juiz a suspensão da execução da sentença, desse seu ato caberá agravo para o Tribunal a que presida.

Com relação ao *habeas data* houve uma nítida *regressão* do legislador já que, se antes, tanto este *writ* de *habeas data,* quanto o mandado de injunção eram tutelados pelas normas relativas ao mandado de segurança, por expressa determinação do art. 24, parágrafo único, da Lei 8.038/90[44], com o advento da Lei 9.507 houve uma involução, já que a redação do art. 16 é extremamente canhestra e limitada e, por isso, de duvidosa aplicabilidade o referido dispositivo.

Observe-se que o dispositivo nada menciona acerca dos motivos (fundamentos) que permitiriam a utilização da suspensão da execução da sentença (e não da liminar, que, apesar de não prevista no procedimento, não deve ter descartada a sua concessão por ser inerente e ínsita à figura dos *writs*). Dessa forma, fica a pergunta: por que razões poderá o presidente do tribunal suspender a execução da sentença concessiva de *habeas data*? Poderá aplicar subsidiariamente as demais normas relativas aos outros procedimentos? A resposta deveria ser negativa, já que por se tratar de técnica *restritiva* (impeditiva) de efetivação de direitos, deveria restritivamente interpretada. Inclusive, porque o art. 24 da Lei 8.038 menciona a aplicabilidade do dispositivo "*enquanto não editada legislação específica*". A excep-

---

41. Revogado pela Lei 12.016/2009. Ressalte-se que dos artigos citados, 5.º, e seu parágrafo único, e 7.º da Lei 4.348/1964, o art. 5.º, *caput*, corresponde ao § 2.º do atual art. 7.º, porém, seu parágrafo único e o art. 7.º citados não possuem correspondência na legislação atual.

42. Revogado pela Lei 12.016/2009. Observar que o citado art. 1.º, *caput*, equivale, na nova legislação, ao § 4.º do art. 14, no entanto, não há correspondência na legislação atual para o § 4.º do art. 1.º.

43. A Lei 12.016/2009 tem por marca característica o fato de o legislador ter decalcado, no seu texto, tanto a legislação esparsa quanto a jurisprudência dos tribunais superiores sedimentada sobre o mandado de segurança.

44. Art. 24. Na ação rescisória, nos conflitos de competência, de jurisdição e de atribuições, na revisão criminal e no mandado de segurança, será aplicada a legislação processual em vigor. Parágrafo único. No mandado de injunção e no habeas data, serão observadas, no que couber, as normas do mandado de segurança, enquanto não editada legislação específica.

cionalidade do remédio deveria ser assim interpretada, mas ocorre que o texto legal é tão lacunoso que nem se cogitará desta interpretação e sem dúvida alguma será admitida a utilização subsidiária e supletiva das regras procedimentais inerentes ao mandado de segurança.

Por fim, no dia 7 de agosto de 2009 foi sancionada a Lei 12.016, fruto do Projeto de Lei 125 de 2006[45], com o intuito de regular todo o procedimento do mandado de segurança. Para tanto, revogou, em seu art. 29, as Leis 1.533/51, 4.166/62, 4.348/64, 5.021/66; o art. 3.º da Lei 6.014/73, o art. 1.º da Lei 6.071/74, o art. 12 da Lei 6.978/82 e o art. 2.º da Lei 9.259/96, consolidando, de tal maneira, num único texto legal, a legislação esparsa a respeito do *writ*. Agrega, portanto, as diversas leis referentes à matéria, tratando, desse modo, de assuntos antes não previstos dentro da antiga Lei do Mandado de Segurança (1.533/51).

Exatamente por isso trouxe o legislador para o texto da referida Lei 12.016/2009 o conteúdo do art. 4.º da Lei 4.348/64, que regulava, até então, o instituto da suspensão de segurança. Coube, portanto, ao art. 15 da referida Lei o abrigo da técnica do incidente de suspensão de segurança. Além de trazer a legislação esparsa do *writ* para o texto da Lei 12.016/2009, também cuidou o legislador de reproduzir no referido texto a orientação jurisprudencial sedimentada dos tribunais superiores.

Naquilo que importa ao tema, entre as novidades, a Lei 12.016 previu expressamente em seu art. 7.º, § 1.º, o recurso de agravo de instrumento contra a decisão que conceder ou denegar à liminar e em seu art. 25 o não cabimento dos embargos infringentes, no sentido das já citadas Súmulas 597 do STF e 169 do STJ. Com o advento do CPC de 2015, vale a referida vedação para o julgamento estendido previsto no art. 942 (que é a técnica que veio ocupar o lugar dos embargos infringentes), pois tal procedimento não se coaduna com a celeridade que se impõe no procedimento do writ.

O pedido de suspensão de segurança encontra-se, então, previsto no art. 15, onde se enxerga fácil o seu cabimento, os seus requisitos, a sua competência e o seu procedimento. Não se pode deixar de evidenciar que o novel art. 15 manteve, apenas com alguns acréscimos no *caput*, a redação do ora revogado art. 4.º da Lei 4.348/1964. Observe-se, contudo, que a nova lei não alterou em nada o art. 25 da Lei 8.038/1990.[46]

As novidades introduzidas no art. 15 da Lei 12.016/2009, quando contrastadas com o art. 4.º da Lei 4.348/1964, são: i) a previsão expressa da legitimidade do Ministério Público; ii) altera a expressão despacho fundamentado por decisão fundamentada, corrigindo, dessa maneira, um erro, uma vez que se trata de decisão

---

45. Proposto pela Câmara dos Deputados em 2001 (n. 5.067/2001).
46. Continua a Lei 8.038/1990, art. 25, a regular a suspensão de segurança para sustar a eficácia de decisão proferida em mandado de segurança julgado em única ou última instância.

CAPÍTULO 01 • BREVE ANOTAÇÃO HISTÓRICA DA SUSPENSÃO DE SEGURANÇA **19**

interlocutória e não de despacho; iii) reduz (e assim uniformiza) o prazo de interposição do agravo regimental de dez para cinco dias, conforme redação da LR e regimentos internos do STF e STJ, além de alguns entendimentos jurisprudenciais de que o regime seria híbrido, aplicando-se o prazo das leis posteriores (do que sempre se discorda, por faltar previsão expressa em lei para tal aplicação); e, por fim, prevê que tal agravo será levado à julgamento na sessão seguinte a sua interposição (este dispositivo estava antes em parágrafo do art. 4.º da Lei 4.348/64).

Mas, veja-se sua redação:

Art. 15. Quando, a requerimento de pessoa jurídica de direito público interessada ou do Ministério Público e para evitar grave lesão à ordem, à saúde, à segurança e à economia públicas, o presidente do tribunal ao qual couber o conhecimento do respectivo recurso suspender, em decisão fundamentada, a execução da liminar e da sentença, dessa decisão caberá agravo, sem efeito suspensivo, no prazo de 5 (cinco) dias, que será levado a julgamento na sessão seguinte à sua interposição.

§ 1.º Indeferido o pedido de suspensão ou provido o agravo a que se refere o *caput* deste artigo, caberá novo pedido de suspensão ao presidente do tribunal competente para conhecer de eventual recurso especial ou extraordinário.

§ 2.º É cabível também o pedido de suspensão a que se refere o § 1.º deste artigo, quando negado provimento a agravo de instrumento interposto contra a liminar a que se refere este artigo.

§ 3.º A interposição de agravo de instrumento contra liminar concedida nas ações movidas contra o poder público e seus agentes não prejudica nem condiciona o julgamento do pedido de suspensão a que se refere este artigo.

§ 4.º O presidente do tribunal poderá conferir ao pedido efeito suspensivo liminar se constatar, em juízo prévio, a plausibilidade do direito invocado e a urgência na concessão da medida.

§ 5.º As liminares cujo objeto seja idêntico poderão ser suspensas em uma única decisão, podendo o presidente do tribunal estender os efeitos da suspensão a liminares supervenientes, mediante simples aditamento do pedido original.

Em relação à nova Lei 12.016/2009, entende-se que foi benéfica em alguns pontos (consolidou o incidente de suspensão de segurança na própria lei, ratificando posições sedimentadas da jurisprudência), mas, por outro lado, não eliminou algumas quimeras jurídicas existentes no procedimento que foram inventadas pela MP 2.180-35 e que vão de encontro com a figura original do pedido de suspensão.

Verifica-se que foi perdida a oportunidade de corrigir as anomalias inseridas pela MP 2.180-35 no pedido de suspensão de segurança por meio da Lei 12.016/09 no art. 15 da Lei 12.016/2009. Manteve-se o protecionismo ilógico do Estado, que afronta as garantias constitucionais, como o princípio da isonomia. Como já houve oportunidade de dizer, as novas hipóteses de suspensão de segurança inventadas pela Medida Provisória 2.180-35, que criou hipóteses absurdas de cabimento do instituto, e que foi congelada pela EC 32/2001, é o maior e mais bem-sucedido exemplo de regalia (e não prerrogativa) em prol do Poder Público. Caberia aos tribunais de cúpula fazer o devido alinhamento, valendo-se inclusive da nova mentalidade do direito processual civil sedimentado no CPC de 2015, sob pena de sepultar um dos remédios constitucionais mais importantes da democracia: o mandado de segurança[47].

1.5 QUARTA FASE: A CRITICÁVEL PROLIFERAÇÃO DAS HIPÓTESES DE CABIMENTO DO INSTITUTO

A quarta fase histórica do incidente de suspensão de segurança é marcada pelas sensíveis modificações feitas ao conteúdo deste instituto por via de repetidas medidas provisórias lançadas pelo chefe do executivo nos idos do ano de 2001, que culminaram com o congelamento da Medida Provisória 2.180-35, que, repita-se, criou inúmeras hipóteses novas de cabimento da suspensão de segurança, alterando-lhe a substância e a própria natureza em algumas destas *novas* situações jurídicas de cabimento. Aqui não se analisarão os fins políticos dessas alterações, embora desde já se deixe grafado o repúdio às modificações perpetradas contra a suspensão de segurança.

Tendo sido fruto de um acordo político, a Emenda Constitucional 32/2001 pôs um fim na criação serial ("fordiana") e ilegítima de medidas provisórias pelo chefe do Executivo, que legislava para si. Como todo acordo que se preze, este também teve mútuas concessões e, por isso, em troca de uma nova regra constitucional para a utilização das medidas provisórias, a EC n. 32/2001 teve que congelar todas as medidas provisórias anteriores a ela que ainda se encontravam em tramitação. Uma dessas "medidas provisórias congeladas" foi a 2.180-35, que à época se encontrava na sua 35.ª versão:

> Nesse período toda a comunidade jurídica esteve literalmente assustada com a manipulação de institutos fundamentais do direito processual civil (tutela antecipada, ação civil pública, coisa julgada, ação rescisória etc.) por via de medidas provisórias. É claro que a intenção do executivo era implementar as políticas públicas por ele traçadas, tais como as privatizações em massa. Por isso, não hesitou em manipular a técnica processual – por via de alterações feitas em medidas provisórias por ele mesmo editadas – com o fito de criar situações processuais que inibissem o uso da via jurisdicional para impedir o cumprimento dos objetivos políticos que haviam sido traçados por ele (Executivo). Todas as modificações (mutações) e desfigurações feitas pelas sucessivas medidas provisórias à suspensão de segurança foram fruto dessa sede voraz de cumprir as políticas públicas a todo custo.

Visando atender interesses políticos, em tese, voltados à implementação de políticas públicas (*v. g.* privatização de estatais), estabelecidas pelo Poder Executivo federal, que estavam sendo obstadas por decisões judiciais mandamentais contra o Poder Público (ação civil pública, ação popular, ações cautelares etc.), o então chefe

---

47. Sobre as críticas à Lei 12.016/2009 consulte-se Luiz Manoel Gomes Jr.; Luana Pedrosa de Figueiredo Cruz; Luís Otávio Sequeira de Cerqueira; Rogerio Favreto; Sidney Palharini Jr.; Nelson Nery Jr. (Prefácio). Comentários à nova Lei do mandado de segurança: Lei 12.016, de 7 de agosto de 2009, p. 16; no mesmo sentido José Garcia Medina. op. cit., p. 17.

CAPÍTULO 01 • BREVE ANOTAÇÃO HISTÓRICA DA SUSPENSÃO DE SEGURANÇA — 21

do Executivo descobriu, na combinação *medida provisória/suspensão de segurança*, a melhor receita para derrubar ou impedir que as decisões judiciais mandamentais contra o Poder Público pudessem atrapalhar as referidas intenções políticas do Poder Executivo Federal.

Por isso, desde a edição da MP 1.984, no final do ano 2000, que tal medida provisória vinha sendo utilizada, sem eira nem beira, sem um mínimo de respeito jurídico, não só como veículo de alteração do procedimento da suspensão de segurança, mas também para ampliar suas hipóteses de cabimento, chegando ao ponto de alterar a sua própria natureza jurídica em algumas hipóteses de cabimento inventadas. Assim, a versão 35 da MP 2.180 foi congelada pela EC n. 32/2001.

As modificações feitas no pedido de suspensão de segurança ao longo das reedições da MP 1.984 até o congelamento da 35.ª versão não foram cirurgias meramente plásticas ou estéticas, mas verdadeiras "mutações genéticas" que chegaram ao ponto de desnaturar o próprio instituto originalmente concebido. Foi tão grande o aumento das hipóteses de cabimento da suspensão de segurança que, não fosse o nome e a identificação do instituto pela própria medida provisória, seria muito difícil saber que ali, naquela medida provisória, se estaria diante do incidente de suspensão de segurança. Em alguns casos, lendo as mudanças, tem-se a sensação de que se está diante de outra espécie inventada pelo "falso legislador".

Essas modificações foram operadas tanto na, ora revogada, Lei 4.348/1964 quanto na Lei 8.437/1992, que cuidavam, respectivamente, de suspensão de segurança de liminar ou sentença em mandado de segurança e de liminares e sentença nos demais casos (cautelar, ação civil pública, ação popular, tutela antecipada etc.).

A nova formatação do art. 4.º da Lei 4.348/1964 (revogada, porém, cujo teor foi reaproveitado, com certos acréscimos vistos no tópico anterior, pelo art. 15 da Lei 12.016/2009), com a redação que lhe foi dada pela MP 2.180, passou a ser a seguinte:

> Art. 4.º Quando, a requerimento de pessoa jurídica de direito público interessada e para evitar grave lesão à ordem, à saúde, à segurança e à economia pública, o presidente do tribunal, ao qual couber o conhecimento do respectivo recurso *(vetado)* suspender, em despacho fundamentado, a execução da liminar, e da sentença, dessa decisão caberá agravo, sem efeito suspensivo, no prazo de 10 (dez) dias, contados da publicação do ato.
>
> § 1.º Indeferido o pedido de suspensão ou provido o agravo a que se refere o *caput*, caberá novo pedido de suspensão ao Presidente do Tribunal competente para conhecer de eventual recurso especial ou extraordinário. (Acrescentado pelo art. 14 da MP 2.180-35/2001 – congelada pela EC n. 32/2001.)
>
> § 2.º Aplicam-se à suspensão de segurança de que trata esta Lei as disposições dos §§ 5.º a 8.º do art. 4.º da Lei 8.437, de 30 de junho de 1992. (Acrescentado pelo art. 14 da MP 2.180-35/2001 – congelada pela EC n. 32/2001).

Como se disse, também o art. 4.º da Lei 8.437/1992 foi alterado pela MP 2.180-35, e passou a ter a seguinte redação:

Art. 4.º Compete ao presidente do tribunal, ao qual couber o conhecimento do respectivo recurso, suspender, em despacho fundamentado, a execução da liminar nas ações movidas contra o Poder Público ou seus agentes, a requerimento do Ministério Público ou da pessoa jurídica de direito público interessada, em caso de manifesto interesse público ou de flagrante ilegitimidade, e para evitar grave lesão à ordem, à saúde, à segurança e à economia públicas.

§ 1.º Aplica-se o disposto neste artigo à sentença proferida em processo de ação cautelar inominada, no processo de ação popular e na ação civil pública, enquanto não transitada em julgado.

§ 2.º O Presidente do Tribunal poderá ouvir o autor e o Ministério Público, em 72 (setenta e duas) horas. (Acrescentado pelo art. 1.º da MP 2.180-35/2001 – congelada pela EC n. 32/2001.)

§ 3.º Do despacho que conceder ou negar a suspensão, caberá agravo, no prazo de 05 (cinco) dias, que será levado a julgamento na sessão seguinte a sua interposição. (Acrescentado pelo art. 1.º da MP 2.180-35/2001 – congelada pela EC n. 32/2001.)

§ 4.º Se do julgamento do agravo de que trata o § 3.º resultar a manutenção ou o restabelecimento da decisão que se pretende suspender, caberá novo pedido de suspensão ao Presidente do Tribunal competente para conhecer de eventual recurso especial ou extraordinário. (Acrescentado pelo art. 1.º da MP 2.180-35/2001 – congelada pela EC n. 32/2001.)

§ 5.º É cabível também o pedido de suspensão a que se refere o § 4.º, quando negado provimento a agravo de instrumento interposto contra a liminar a que se refere este artigo. (Acrescentado pelo art. 1.º da MP 2.180-35/2001 – congelada pela EC n. 32/2001.)

§ 6.º A interposição do agravo de instrumento contra liminar concedida nas ações movidas contra o Poder Público e seus agentes não prejudica nem condiciona o julgamento do pedido de suspensão a que se refere este artigo. (Acrescentado pelo art. 1.º da MP 2.180-35/2001 – congelada pela EC n. 32/2001.)

§ 7.º O presidente do tribunal poderá conferir ao pedido efeito suspensivo liminar, se constatar, em juízo prévio, a plausibilidade do direito invocado e a urgência na concessão da medida. (Acrescentado pelo art. 1.º da MP 2.180-35/2001 – congelada pela EC n. 32/2001.)

§ 8.º As liminares cujo objeto seja idêntico poderão ser suspensas em uma única decisão, podendo o Presidente do Tribunal estender os efeitos da suspensão a liminares supervenientes, mediante simples aditamento do pedido original. (Acrescentado pelo art. 1.º da MP 2.180-35/2001 – congelada pela EC n. 32/2001.)

§ 9.º A suspensão deferida pelo Presidente do Tribunal vigorará até o trânsito em julgado da decisão de mérito na ação principal. (Acrescentado pelo art. 1.º da MP 2.180-35/2001 – congelado pela EC n. 32/2001).

Assim, para tornar didática a compreensão, o panorama legislativo referente à suspensão de segurança, após as modificações introduzidas pela MP 2.180-35, por sua vez congelada pela Emenda Constitucional n. 32/2001, foi a seguinte. Existem dois regimes jurídicos:

1) Suspensão de segurança em mandado de segurança

a) art. 15 da Lei 12.016/2009 (decisão de 1º grau)

b) art. 25 da Lei 8.038/1990 (decisão proferida em única ou última instancia pelos tribunais)

2) Suspensão de segurança para os demais casos de efetivação de tutela provisória contra o poder público (cautelares, tutela antecipada, tutela específica, ação civil pública, ação popular etc., basicamente no art. 4.º da Lei 8.437/1992), sendo que em cada um desses "regimes jurídicos" teremos uma suspensão de segurança vista como recurso dentro do incidente processual ou apenas como incidente processual, dependendo da hipótese de cabimento.

CAPÍTULO 01 • BREVE ANOTAÇÃO HISTÓRICA DA SUSPENSÃO DE SEGURANÇA   **23**

Após este cenário legislativo, surgiu a Lei 13.105/2015 que introduziu o novo Código de Processo Civil brasileiro, sendo revogado o CPC/73. Nenhum dispositivo do novo Código revogou os dispositivos da Lei 8437 ou da Lei 12106, mas certamente que ao reconhecer em seu texto um novo modelo de processo civil (processo democrático), que valoriza as decisões das cortes supremas e concretiza os direitos fundamentais, espera-se que seja dado um novo rumo à interpretação e utilização da suspensão de segurança.

Como o art. 1.059 do NCPC determina em suas disposições finais e transitórias que:

> à tutela provisória requerida contra a Fazenda Pública aplica-se o disposto nos arts. 1º a 4º da Lei 8.437, de 30 de junho de 1992, e no art. 7º, § 2º, da Lei 12.016, de 7 de agosto de 2009.

Esse dispositivo do CPC permite que se interprete que que foi mantida a mesma disciplina do artigo 1º da Lei 9.494 que determinava a aplicação da tutela antecipada contra o poder público à Lei 8437/92.

1.6   QUINTA FASE: O NOVO CPC E PERSPECTIVAS EM RELAÇÃO À SUSPENSÃO DE SEGURANÇA

O processo civil nasceu e foi edificado sobre sólidas bases do direito privado, motivo pelo qual, durante muito tempo, seus institutos fundamentais eram lidos e interpretados exclusivamente sob este viés. Inclusive, não é por acaso que o vocábulo civil lhe serve de adjetivo. Contudo, após a Constituição Federal de 1988, com a inserção de princípios do processo nos direitos e garantias fundamentais do cidadão e a adoção de um modelo constitucional de processo democrático e justo (devido processo legal), ultrapassou-se aquela perspectiva privada para fazer um estudo do processo a partir do viés constitucional. A rigor, é de se dizer que não só o direito processual sofreu essa decisiva mudança de rumo hermenêutico, mas todas as ciências jurídicas. É o que passou a se denominar corriqueiramente, e sem que esteja livre de críticas, de neoprocessualismo derivado do neoconstitucionalismo.

O avanço do neoconstitucionalismo – um novo direito constitucional – foi decisivo para se repensar e revisitar todas as ciências jurídicas, especialmente aquelas que foram calcadas sobre ideais privatistas, tal como o direito processual civil.

As novas premissas estabelecidas pelo neoconstitucionalismo (reconhecimento de força normativa da constituição, espraiamento da jurisdição constitucional e novas formas de interpretação constitucional) também refletiram no direito processual civil, de forma que esta ciência deve ser estudada e operada sob o prisma constitucional, já que todos os princípios processuais insculpidos nas garantias fundamentais da Constituição Federal de 1988 possuem uma dimensão objetiva (abstrata que consagra valores determinantes para se operar o ordenamento) e outra subjetiva (que encerram direitos e posições jurídicas aos seus sujeitos podendo/devendo ser aplicada nos casos em concreto).

O novo Código de Processo Civil é reflexo deste movimento irreversível de reconhecer que o processo é um método democrático de solução de conflitos. Não por acaso, portanto, que o artigo 1º do Código de Processo Civil estabelece em alto e bom tom que "*o processo civil será ordenado, disciplinado e interpretado conforme os valores e as normas fundamentais estabelecidos na Constituição da República Federativa do Brasil, observando--se as disposições deste Código*". O Código explicitou de forma didática – o que nunca é demais – aquilo que decorre naturalmente da ordem constitucional brasileira. Enfim, o texto do artigo 1º do CPC deixa evidente e fora de dúvidas que o direito processual civil, dentro ou fora do código, tem que passar sempre pelo filtro constitucional que determina os fundamentos, os meios e os fins do processo civil. Não por acaso, tem-se falado em *modelo constitucional de processo*, expressão que tem sido reiterada por Cássio Scarpinella Bueno em homenagem ao saudoso professor José Frederico Marques[48].

Neste particular, portanto, os princípios do processo insculpidos na Constituição Federal elevam o processo à condição de direito fundamental que, em razão do seu papel instrumental, deve ser apto à efetiva proteção dos demais direitos fundamentais, além do fato de que ele – o processo – deve ser interpretado e operado sob a perspectiva de que ele também é um direito fundamental. Os desdobramentos da dimensão objetiva e da dimensão subjetiva dos direitos fundamentais processuais refletem-se diretamente no campo legislativo, posto que as técnicas processuais devem ser criadas para atender, de forma efetiva e justa, os demais direitos fundamentais, bem como também reflete no âmbito judiciário, pois determinar o modo de ser e agir do operador do direito, qual seja, deve reconhecer que, ao postular ou aplicar o direito ao caso concreto por intermédio do processo, as garantias processuais são direitos fundamentais a serem concretizados em cada lide que se exercita em juízo. Enfim, quando se diz que o jurisdicionado tem o *direito fundamental* a um *processo democrático* e o Estado tem este *dever* correlato, é preciso saber de que forma e com que conteúdo este direito (e este correlato dever) deve ser preenchido.

É neste ponto que se realiza a conexão entre o *modelo democrático de processo* e o *direito a um processo justo*. Resta claro que todos têm direito a um processo que exale a democracia e o Estado o dever de prestar e atuar com base neste modelo de processo. Mas, paralelamente a isso, existem ainda dois direitos fundamentais que densificam o conteúdo do *processo democrático*. São eles o direito fundamental de acesso à justiça e o direito fundamental ao devido processo (tempo razoável; isonomia processual e de resultados; acesso à justiça; imparcialidade do órgão julgador; contraditório e ampla defesa com paridade de armas; fundamentação das decisões judiciais etc.).

---

48. BUENO, Cassio Scarpinella. *O Modelo Constitucional do Direito Processual Civil*: Um Paradigma Necessário de Estudo do Direito Processual Civil e Algumas de suas Aplicações. Disponível em https://edisciplinas.usp. br/pluginfile.php/2565837/mod_resource/content/1/Cassio%2C%20O%20modelo%20constitucional%20 do%20direito%20processual%20civil%20_Jornadas%202008_.pdf. Acesso em: 29 jul. 2021.

É o processo democrático que legitima o amplo e irrestrito acesso à justiça e que este acesso seja feito segundo os ditames de um processo adequado, justo. Como se disse, é o modelo estatal democrático que impõe ao Estado o cumprimento de um devido processo, que, frise-se, também atinge o modelo de processo legislativo e executivo. E, vale dizer, em relação ao poder legislativo, eleito pelo povo, a este impõe o dever de legislar de forma a criar técnicas processuais que respeitem o direito fundamental ao processo justo. Só assim a democracia será cumprida em prol do verdadeiro soberano do poder estatal. E, ao dizer que deve o poder legislativo legislar orientado pela busca de um devido processo significa dizer que deve concentrar-se em criar técnicas processuais que sejam adequadas aos direitos materiais que visam tutelar. É importante deixar claro e bem sedimentado, pecando por ser repetitivo, que é o conteúdo deste devido processo que deve pautar a atuação do estado-juiz, que deve servir de norte para o legislador na criação de regras processuais adequadas à tutela dos direitos e que deve constituir a tessitura da atuação do poder executivo não é tarefa fácil, pois constitui uma cláusula aberta, justamente para que se lhe outorgue uma flexibilidade lógica e vinculada ao direito que vise tutelar. Contudo há um núcleo duro que de alguma forma densifica esta cláusula geral e que serve de guia para o estado-juiz-legislador-administrador. Não basta dizer que todos temos direito a um processo justo ou a um devido processo porque é preciso identificar o conteúdo mínimo deste devido processo que garanta o exercício da democracia no (e pelo) processo. Nesta sede nos ateremos ao processo jurisdicional, ou seja, ao método jurisdicional de resolução de conflitos. O direito fundamental a um devido processo (processar e ser processado) deve ser preenchido com observância das garantias processuais fundamentais que corporificam o devido processo legal processual. Tais garantias são, em síntese: (a) o direito de acesso à justiça; (b) juiz natural; (c) isonomia de resultados pelo processo; (d) contraditório e ampla defesa; (e) publicidade e motivação das decisões judiciais; (f) igualdade no processo (g) duração razoável do processo. Por isso, sendo o "devido processo legal" a raiz de todos os demais princípios estruturantes do exercício da função jurisdicional, tem-se que os postulados constitucionais da isonomia, contraditório, ampla defesa, imparcialidade do juiz, juiz natural, acesso à prova, duração razoável do processo etc. nada mais são do que desdobramentos do "devido processo legal" que, quando exercitados no processo, culminam no que se chama de "processo justo ou tutela jurisdicional justa". Portanto, justa é a tutela jurisdicional que consegue pôr em prática todos os princípios do devido processo legal, com o adequado equilíbrio entre eles, de forma a alcançar um resultado que possa ser tido como "justo". Um processo democrático não é apenas participativo, mas também ético, probo, idôneo, cooperativo e exige comportamentos comprometidos com a boa-fé dos litigantes. Permite ainda que as partes possam exercer sua autonomia da vontade não só sobre o direito que deduzem em juízo, mas também sobre aspectos do próprio processo no sentido de colaborar com resultado mais efetivo. O termo litigantes não coloca os sujeitos da demanda em uma guerra onde todas as armas podem ser utilizadas para alguém sagrar-se vencedor. Nada disso. O processo deve refletir em todos os seus aspectos a democracia consagrada no modelo de Estado brasileiro e permitir que nele se pratique e exerçam os direitos fundamentais. Não se admite em um processo democrático qualquer tipo de autoritarismo, nem pelos sujeitos interessados ou pelos desinteressados. As chamadas "decisões surpresa" feitas sem contraditório pleno e efetivo, a inexistência de paridade de armas, o cerceamento de defesa e de chances processuais, a negativa de acesso às provas, a negação à instrumentalidade, a desobediência à efetividade não é tolerada e nem admitida em um processo democrático. A democracia no processo deve atuar no sentido de concretizar os direitos fundamentais dos sujeitos que dele necessitam, ou seja, os donos da soberania popular. O respeito e a realização do direito fundamental ao devido processo é a concretização da democracia estatal manifestada por intermédio do método de trabalho pelo qual atua o Estado na função legislativa, administrativa e judiciária.

E, ante este cenário, agora sedimentado em texto normativo no NCPC, é que deve ser interpretado e aplicado o instituto da suspensão de segurança. Frise-se que todo o processo civil deve ser *ordenado, disciplinado e interpretado conforme os valores e as normas fundamentais estabelecidos na Constituição da República Federativa do Brasil, observando-se as disposições do Código de Processo Civil*, e, não será diferente com a suspensão de segurança.

É importante fixar a premissa de que um dos elementos fundamentais da espinha dorsal do processo democrático é a proteção da inteireza do texto normativo federal e constitucional. A *proteção do direito positivo* é necessária, porque bem se sabe que um texto normativo criado pelo legislador não é como um produto que está numa prateleira de supermercado, pois não vem "pronto e acabado" para ser consumido, já que está muito longe de o juiz simplesmente aplicá-lo diretamente ao conflito de interesses levado em juízo sem qualquer juízo cognitivo interpretativo do texto e sua adequação ao fato a ele submetido. Não se trata de uma operação matemática, pois, sendo o Direito um produto cultural é preciso, repita-se, que o texto normativo seja interpretado e definido seu sentido e alcance, para assim ser fixada a tese jurídica aplicável aquele caso concreto.

Ora, como esse exercício é feito por todos os órgãos jurisdicionais que compõem a federação, é de se imaginar o quão diferente pode ser a interpretação do texto legal pelos diferentes magistrados do país. Exatamente por isso, para evitar que o judiciário seja uma loteria, um jogo de azar em que cada juiz interpreta o mesmo texto normativo da forma que lhe aprouver, criando uma insegurança jurídica, desigualdade dos jurisdicionados etc. é que é necessária a existência de meios de controle que permitam a determinados tribunais, situados na cúpula da pirâmide judiciária brasileira, definir, uniformizar e estabilizar como deve ser a intepretação do texto normativo federal (STJ) e constitucional (STF). Portanto, a produção judicial do Superior Tribunal de Justiça e do Supremo Tribunal Federal, resultante do julgamento dos recursos especial e extraordinário, tem papel fundamental na proteção da inteireza direito positivo brasileiro.

Ao se proteger o direito positivo, fixando-o como um bem fundamental do cidadão, tem-se, por corolário lógico, a tutela da segurança jurídica, da isonomia dos jurisdicionados, e por que não dizer, também da duração razoável do processo.

A segurança jurídica é protegida na medida em que se passa a conhecer, ter confiança sobre como o Poder Judiciário (a jurisdição é uma) interpreta determinado texto normativo federal ou constitucional, o que, decerto, influenciará bastante na prevenção de litígios com o aconselhamento dos advogados aos seus clientes.

Essa segurança permite antever riscos e evitar prejuízos. A segurança traz confiança do cidadão no Poder Judiciário que exerce o poder estatal pelo povo e para o povo. Não é aceitável que o direito positivo, aplicado pelo Judiciário nos vários níveis e estratos, possa ser tão oscilante e motivo de tanta insegurança do jurisdicionado. A sonhada *paz social* pela resolução do conflito não é alcançada quando se tem incoerência e insegurança na interpretação do direito positivado.

A isonomia, prevista como direito fundamental do artigo 5º da CF/88, vê-se protegida na medida em que esta não está garantida apenas com a *isonomia real* concretizada no texto normativo pelo legislador, tampouco pela proteção da igualdade real dentro do processo, mas também com a igualdade resultante do fato de que a interpretação do texto normativo na resolução das questões jurídicas deve ser igualmente decidida pelo Poder Judiciário, não sendo salutar que jurisdicionados tenham soluções diversas para problemas semelhantes em juízos diversos, tal como se a propositura de uma demanda fosse um jogo de azar, pois, dependendo deste ou daquele magistrado, as soluções das questões jurídicas poderiam ser diferentes. Neste particular, é importantíssima a produção judicial do Superior Tribunal de Justiça e Supremo Tribunal Federal.

A duração razoável do processo também é alcançada na medida em que encurta o trabalho do magistrado, acelera o trabalho de interpretação, na medida em que o juiz que aplica o direito ao caso concreto, já conhece como os tribunais de cúpula, aqueles que deem a última palavra sobre a interpretação do direito positivo, firmam a tese jurídica sobre determinada questão de direito para determinadas situações de fato.

Inegavelmente é importantíssimo o reconhecimento da estabilidade, uniformidade e coerência do direito positivo federal e constitucional brasileiro como um bem jurídico fundamental a ser aplicado e respeitado, daí porque é essencial a *uniformização da jurisprudência dos tribunais* e, mormente, dos tribunais de cúpula do país.

É sob este matiz que deve passar e ser interpretado o instituto da suspensão de segurança, ou seja, todos os precedentes dos tribunais a respeito deste tema devem formar uma espécie de *direito jurisprudencial* sobre o instituto; esta produção judicial de precedentes deve servir de fundamento para casos futuros trazendo coerência, confiabilidade e, acima de tudo, evitar que o instituto seja usado para fins meramente políticos. Ainda que a verificação do risco de grave lesão dependa de uma análise de cada caso concreto, é certo que questões de fato e de direito que se repitam deverão ter o mesmo tratamento (isonômico) do que já foi decidido anteriormente, salvo se superada ou distinta o caso em apreço.

Capítulo 02
ASPECTOS GERAIS: NATUREZA JURÍDICA, CONSTITUCIONALIDADE E FINALIDADE

2.1 NATUREZA JURÍDICA

Sem maiores suspenses desde quando se decidiu debruçar-se sobre este tema, ainda quando da elaboração tese de doutoramento no final da década de 1990, sempre se defendeu que o requerimento de suspensão de execução de decisão judicial não é nem ação nem recurso, figurando-se, sim, como típico instituto representante dos *incidentes processuais*[1].

Para que seja um incidente, é mister que existam três componentes básicos: a) um processo pendente sobre o qual incida; b) uma situação jurídica nova que *incida* sobre o processo em curso; c) inaugure um procedimento próprio e lateral para ser resolvido.

O incidente de suspensão de segurança pressupõe a existência de uma demanda *contra* o Poder Público; que nesta demanda em curso seja prolatada uma decisão cuja execução provisória (eficácia) cause o risco de grave lesão ao interesse público; que o poder público apresente uma *defesa impeditiva dessa execução* e, tendo em vista o fato de que a competência originária é do Presidente do Tribunal, haverá um procedimento específico para processar e julgar o referido incidente.

O incidente de suspensão de segurança *não é recurso* por lhe faltar inúmeros aspectos atinentes a tal instituto. Assim, estão ausentes a tempestividade, o preparo, a tipicidade, a devolutividade, a legitimidade, a competência etc. Nunca é demais repetir que o pedido de suspensão requerido ao presidente do tribunal não pretende nem a reforma nem a anulação da decisão, o que significa dizer que, mesmo depois de concedida a medida, o conteúdo da decisão permanecerá incólume[2]

---

1. . Por opção comercial, esta edição do livro não trouxe a "primeira parte" do trabalho acadêmico com o qual obtive o grau de Doutor em Direito na PUC-SP em 1999. Nas edições anteriores havia uma extensa construção de uma teoria geral dos incidentes processuais com a demonstração das razões pelas quais a suspensão de segurança seria um de seus exemplos. Percebeu-se que o CPC de 2015 acolheu a teoria geral desenvolvida em 1999, consagrando a terminologia em diversas técnicas processuais como o Incidente de Assunção de Competência, o Incidente de Resolução de Demandas Repetitivas, o Incidente de Desconsideração da Personalidade Jurídica etc.

2. No mesmo sentido, vale observar, por todos: (SL 1411 Relator Min. Luiz Fux (Presidente); Redator(a) do acórdão: Min. ALEXANDRE DE MORAES Julgamento: 29/03/2021; Publicação: 14/05/2021). (AgInt na SLS 2.815/TO,

As razões para se obter a sustação da eficácia da decisão não estão no conteúdo jurídico ou antijurídico da decisão concedida, mas na sua potencialidade de lesão ao interesse público. Neste ponto, vale gizar, também, que o requerimento de suspensão de execução de decisão judicial *não deve ser caracterizado como sucedâneo recursal*[3], *uma vez que*, embora não sendo um recurso como os demais sucedâneos, destes difere porque não apresenta a finalidade recursal. O conteúdo do debate (causa de pedir e pedido) do incidente processual de suspensão de segurança que será objeto de julgamento nada tem a ver com o conteúdo da decisão, mas tãosomente com a sua eficácia. O fato de no incidente processual ser necessário ao órgão julgador compreender o mérito da questão de fundo do processo em nada altera o raciocínio de que o objeto do incidente se restringe à suspensão dos efeitos da decisão por suposta iminência de grave lesão ao interesse público.

Por outro lado, recorde-se que a obtenção da suspensão da execução da decisão recorrida não é o desiderato dos recursos, não só porque o efeito suspensivo decorre da *recorribilidade recursal* (e não propriamente dos recursos), mas também porque se entender-se dessa forma, todos os "recursos" desprovidos de tal efeito perderiam tal natureza jurídica.

É de se registrar ainda que o fato de o incidente ter uma finalidade *preventiva de um dano*, isso não implica lhe atribuir a natureza de *ação cautelar incidental*. Para que assim o fosse, primeiro teria que ser alterada a regra da competência do Presidente do Tribunal, e segundo porque se estaria definindo o instituto pela sua finalidade ou pela decisão (procedente) dada pelo presidente do tribunal, e não pela sua gênese em si mesma, como deveria sê-lo.

Há séria doutrina que sustenta a natureza de *ação cautelar incidental*[4], mas, segundo se pensa, as razões para se sustentar a natureza de ação incidental e não de incidente processual preventivo, seria para assegurar a "garantia processual das partes".

Com máximo respeito ao autor e amigo, não obstante as ações incidentais também serem uma espécie de incidente processual, tal como exposto na sistematização contida no primeiro capítulo deste livro, o fato de ser um *incidente processual preventivo*, que resolve *uma questão manifestada por uma defesa impeditiva do Poder Público*, não configura por si só ofensa ao devido processo legal, sob pena de que todos os outros incidentes processuais que debelam questões, sejam eles preventivos ou não, tais como o conflito de competência; a impugnação do valor da causa;

Rel. Ministro Humberto Martins, Corte Especial, julgado em 09/02/2021, DJe 11/02/2021; AgRg na SLS 2.102/DF, Rel. Ministro João Otávio de Noronha, corte especial, julgado em 12/11/2019, DJe 20/11/2019).

3. Os sucedâneos recursais são bem explicados por José Frederico Marques (*Instituições de direito processual civil*, vol. 4, p. 290) quando aponta o rigor na aplicação do princípio da irrecorribilidade das interlocutórias como o grande responsável pelo incremento dessas figuras que, embora não sendo um recurso propriamente dito, possuem a finalidade destes. Como exemplo, tem-se o pedido de reconsideração, a medida cautelar e o mandado de segurança contra ato judicial, a correição parcial etc. No mesmo sentido, ver Nelson Nery Junior. *Princípios fundamentais* – Teoria geral dos recursos, p. 53.

4. Elton Venturi. Suspensão de liminares e sentenças contra o poder público.

CAPÍTULO 02 • ASPECTOS GERAIS: NATUREZA JURÍDICA, CONSTITUCIONALIDADE E FINALIDADE **31**

a exceção de impedimento e suspeição; o incidente de assunção de competência; o incidente de desconsideração da personalidade jurídica; o incidente de resolução de demandas repetitivas; o incidente do concurso de credores e exequentes etc., todos estes deveriam ser transformados em ações incidentais.

Outrossim, não seria atribuindo *natureza jurídica de ação* se assegurada estivesse a preservação do devido processo legal, até porque, *lege lata*, o procedimento do instituto está estampado nas normas que o regulam e não se poderia simplesmente deixar de aplicá-lo.

No mais a mais, acredita-se que atribuir natureza de ação, formalmente considerada, contraria a tendência simplificação do processo, e os exemplos disso são mesmo a própria ação cautelar incidental, exterminada pelo art. 273, § 7.º, do CPC de 1973 e posteriormente pelo artigo 300 e ss. do CPC de 2015, pelo qual se permite que as medidas cautelares incidentais sejam requeridas por medida avulsa, sem que exista o procedimento cautelar antes existente. Aliás, no CPC de 2015, admite, inclusive, quebrando paradigmas, a *tutela "antecipada"* e sua respectiva estabilização, tudo em prol da simplificação como expressamente consta em sua exposição de motivos.

Citem-se ainda: no cumprimento de sentença, a substituição da *ação incidental dos embargos do executado* pelo incidente processual de impugnação do executado como meio típico de oposição pelo executado[5]; a mudança – processo incidental por um incidente processual – não ofende o devido processo legal, desde que todas as garantias processuais sejam respeitadas no referido procedimento.

Também é importante que se ressalte que o incidente de suspensão de execução de decisão judicial não poderia ser confundido com o antigo instituto da *avocação de causas* pelo STF, previsão incluída no art. 119, I, *o*, da CF/1969 pela EC 7, de 13.04.1977. Segundo este antigo dispositivo:

> as causas processadas perante quaisquer juízos ou tribunais, cuja avocação deferir a pedido do Procurador-Geral da República, quando decorrer imediato perigo de grave lesão à ordem, à saúde, à segurança ou às finanças públicas, para que se suspendam os efeitos da decisão proferida e para que o conhecimento integral da lide lhe seja devolvido[6].

---

5. Critica-se veementemente o fato de o legislador ter estabelecido a regra de que a impugnação do executado ser apresentada nos próprios autos da execução (art. 525, *caput*), em especial nos casos em que não lhe for concedido o efeito suspensivo, simplesmente porque o procedimento cognitivo é inadequado ao procedimento de desfecho único do cumprimento de sentença. Não é porque é feito *intra-autos* que se tem uma simplificação do procedimento. Melhor seria se o legislador tivesse determinado que a interposição da impugnação implicaria abrir um procedimento apenso para decidi-lo, tal como o fez, por exemplo, para o incidente de remoção do inventariante.
6. Como bem diz Nelson Nery Junior, "a inovação 'revolucionária' tinha por finalidade antecipar o reexame que ocorreria com a interposição de recurso para o STF, suspendendo a eficácia da decisão, impedindo, destarte, a consumação da grave lesão de que falava a CF de 1969, devolvendo o conhecimento integral da lide ao STF, não se configurando como uma *capitis deminutio* atinente ao juízo inferior, que tem normalmente as decisões revistas por órgão de jurisdição hierarquicamente superior". Nelson Nery Junior. *Princípios...* cit., p. 86.

Desse modo, ao contrário do que é previsto em sede de suspensão de segurança (para as decisões contrárias ao Poder Público com o condão de causar grave lesão à ordem, à saúde, à segurança e às finanças públicas), pelo antigo instituto da *avocação de causas*, era permitido ao STF não apenas sustar a eficácia das decisões, bem como a prosseguir no julgamento da ação.

Portanto, a única semelhança desse instituto com o incidente de suspensão de execução de decisão judicial diz respeito à finalidade preventiva de ambos, distanciando-se, porém, dos requisitos e hipóteses de cabimento, competência, legitimidade etc.

Antes de concluir este tópico, não se pode deixar de dizer que mais equivocado que apontar uma natureza de recurso ou de ação para esse incidente é emoldurá-lo sob o rótulo de *medida administrativa* praticada pelo presidente do tribunal no exercício de *poder de polícia*. É verdade que estes posicionamentos doutrinários foram firmados em outro momento histórico e seus defensores não tiveram oportunidade de rever o tema após a evolução do direito processo civil.

O primeiro autor a expressar o posicionamento acima foi Othon Sidou[7]. Partindo de um sofisma, disse que esse instituto era um incidente *extraprocessual*, fruto da mais pura aplicação do poder de polícia do presidente do tribunal, por sua vez destinado a aplicar o princípio da supremacia da Administração, no sacrifício do interesse privado em face do interesse público.

São suas palavras:

> O sentido exato do art. 13 da Lei 1.533 não se pode dirigir, em apreço à técnica jurídica, à medida liminar e muito menos à sentença. Vale por um *incidente extraprocessual*, e se traduz como uma ordem em que o presidente do tribunal previne ao juiz da causa que tal ato tem sua autorização para executar-se ou deixar de executar-se, autorização que a lei lhe confere e até que sôbre o ato duvidoso decida ordináriamente o corpo judiciário a que preside, ou até que sôbre a autorização, incidentemente, decida o mesmo tribunal, por ser o competente para conhecer do eventual recurso. A ordem, portanto, não se atém à relação nem ao normal andamento do feito (grifo nosso).
>
> (...) É com efeito o interêsse público, e só em atenção a êle, que justifica e autoriza o movimento de presidente de tribunal no exercício do poder de polícia.

Não obstante tratar-se de um renomado jurista, não se adota o seu alvitre por razões muito simples. Primeiro, porque, ao conferir gênese administrativa ao ato do presidente, se estaria admitindo que poderia um ato administrativo sobrepor-se a um ato jurisdicional, até mesmo para retirar-lhe a eficácia. Seria, em outras palavras, além de admitir que uma decisão judicial pudesse ser descumprida por uma decisão administrativa, que esta última tivesse força bastante para sustar a eficácia de uma decisão judicial. Em última análise, estar-se-ia dizendo que o controle da eficácia do ato jurisdicional estaria ao sabor de um ato administrativo!

---

7. J. M. Othon Sidou. *Do mandado de segurança*, p. 452-453.

Por outro lado, não se pode admitir que, sendo um ato administrativo, pudesse ser ele desafiado por um recurso de natureza processual, endereçado a um órgão colegiado, cuja decisão teria igual teor jurisdicional. Se fosse medida administrativa, o remédio jurídico para atacá-lo seria, por certo, o mandado de segurança e não o recurso de agravo como está previsto na lei.

Parece, em verdade, que houve um grave equívoco na indicação da natureza jurídica deste instituto pelo referido autor, quando tentava explicar a sua *ratio essendi*. Quando se diz que esse incidente tem por finalidade evitar o risco de grave lesão ao interesse público, com provisório sacrifício do interesse do autor da demanda, que terá sustada a eficácia da decisão judicial, na verdade, o que se tem é a opção pelo órgão judicial de tutelar a *afirmação* do interesse coletivo enquanto pende a efetivação provisória de um comando judicial contra o Poder Público.

De tal forma, não se pode considerar como administrativa a natureza do incidente, só porque a sua razão de ser é proteger, pelo menos temporariamente, a afirmação de interesse público em prejuízo de outro interesse[8]. Embora seja um princípio típico da atividade da Administração, isso não quer dizer que não possa inspirar, também, a atividade jurisdicional, nos casos em que o choque de interesses disputados em juízo reclame uma tutela imediata para evitar a grave lesão[9].

Na verdade, a hipótese acima cuida da aplicação do *princípio da proporcionalidade* e é nesta perspectiva que se deve entender inúmeros julgados do Superior Tribunal de Justiça que afirmam existir um *juízo político*[10] no incidente de suspensão de decisão judicial contra o poder público, pois de forma alguma poderia se admitir que uma decisão política de um membro do tribunal tivesse o poder de impedir a eficácia de uma decisão judicial.

---

8. No exercício da proporcionalidade e máxima do sopesamento, não se coloca em confronto os interesses em jogo sob o aspecto quantitativo (interesse público X privado), porque os direitos fundamentais tutelados pelo mandado de segurança, por exemplo, possuem inegável veia pública e eficácia horizontal que reflete em todo o sistema, inclusive na interpretação das demais normas constitucionais.
9. Sobre a extensão do princípio da proporcionalidade ver Luís Roberto Barroso. *Interpretação e aplicação da Constituição*, p. 210.
10. Pet 8739 Relator(a): Min. Roberto Barroso, Julgamento: 24/03/2020, Publicação: 27/03/2020, Decisão de efeito suspensivo a recurso extraordinário interposto contra acórdão do Tribunal de Justiça do Estado do Paraná. 2. Na decisão recorrida, o TJPR suspendeu a liminar concedida pela primeira instância que havia obrigado o poder público a fornecer medicamento de alto custo. O acórdão recorrido recebeu a seguinte ementa: agravo. Suspensão de liminar. Decisão de primeiro grau pela qual se determinou o imediato fornecimento do medicamento Spinraza ao paciente com atrofia muscular espinhal – ame tipo II demonstração de que o referido pronunciamento judicial enseja grave lesão à saúde e à economia públicas. Elevado custo para aquisição da droga medicinal. Competência da união. Precedentes. Portaria ministerial não incluiu os tipos II e III, apenas fez uma projeção. Valor desproporcional em relação às vantagens que promove. *Juízo político-administrativo*. Prevalência do concreto risco de lesão. Necessidade de manutenção da decisão que suspendeu a medida liminar. Recurso conhecido e não provido. 3. Em síntese, a requerente alega que o fornecimento do medicamento requerido (Spinraza) é necessário para garantir a sua sobrevida de modo digno, pois impede os efeitos da doença.

Ratificando, a medida tomada pelo presidente do tribunal depende de provocação pelo legitimado e possui inquestionável natureza jurisdicional[11]. O fato de não pretender a revisão da decisão e não se confundir com o mérito da causa principal apenas se lhe afasta a natureza de recurso e de ação, respectivamente, todavia, não se lhe retirando a natureza típica de incidente processual[12].

Insta dizer ainda que a EC n. 32/2001 congelou diversas novas hipóteses de cabimento da suspensão de segurança previstas na MP 2.180-35 e mantidas no artigo 15 da Lei 12.016 que, à primeira vista, levariam o operador do direito a dizer que o instituto da suspensão de segurança não poderia ser mais batizado como incidente processual, já que algumas dessas hipóteses se afiguram como verdadeiros recursos inseridos no procedimento do incidente processual (*v.g.* a suspensão da suspensão negada, art. 15.º, § 1.º, da Lei 12.016/2009). Todavia, como já foi dito, é importante perceber que, uma vez formado o incidente processual da suspensão de segurança, nada impede que neste procedimento lateral à causa principal (autuado autonomamente e cuja competência para processar e julgar será do presidente do tribunal) surjam situações processuais que ensejem a interposição de recursos (recursos no incidente). Por isso, acredita-se que essas novas hipóteses de suspensão de segurança (que serão comentadas adiante) que possuem natureza recursal são, na verdade, recursos surgidos no próprio incidente processual iniciado por um pedido de suspensão de segurança anteriormente formulado. Não se confunde *incidente processual* com *recursos no procedimento do incidente processual*[13].

Assim, para concluir, ratifica-se que o pedido de suspensão de execução de decisão judicial é figura própria, sendo típico incidente processual voluntário, não suspensivo do processo, com finalidade *preventiva* do risco de grave lesão ao interesse público, que se manifesta por intermédio de uma *questão* que surge sobre o processo em curso.

Enfim, uma questão que se manifesta por intermédio de uma *defesa impeditiva* (*exceção em sentido estrito*)[14] que o Poder Público dirige ao Presidente do Tribunal competente, visando obter a suspensão da eficácia de uma decisão para evitar risco

---

11. Nesse sentido: "A competência outorgada ao Presidente do Tribunal para suspender a execução de medidas liminares e de sentenças não é exercível discricionariamente. Ao contrário, supõe a ocorrência de pressupostos específicos alinhados em lei (Lei 8.437/1992, art. 4.º; Lei 7.347/1985, art. 12, § 1.º; Lei 4.348/1964, art. 4.º) e nesse aspecto o juízo que então se faz tem natureza eminentemente jurisdicional" (STJ, REsp 831.495, 1.ª T., rel. Min. Teori Albino Zawaski, *DJ* 30.06.2006, p. 192).

12. Em trabalho publicado em 1998, Ellen Gracie Northfleet sustentava uma similaridade entre a suspensão de segurança e o juízo de conveniência e oportunidade do ato administrativo discricionário. "Suspensão de sentença e de liminar", In Revista do Instituto dos Advogados de São Paulo. Ano 1, n. 2, São Paulo: RT, 1998, p. 169.

13. Nada impede que existam incidentes processuais em algum recurso ou, de outra parte, recursos nos incidentes processuais. Exemplos de um e outro sobram no Código de Processo Civil.

14. Neste particular, é de considerar que é um incidente processual, cuja questão que *se manifesta pela arguição de uma defesa impeditiva*, segue-se o alvitre de Cândido Rangel Dinamarco. Suspensão do mandado de segurança pelo presidente do tribunal. *Fundamentos do processo civil moderno.*

CAPÍTULO 02 • ASPECTOS GERAIS: NATUREZA JURÍDICA, CONSTITUCIONALIDADE E FINALIDADE **35**

de grave lesão a um interesse público. É, pois, um incidente processual, cujo conteúdo é uma defesa impeditiva levada pela Fazenda Pública a órgão do Tribunal com competência absoluta para tanto.

Mas, poder-se-ia questionar por que esta *defesa impeditiva* da eficácia da decisão proferida contra o poder público não poderia ser arguida ao próprio juízo que proferiu a referida decisão contra o poder público tal como se fosse um *"periculum in mora inverso"*.

Em nosso sentir, o "risco de grave lesão ao interesse público" não corresponde às hipóteses do artigo 300, §3º do CPC, posto que esta matéria não guarda relação com o objeto cognitivo da demanda de onde emanou a decisão cuja eficácia se pretende *impedir* pelo referido incidente, em especial quando se tratar da ação de cognição restrita como o mandado de segurança.

Por isso, tratando-se de uma medida excepcional de proteção do interesse público que não é objeto da demanda de onde emanou a decisão contra o poder público, faz sentido que o legislador tenha atribuído a competência ao membro do tribunal (presidente do tribunal) cujo controle decisório é feito pelo órgão colegiado mais importante do tribunal.

Pelo fato de ser um incidente acessório e secundário, depende da existência do processo principal, e, como já ressaltado alhures, possui induvidosa finalidade preventiva da lesão ao interesse público (ordem pública, economia, publica, saúde pública etc.) que pode acontecer ou que precisa ser estancada caso já esteja acontecendo.

2.2 CONSTITUCIONALIDADE

O artigo 1º do Código de Processo Civil estabelece que *"o processo civil será ordenado, disciplinado e interpretado conforme os valores e as normas fundamentais estabelecidos na Constituição da República Federativa do Brasil, observando-se as disposições deste Código"*.

Em tom didático retrata o Código de Processo Civil o fenômeno mundial pós--segunda guerra mundial de entronização da Constituição Federal para o centro do ordenamento jurídico, sendo um filtro necessário para o *nascimento* e *aplicação* de uma norma, que deve sempre estar vinculada a realização dos direitos fundamentais e princípios fundantes da carta maior.

Com a Constituição passando a ter uma força normativa e não meramente um papel de carta política, os seus princípios regentes passaram a ter uma aplicação vertical e horizontal no sistema jurídico. Nenhuma lei poderia ser *criada* e *aplicada*, senão depois de passar pela lente constitucional.

E, nesta toada, o juiz voltaria a ter um papel importante na interpretação do direito que deveria ser *conforme a constituição*. O Judiciário passa a ocupar um papel de destaque entre os poderes do Estado – neste particular as cortes constitucionais, tendo em vista a pluralidade de fontes normativas e a abstração principiológica –, na medida em que teria que proteger (interpretando a lei ou suprindo lacunas) os sagrados valores e princípios constitucionais da dignidade, da justiça, da liberdade, da igualdade, do devido processo legal etc.

Esse fenômeno iniciou tardiamente no Brasil, mas não se limitou obviamente ao processo civil, senão porque a CF/88 cuidou também de fixar os princípios do direito civil, do direito comercial, do direito ambiental, do direito tributário, administrativo, financeiro, do trabalho, previdenciário etc. Enfim, todos os campos das diversas ciências do direito possuem na CF/88 o reconhecimento de princípios que lhes são regentes e que devem estar uniformes e conciliados com os valores fundantes do Estado Democrático de Direito, tais como o devido processo, a justiça, a dignidade, a igualdade, a liberdade etc.

Exatamente por isso todos os institutos do direito processual civil devem submeter-se à interpretação *conforme* a Constituição Federal para que possam ser aplicados de forma a concretizar os valores fundamentais nela consagrados. É sob este matiz que deve ser *organizada*, *disciplinada* e *aplicada* a suspensão de segurança. Não pode e não deve ser um instrumento processual que viola o compromisso fundamental do direito processual civil com os direitos fundamentais consagrados na CF/88.

Do ponto de vista *material* não é *a priori* um remédio processual inconstitucional, porque funciona como uma das tantas *prerrogativas processuais* do Poder Público. Por sua vez, dita prerrogativa decorre dos reflexos da normatização dos interesses que concernem à sociedade e que são geridos pelo Poder Público. É que a normatização destes interesses está submetida aos postulados máximos da indisponibilidade e supremacia dos interesses públicos (regime jurídico de direito público), obviamente com as temperanças, razoabilidade e proporcionalidade que permita o convívio harmonioso com os direitos privados, individuais e coletivos.

> (...) I – O pedido de suspensão visa à preservação do interesse público e supõe a existência de grave lesão à ordem, à saúde, à segurança ou à economia públicas, sendo, a princípio, seu respectivo cabimento alheio ao mérito da causa. II – Trata-se de uma prerrogativa da pessoa jurídica de direito público ou do Ministério Público decorrente da supremacia do interesse público sobre o particular, cujo titular é a coletividade, cabendo ao requerente a efetiva demonstração da alegada ofensa grave a um daqueles valores (...). (AgRg na SLS 2.076/SP, Rel. Ministro Francisco Falcão, Corte Especial, julgado em 18/11/2015, DJe 16/12/2015).

É daí, por exemplo, que decorrem limitações à contratação (só por licitação), à contratação de pessoas pelo Poder Público (concurso público), indisponibilidade do direito, crimes de improbidade, observância da finalidade, impessoalidade etc. Por isso, assim como existem "limitações" ao Poder Público relativamente ao exercício de suas funções, por outro lado também existem as "prerrogativas" que se projetam em todas as áreas (preferência do crédito fiscal, execução fiscal, desapropriação, dilatação de prazos no processo etc.), e que pelo menos em tese, tem por finalidade

CAPÍTULO 02 • ASPECTOS GERAIS: NATUREZA JURÍDICA, CONSTITUCIONALIDADE E FINALIDADE

"realizar" com proporcionalidade e razoabilidade os referidos princípios (supremacia, legalidade e indisponibilidade), pois afinal o que está em jogo é justamente o interesse público.

Certamente que poderá haver um descompasso – desproporcionalidade ou exagero – por parte do legislador quando normatizar os referidos princípios (quando colocá-los em moldura abstrata) em que se prevejam situações que limitem ou beneficiem o Poder Público. Nesses casos, de desproporção na elaboração da norma, em que se crie limite ou prerrogativa absurda, ter-se-á uma norma inconstitucional, porque violará o devido processo substancial, na medida em que desrespeitará os valores que definem o regime de direito público.

Há casos, e são muitos, nos quais o legislador deixa para o magistrado uma regra com conceito aberto para que este, no caso concreto, preencha-o de forma a dar o melhor rendimento ao interesse público (limite ou prerrogativa). Em ambos os casos, deverá haver temperança e razoabilidade para se encontrar o melhor balizamento dos princípios e, assim, evitar que se tenha prerrogativa ou limites inidôneos e, por isso mesmo, inconstitucionais.

Enquanto técnica processual exclusiva do Poder Público a suspensão de segurança a sua constitucionalidade deve ser analisada sob uma perspectiva *formal* e *material*. Em relação ao primeiro aspecto, especialmente a suspensão de segurança endereçada ao STJ e ao STF, conquanto previstas em Lei Federal, não encontram suporte direto nas competências constitucionais destes órgãos, ou seja, será preciso fazer uma *ginástica* processual/constitucional para justificar que tais órgãos de cúpula possuem no texto maior a previsão da competência para processual a julgar tal medida tão excepcional.

Já sob a perspectiva material, não resta dúvida em dizer que, *a priori*, é constitucional o instituto que se apresenta como mais uma prerrogativa processual da fazenda pública que deve ser manejada em prol da tutela do interesse público primário. Todavia, embora seja constitucional o instituto, pensa-se que algumas hipóteses de cabimento que foram inventadas por medida provisória, ora congeladas pela Emenda Constitucional n. 32/2001, são flagrantemente inconstitucionais, porque é evidente que foram criadas em arrepio à isonomia constitucional[15].

Na verdade, aproveitando-se dos princípios que regem o regime jurídico de direito público, a Lei criou regras que tornam inviável o exercício do direito constitucional de agir, criando trampolins processuais, de uma só via e por uma só pessoa, para levar uma causa do primeiro grau para os tribunais de cúpula.

De tal modo, as regras previstas no § 1.º do art. 15 da Lei 12.016/2009, bem como as regras previstas no § 4.º, art. 4.º, da Lei 8.437/1992, são flagrantemente inconstitucionais, porque excedem na "prerrogativa", na medida em que estabele-

---

15. No mesmo sentido Elton Venturi. *Suspensão de liminares e sentenças conta o poder* público, p. 169.

cem uma desproporção tal entre os litigantes que torna inviável a obtenção da tutela jurisdicional. Há um sacrifício insuportável dos direitos individuais ou coletivos cuja eficácia é suspensa pela suspensão de segurança, o que provoca, curiosamente, uma violação do interesse público pela aniquilação dos direitos individuais ou coletivos tuteláveis pelo mandado de segurança, ação civil pública, ação popular, *habeas data*, tutelas provisórias etc.

O mesmo se diga em relação ao art. 4.º, § 8.º, da Lei 8.437/1992 e ao art. 15, § 5.º da Lei 12.016/2009, já comentados nas hipóteses de cabimento, os quais ferem todas as regras comezinhas de contraditório, entre outras modificações não menos equivocadas que foram criadas por medida provisória[16].

Assim, ratificando, a "supremacia" do interesse público existe e decorre de preceito da Lei Maior, mas deve ser aplicada de forma razoável e proporcional, qual seja, sua incidência no caso concreto deve ser feita mediante a ponderação dos valores em jogo, com a máxima realização dos interesses em confronto, sob pena de violação do próprio interesse público. Há uma necessidade de aplicar, ou de se fazer respeitar o comando legal, e justamente por isso é que existe esse Poder, sempre, pois, vinculado ao dever teleológico da norma.

Sobre o tema bem acentua Celso Antônio Bandeira de Mello, quando diz:

> Segue-se que tais poderes são instrumentos servientes do dever de bem cumprir a finalidade a que estão indissoluvelmente atrelados. Logo, aquele que tem função tem, na realidade, deveres-poderes. Não 'poderes' simplesmente. Nem mesmo satisfaz configurá-los como 'poderes-deveres', (...). Com efeito, fácil é ver-se que a tônica reside na ideia de dever; não na de 'poder'. Daí a conveniência de inverter os termos deste binômio para melhor vincar a sua fisionomia e exibir com clareza que o poder se subordina ao cumprimento, no interesse alheio, de uma dada finalidade. (...) É em nome do interesse público – o do corpo social – que tem que agir, fazendo-o na conformidade da *intentio legis*. Portanto, exerce 'função', instituto – como visto – que se traduz na ideia de indeclinável atrelamento a um fim preestabelecido e que deve ser atendido para o benefício de um terceiro. (...) Onde há função não há autonomia de vontades, nem liberdade em que se expressa, nem a autodeterminação da finalidade a ser buscada, nem a procura de interesses próprios, pessoais. Há adscrição a uma finalidade previamente estabelecida[17].

Dessa forma, resta lembrar que tal supremacia tanto pode se fazer presente de modo concreto (específico) quanto de modo abstrato (geral). No primeiro caso, tem-se, por exemplo, as próprias sanções administrativas. Já na segunda hipótese, que se identifica com o objeto do nosso trabalho, vê-se que se trata das próprias normas, leis, resoluções, que fixam um critério genérico de conduta social e se exteriorizam no próprio cumprimento dos deveres legais.

---

16. Nesse particular, indo de encontro com as garantias constitucionais, o STF ao enfrentar a constitucionalidade do "novo pedido de suspensão", assim como as regras que hoje estão presentes nos §§ 5.º ao 8.º da Lei 8.437/1992 e nos §§ 2.º ao 5.º do art. 15 da Lei 12.016/2009, na ADIn. 2.251/DF, que posteriormente fora julgada extinta, decidiu por maioria de votos por sua constitucionalidade.
17. Celso Antônio Bandeira de Mello. *Curso de direito administrativo*, p. 46-47.

CAPÍTULO 02 • ASPECTOS GERAIS: NATUREZA JURÍDICA, CONSTITUCIONALIDADE E FINALIDADE **39**

Por todo o exposto, acredita-se que há um perfeito encaixe das normas que preveem o incidente em estudo no que se espera de um Estado de Direito. É exatamente por isso que, *v. g.*, a propriedade deve atender a função social, que a biota contida na propriedade particular não pertence ao particular, mas ao próprio povo; que o direito de informar sucumbe diante do direito de ser informado (arts. 220 e 221 da CF/1988), entre tantos outros dispositivos constitucionais que evidenciam a lógica opção do legislador pela proteção aos interesses da coletividade[18].

Ademais, isso não quer dizer que o interesse privado é incompatível com o interesse coletivo, até porque aquele está limitado pelas arestas deste último, é porque, então, admite-se a convivência de ambos num mesmo momento histórico e social. Aliás, reside exatamente aí o ponto nodal da questão: ao se pretender suspender a execução de uma decisão, não se verifica o acerto ou desacerto do convencimento do magistrado, qual seja, a legalidade ou ilegalidade da referida decisão, nem, muito menos, significa "sacrificar" o interesse individual, apesar de esta ser a expressão rotineiramente utilizada, mas, *contrario sensu*, quer-se apenas evitar – numa situação análoga ao que denomina de *periculum in mora inverso* – que o interesse coletivo possa ser prejudicado ou lesionado enquanto não se tem a certeza definitiva da afirmação de direito daquele em favor de quem foi concedida a decisão cuja eficácia pretende ser temporariamente a suspensa[19].

E, registre-se, sempre fazendo a devida ponderação dos interesses em jogo, com respeito à razoabilidade de proporcionalidade da sua aplicação. Assim, caso ao final se verifique que a afirmação do demandante era realmente abraçada pelo direito, decerto que não poderá ser "sacrificado" em prol do interesse público, não só porque sobre ele paira a certeza da coisa julgada de um título definitivo, mas ainda porque com o interesse público deve conviver de modo pacífico e harmonioso, já que este foi um dos desideratos alcançados com a coisa julgada.

Então, partindo deste ponto, a suposta inconstitucionalidade estaria na impossibilidade de se obter de modo célere e efetivo, nesses casos em que é possível a medida suspensiva, a obtenção imediata, porém, provisória, do próprio mérito pretendido. Aí sim, acredita-se, é que há uma balança de valor criada pelo legislador, e no caso concreto é que deve ser sopesado de modo a assegurar a mais completa proteção

---

18. Nesse sentido, Vital Moreira e Gomes Canotilho comentando o art. 18 da CR Portuguesa. *Constituição da República Portuguesa anotada*, p. 149.

19. Ver ainda Carlos Ari Sundfeld. *Fundamentos de direito público*, p. 173; Lúcia Valle Figueiredo. *Mandado de segurança*, p. 151: "O art. 4.º da Lei 4.348/1964, já citado, descende diretamente do regime de exceção no qual o país mergulhou por mais de 20 anos. Sua compatibilidade com a Constituição de 1988 há de ser, pois, verificada com grande acuidade. Ainda assim, os pressupostos para suspensão são categoricamente limitados. (...) vejam-se os valores sociais protegidos. São de tal grandeza, magnitude, que necessariamente teria o art. 4.º da Lei 4.348, de 26.06.1964, já mencionado, de ser recebido pela Constituição. Entrechocam-se, a merecer exame acurado, garantias individuais com coletivas, tuteladas na mesma Constituição" (observar que o art. 4.º da Lei 4.348/1964 foi revogado pela Lei 12.016/2009, mas suas disposições se encontram no art. 15 dessa lei). Sobre a jurisprudência do STF revelando a constitucionalidade do incidente, remete-se o leitor ao trecho em que foi cuidada da competência para julgar o incidente.

preventiva do interesse público, cuja lesão seria infinitamente de pior reparação, em sacrifício da afirmação do direito de menor dimensão[20].

Nesse sentido Arruda Alvim:

> (...) mesmo diante de direito líquido e certo, poder-se-á, ainda assim, fazer cessar a eficácia protetiva de tal direito, desde que, em despacho fundamentado e à luz das provas, se constate a iminência de possível lesão ao interesse público, tal como descrito. (...) Não se estará, na realidade, fazendo sucumbir o direito do particular, mas, apenas, e tão somente, não se estará, naquele caso concreto e específico, outorgando ao mesmo um tipo de proteção, que tão graves danos à ordem pública provocam[21].

Do mesmo modo que se argumentaria a negação do acesso justo e efetivo à justiça daquele que, *v. g.*, munido de direito líquido e certo, não pode ver executada a liminar a seu favor deferida, poder-se-ia argumentar, em contrapartida, pela própria pessoa jurídica de direito público ou pelo Ministério Público, legitimados que são para o requerimento do incidente, que haveria incontestada inconstitucionalidade em se negar a imediata e célere prestação jurisdicional na proteção preventiva dos interesses coletivos da sociedade. Trata-se, apenas, de inverter a ordem de análise do problema.

A nosso ver, portanto, é o próprio texto constitucional que assegura a constitucionalidade do incidente de suspensão de execução de decisão, seja quando assegura a proteção dos direitos individuais e *coletivos*, seja quando se protegem os direitos sociais do art. 6.º, quando se prevê a ampla defesa, e, principalmente, quando se protege o "direito" contra a ameaça de lesão, que, no caso, é o que ocorre[22].

Vale dizer que o pedido de suspensão de execução de decisão segue a mesma esteira de constitucionalidade sustentada para a existência da remessa necessária[23],

---

20. Trata-se de clara aplicação do princípio da proporcionalidade, assim definido por Canotilho e Vital Moreira ao comentarem a Constituição da República Portuguesa: "O princípio da proporcionalidade (também chamado '*princípio da proibição do excesso*') desdobra-se em três subprincípios: a) *princípio da adequação*, isto é, as medidas restritivas legalmente previstas devem revelar-se como meio adequado para a prossecução dos fins visados pela lei (salvaguarda de outros bens e direitos constitucionalmente protegidos); b) *princípio da exigibilidade*, ou seja, as medidas restritivas previstas na lei devem mostrar-se necessárias (tornarem-se exigíveis), porque os fins visados pela lei não podiam ser obtidos por outros meios menos onerosos para os direitos, liberdades e garantias; c) *princípio da proporcionalidade em sentido estrito*, que significa que os meios legais restritivos e os fins obtidos devem situar-se numa 'justa medida', impedindo-se a adoção de medidas legais restritivas desproporcionadas, excessivas, em relação aos fins obtidos. Em qualquer caso, há um limite absoluto para a restrição de 'direitos, liberdades e garantias, que consiste no respeito do *conteúdo essencial* dos respectivos preceitos'". *Constituição da República Portuguesa anotada*, p. 152.
21. Cf. Revogação da liminar em mandado de segurança, *RePro* 11, p. 15 e ss.
22. Pela utilização do princípio da proporcionalidade ou máxima do sopesamento faz plena aplicação do art. 5.º, § 2.º, da CF/1988.
23. "O escopo final da remessa obrigatória é atingir a segurança de que a sentença desfavorável à fazenda pública haja sido escorreitamente proferida. Não se trata, portanto, de atribuir-se ao judiciário uma espécie de tutela à fazenda pública, a todos os títulos impertinente e intolerável". Nelson Nery Junior. *Princípios fundamentais – Teoria geral dos recursos*, p. 161. Assim, concorda-se, pois, com Nelson Nery Junior, no sentido de que a remessa necessária não é privilégio nem se pretende que com ela exista devolutividade parcial no sentido de que a fazenda não poderia ter a sua esfera jurídica piorada. Aí sim, segundo se pensa, ela seria inconstitucional. Todavia, é prestável apenas para que a eficácia da sentença fique condicionada

para a existência do benefício do prazo para a advocacia pública (art. 183), para a defensoria pública (art. 186) e para o Ministério Público (art. 180) do CPC, para o recebimento da apelação apenas no efeito devolutivo na sentença condenatória em alimentos, para a regra da coisa julgada *secundum eventum litis* na ação popular, entre outros dispositivos legais processuais que, procurando preservar o interesse público, conferem tratamento destacado a alguns temas, para efetivação da isonomia real[24] e de outros princípios processuais constitucionais.

Em consonância com o que se tem defendido, é lapidar o voto do Min. Herman Benjamin:

> (...) A ratio essendi do instituto não afronta, em si ou em tese, os fundamentos do Estado de Direito, que tem na prevalência do interesse público um dos seus pilares. Se assim é, lógico e necessário que o legislador estabeleça mecanismos, inclusive processuais e pragmáticos, de garantia do bem comum, fragmentado em nichos de valor ético-jurídico do tipo "ordem", "saúde", "segurança", "economia" públicas. À luz da jurisprudência do STJ e do STF, portanto, afasta-se da suspensão a pecha de via que, de plano, haverá de se ter como intrínseca e inevitavelmente contrária aos alicerces mais profundos do ordenamento. Porém, a constitucionalidade, legalidade e compatibilidade do instrumento com o Estado de Direito dependem dos contornos e limites impostos ao instrumento pelo legislador e – principalmente – do cumprimento integral e rigoroso, pelo prolator da decisão, dos requisitos e cautelas procedimentais que da suspensão se exijam.

> 8. Não obstante essa legitimidade original, em nada incondicional, a suspensão transformou-se em espécie de *bête noire* da processualística e experiência judicial brasileiras, em razão de uso heterodoxo e abusivo no cotidiano dos Tribunais. Nela se enxergam pelo menos dois pontos de modificação anômala do princípio do *due process* (ordem natural do processo) e do princípio do juiz natural. Primeiro, a constatação objetiva de que o instituto atropela, por meio de decisão monocrática do Presidente do Tribunal, o rito próprio e a cognição comum dos recursos. E segundo, o sentimento de que a suspensão abate a distribuição livre e aleatória a Desembargador ou Ministro integrante de órgão colegiado, porquanto dirigida diretamente ao Presidente da Corte, é instrumentalizada mediante a ciência prévia da pessoa do julgador, permitindo, a partir da combinação da medida com o manejo de recursos, *verdadeiro forum shopping* interno.

> 9. Por isso, a suspensão de liminar ou segurança deve ser vista e utilizada como via absolutamente excepcional, de rígida vinculação aos núcleos legais duros autorizativos previstos na legislação ("ordem", "saúde", "segurança", "economia" públicas), que devem ser interpretados de maneira estrita, sendo vedada dilatação ou afrouxamento das hipóteses de cabimento ou de legitimação, p. ex., para ampliar o rol dos legitimados ativos legalmente estabelecidos (o "Ministério Público" e a "pessoa jurídica de direito público interessada") ou, no mérito, para se distanciar dos valores ético-jurídicos legitimadores da medida. Esses reclamam dupla fundamentação, ou seja, primeiro, "manifesto interesse público" ou "flagrante ilegalidade" e, segundo, cumulativamente, a finalidade específica de evitar (prevenção) "lesão à ordem, à saúde, à segurança e à economia públicas", lesão em si (e não o risco em si) que deve ser "grave" (arts. 4º da Lei 8.437/1992 e 15 da Lei 12.016/2009). De modo que a decisão do Presidente do Tribunal que aprecia a Suspen-

---

ao prévio exame de órgão jurisdicional hierarquicamente superior quando a fazenda pública for vencida. Trata-se de segurança, mas jamais de privilégio.

24. No mesmo sentido, bem se posiciona Adilson Paulo Prudente do Amaral Filho em A remessa oficial e o princípio da igualdade, *RePro* 80/215 e ss.; e ainda, Moacyr Amaral Santos. *Primeiras linhas de direito processual civil*, vol. 3, p. 102 e ss.

são clama por fundamentação de máxima intensidade, com imediato trâmite e julgamento de eventual recurso interposto contra ela.

10. Estabelecidas essas premissas, entende-se que, apesar da inexata e infeliz terminologia jurisprudencial e doutrinária predominante, na Suspensão não se tem puramente juízo político. Jurisdição se exerce com fulcro em parâmetros e conteúdo valorativo preestabelecidos na legislação, o que, na lógica e no discurso jurídicos do Estado de Direito, implica juízo de legalidade e juízo de constitucionalidade e, com amparo neles, decisão jurisdicional.

No coração do Estado de Direito, como a própria expressão indica, encontra-se o império das normas (regras e princípios) de Direito, regido só por elas – não mais nem menos que por elas. Por isso, mesmo no âmbito da Suspensão, devem ser rejeitados juízos estritamente políticos (de conveniência e oportunidade). A nenhum juiz, mesmo os integrantes das Cortes de grau mais elevado, deve ser dado afastar-se dos parâmetros da Constituição Federal e das leis (...)[25].

Todavia, ao final, vale ressaltar que, para defender a ideia da constitucionalidade do incidente em estudo, não se pode olvidar que nesse procedimento deve haver a concretização do *devido processo legal* (contraditório, ampla defesa, fundamentação das decisões judiciais etc.) sob todos os aspectos para o demandante que se vê surpreendido com a sustação da eficácia da decisão proferida a seu favor[26].

---

25. . AgInt na SS 2.951/CE, Rel. Ministro Herman Benjamin, Rel. p/ Acórdão Ministro Herman Benjamin, Corte Especial, julgado em 04/03/2020, DJe 01/07/2021.

26. Pugnando pela inconstitucionalidade, manifesta-se Sérgio Ferraz em Provimentos antecipatórios na ação civil pública, *Ação civil pública*. Coord. Édis Milaré, p. 457. Sugerindo a inconstitucionalidade do instituto, mas sem adotar posição expressa, Pedro dos Santos Barcelos. Medidas liminares em mandado de segurança. Suspensão de execução de medida liminar. Suspensão de execução de sentença. Medidas cautelares. *RT* 663/43.

Capítulo 03
REQUISITOS DE ADMISSIBILIDADE DO INCIDENTE DE SUSPENSÃO DE SEGURANÇA

3.1 INTROITO: JUÍZO DE ADMISSIBILIDADE E DE MÉRITO DO INCIDENTE DE SUPENSÃO DE SEGURANÇA

3.1.1 A admissibilidade

Lógica e cronologicamente anterior à verificação *in concreto* (juízo de mérito) do incidente de suspensão está o seu juízo de admissibilidade. Não só quando se pensa em ação ou em recurso[1], também no incidente, existe um momento para a verificação da sua admissibilidade e outro para o exame do mérito.

Para ilustrar e identificar os dois momentos (admissibilidade e mérito), dá-se o seguinte exemplo: imagine-se que um indivíduo pretenda prestar um concurso público para ingresso na magistratura e, por causa disso, resolve se inscrever. Juntou todos os documentos exigidos pelo edital do concurso, fez a inscrição, para depois ficar aguardando a convocação para a prova. Durante o período que vai da inscrição até a realização da prova, existe um momento específico e adequado (porém não único) para que a comissão do concurso verifique se o sujeito tem condição de prestar o exame. Assim, se não for bacharel em direito, se não tiver mais de 25 anos, e exercício comprovado de advocacia por determinado período etc., não poderá submeter-se ao exame, porque não reúne condições de admissibilidade para realizar a prova.

De tal maneira, diz-se que não foi *admitido* o seu direito de prestar o exame, porque não reunia condições prévias e necessárias para fazê-lo. Em contrapartida, se é convocado para fazer a prova e lá aparece na hora e data marcada, então é porque reuniu, pelo menos até aquele momento, condições de admissibilidade para prestar o referido exame. Vencidos os requisitos de admissibilidade, e sendo, enfim, realizado

---

1. Ver José Carlos Barbosa Moreira. *O juízo de admissibilidade no sistema dos recursos cíveis*; do mesmo autor, O que significa não conhecer de um recurso. *Temas de direito processual*, 6. série, p. 125 e ss.; Nelson Nery Junior. *Princípios fundamentais* – Teoria geral dos recursos, p. 216 e ss.; Teresa Arruda Alvim Wambier. *O novo regime do agravo*, p. 88 e ss.; Enrico Tullio Liebman. O despacho saneador e o julgamento do mérito, *Estudos sobre o processo civil brasileiro*; Flávio Cheim Jorge. *Teoria geral dos recursos cíveis*, p. 65 e ss.

o exame, dois resultados, que se excluem, são possíveis: aprovação ou reprovação. Um ou outro resultado dependerá de uma situação de fato que é o conhecimento acerca das matérias exigidas, o que se comprova, atesta e demonstra, por via de suas respostas certas ou erradas.

Portanto, a *admissibilidade positiva do incidente de suspensão de segurança* pressupõe a superação de certas situações jurídicas (que ou devem estar presentes, ou que devem estar ausentes) para que o Presidente do Tribunal possa enfrentar e decidir as questões de mérito (causa de pedir e pedido do incidente). Assim, além da própria existência de um processo pendente para que o *incidente possa sobre ele incidir*, existem ainda os requisitos específicos da suspensão de segurança (legitimidade, competência etc.) que merecem algum comentário, o que se faz nos itens seguintes.

3.1.2 O mérito

Julga-se o mérito do incidente quando é apreciado a sua causa de pedir e o pedido, acolhendo-o ou rechaçando-o. Todavia, antes disso, deve-se vencer os requisitos que permitirão o exame desse mérito. Nesse sentido, precisam estar presentes a legitimidade, a competência, o interesse (necessidade-utilidade) etc., antes que o juízo aprecie o pedido de suspensão de execução de decisão e os seus fundamentos. Somente depois de vencidos aqueles requisitos é que, então, "poderá" adentrar no *mérito* e sustar a eficácia da decisão.

Diz-se *poderá*, porque apenas um resultado pode advir dos dois caminhos possíveis para o órgão julgador do incidente: procedência do pedido ou improcedência. São, portanto, caminhos absolutamente divergentes que, na verdade, não decorrem de uma "escolha" ou "opção" do juiz. Ou os fundamentos estão presentes e defere a medida, ou estão ausentes e a indefere[2].

Adstrito a fazer a vontade concreta da norma jurídica, o juízo deverá suspender a execução da decisão ou não a suspender, de acordo com o que diz a lei. Se a lei diz que isso deve ocorrer quando exista grave lesão à saúde, à economia e à ordem públicas, então o papel do juiz é de se convencer da existência ou da inexistência do risco de grave lesão ao interesse público, e, uma vez obtido o convencimento acerca da existência desses elementos, deve, pois, conceder a medida.

Havendo subsunção entre a situação de fato narrada e devidamente provada (risco de grave lesão ao interesse público) à hipótese de cabimento prevista na lei,

---

2. Acerca da vinculação do magistrado às hipóteses legais: "A suspensão da segurança, a teor do disposto no art. 4.º da Lei 4.384/64, é da estrita competência do Tribunal ao qual o juiz que deferiu a liminar está vinculado, implicando juízo político acerca da lesividade provocada, pelo ato judicial suspenso, à ordem, à saúde, à segurança e à economia públicas" (REsp 345426, 1.ª T., rel. Min. Garcia Vieira, *DJ* 18.03.2002). Conforme mencionado, a Lei 4.348/64 foi revogada pela Lei 12.016/2009, sendo que esta manteve, em seu art. 15, com certos acréscimos, as disposições do art. 4.º.

CAPÍTULO 03 • REQUISITOS DE ADMISSIBILIDADE DO INCIDENTE DE SUSPENSÃO DE SEGURANÇA **45**

conclui-se que, se provada a sua existência, com o consequente encaixe à norma que prevê a suspensão da execução, então deverá ser concedida a suspensão da execução.

De tal modo, cabe ao requerente fundamentar o seu pedido de *suspensão da eficácia da decisão* demonstrando a ocorrência da incidência do suporte jurídico (hipótese de cabimento) ao fato narrado (decisão que causa grave lesão ao interesse público), não sendo lícito obter a suspensão tendo apenas alegado e não provado o referido fato[3]. Isso porque, enquanto a mera alegação ou afirmação se constitui em elemento integrante da admissibilidade do incidente, a efetiva demonstração se relaciona diretamente com o seu mérito, uma vez que, dependendo da demonstração da ocorrência ou não da grave lesão, a decisão acerca do mérito do incidente será de procedência ou improcedência.

3.2 ESTADO DE PENDÊNCIA DE ONDE EMANA O PEDIDO DE SUSPENSÃO DE SEGURANÇA

O incidente só pode surgir ou se manter se houver ação em curso (estado de pendência)[4], pois é regra comezinha de qualquer incidente processual que exista um processo sobre o qual ele possa incidir.

(...) 2. Indefere-se pedido de suspensão quando for inadmissível futuro recurso ao tribunal superior para o qual tenha estabelecido a competência da matéria. 3. Prejudicado o pedido de suspensão de liminar proferida em acórdão transitado em julgado sem que tivessem sido interpostos novos recursos.

Agravo interno improvido. (AgInt no AgInt na SLS 2.625/DF, Rel. Ministro Humberto Martins, Corte Especial, julgado em 22/06/2021, DJe 25/06/2021).

Observe-se que o próprio art. 4.º, § 9.º, da Lei 8.437/1992, ao mencionar o prazo de duração da suspensão de segurança concedida pelo Presidente, fala que durará até o "trânsito em julgado da decisão", induzindo a conclusão de que só em "processos de sentença de mérito" será cabível o pedido de suspensão de segurança.

(SL 1260 ED- Órgão julgador: Tribunal Pleno, Relator(a): Min. Luiz Fux (Presidente), Julgamento: 26/10/2020 Publicação: 01/12/2020, (...) 2. A legislação prevê o incidente de contracautela como

---

3. "(...) 1. O deferimento do pedido de suspensão está condicionado à cabal demonstração de que a manutenção da decisão impugnada causa efetiva lesão ao interesse público. (...) (AgInt na SS 3.296/BA, Rel. Ministro Humberto Martins, Corte Especial, julgado em 22/06/2021, DJe 25/06/2021); "(...) 5. Pleito suspensivo desacompanhado de prova cabal da grave lesão às finanças municipais, sendo insuficiente a mera alegação de que a paralisação das atividades das empresas acarretará a perda de emprego e, ainda, a redução da arrecadação tributária. (EDcl na SLS 2.134/BA, Rel. Ministra Laurita Vaz, Corte Especial, julgado em 20/11/2017, DJe 27/11/2017) "A respeito da lesão à economia, a mera alegação, desvinculada de dados concretos e de efetiva demonstração, não é suficiente para ensejar o acolhimento do pedido de suspensão" (AgRg na SS 1844, Corte Especial, rel. Min. Cesar Asfor Rocha, *DJe* 19/02/2009.
4. Neste sentido ver SS 1.878/AL, *DJ* 05.03.2003, ao dizer que a suspensão de segurança não possui finalidade rescisória.

meio processual autônomo de impugnação de decisões judiciais, franqueado ao Ministério Público ou à pessoa jurídica de direito público interessada exclusivamente quando se verifique risco de grave lesão à ordem, à saúde, segurança e à economia públicas no cumprimento da decisão impugnada (art. 4º, caput, da Lei 8.437/1992; art. 15 da Lei 12.016/2009 e art. 297 do RISTF), consignando expressamente que a suspensão eventualmente concedida deve viger até o trânsito em julgado do processo de origem (Lei 8.437/92, artigo 4º, § 9º).

De igual forma, ainda mais categórico, é o §1º do art. 4º da Lei 8437, quando menciona que "aplica-se o disposto neste artigo à sentença proferida em processo de ação cautelar inominada, no processo de ação popular e na ação civil pública, *enquanto não transitada em julgado*". A expressão em destaque leva a inexorável conclusão de que a lei prevê o cabimento do instituto apenas antes da formação do título executivo definitivo.

Exclui-se, portanto, este instituto do processo de execução ou a fase executiva (cumprimento de sentença) das ações sincréticas, como se vê mais adiante. Nestas hipóteses não se busca uma sentença de mérito, porque em tese o direito já está revelado num título executivo estável e definitivo (judicial ou extrajudicial). Assim, havendo o trânsito em julgado da demanda de onde emanou o pedido de suspensão este perde o objeto e fica prejudicada a sua análise.

3.3 INADMISSÃO DA SUSPENSÃO DE SEGURANÇA QUANDO O PODER PÚBLICO ESTÁ NA POSIÇÃO DE AUTOR DA DEMANDA

É imperioso que a demanda em curso tenha sido movida *contra* o Poder Público, e, portanto, que este seja réu na referida demanda[5]. Com isso, por exemplo, uma decisão que indefere o pedido de imissão de posse numa ação de desapropriação proposta pelo Poder Público não poderá ter os seus efeitos atacados por pedido de suspensão de segurança, justamente porque a ação não foi movida contra o Poder Público, mas sim por ele, e, especialmente, porque não há decisão a ser executada cujos efeitos precisem ser suspensos. Recorde-se que só a decisão exequível contra o Poder Público, com efeitos imediatos, é que poderá ter sua eficácia suspensa por via deste instituto.

Não se pode admitir que o remédio da suspensão de segurança conceda *efeito ativo* ao poder público na posição jurídica de requerente ou de autor da demanda. A eventual decisão provisória negativa proferida contra o poder público não é causadora da eventual grave lesão que já existia antes mesmo da "*liminar*" por ele requerida e não concedida.

---

5. Nos casos em que o Poder Público figura como autor, a decisão de improcedência ou indeferimento de liminar pleiteada não é responsável pelo risco de grave lesão Nenhum dos dispositivos que cuidam da suspensão de segurança (Lei 12.016, art. 15; Lei 8.038/90, art. 25; Lei 8.437, art. 4.º, Lei 7.347, art. 12, § 1.º etc.) abrem qualquer possibilidade para se imaginar que possa ser utilizada a suspensão de segurança pelo poder público quando este esteja na condição de autor da demanda, tal como se este pudesse utilizar o instituto para a obtenção de efeito ativo à liminar negada. Seria absurda e ilegal esta interpretação.

CAPÍTULO 03 • REQUISITOS DE ADMISSIBILIDADE DO INCIDENTE DE SUSPENSÃO DE SEGURANÇA   **47**

Não tem o remédio da suspensão de segurança a função de fazer que o poder público obtenha o *efeito ativo* não obtido em decisão desfavorável por ele pretendida. Não se executa a decisão negativa e, portanto, nenhuma eficácia dela se deve suspender.

É preciso que o Poder Público requerente da medida tenha contra si, na posição de requerido, uma decisão judicial cuja execução provisória – da decisão – imponha um risco de grave lesão ao interesse público (ordem pública, economia pública etc.). O *risco de grave lesão* é decorrente da *execução* de uma decisão judicial. Desse modo, quando o Poder Público é autor de uma demanda, por exemplo, uma execução fiscal e é indeferido um pedido de penhora ou uma desconsideração da personalidade jurídica, não há aí nenhuma possibilidade de se utilizar a *suspensão de segurança* simplesmente porque não há *ação contra si, não há nenhuma decisão exequenda causadora de grave lesão*. Neste mesmo sentido, por exemplo, o indeferimento liminar de uma imissão de posse numa ação de desapropriação não autoriza o manejo da medida porque não é a *decisão negativa* que causa o risco de grave lesão. O risco, se existente, já existia antes da medida pleiteada. Deve, portanto, valer-se dos remédios adequados para obter o desiderato pretendido.

Neste sentido é clara e maciça a jurisprudência:

Agravo interno na suspensão de liminar e de sentença. Ação movida pelo próprio poder público. Não cabimento do pedido de suspensão. Via inadequada para a análise do mérito da controvérsia. 1. O incidente suspensivo, via excepcional de defesa do interesse público, depende da existência de ação principal em curso proposta contra o Poder Público requerente, como dispõem os §§ 1º e 9º do art. 4º da Lei n. 8.437/1992. 2. O incidente da suspensão de liminar e de sentença, por não ser sucedâneo recursal, é inadequado para a apreciação do mérito da controvérsia. 3. Agravo interno desprovido. (AgInt na SLS 2.385/MA, Rel. Ministro João Otávio de Noronha, Corte Especial, julgado em 13/11/2018, DJe 20/11/2018).

Agravo interno na suspensão de liminar e de sentença. Ação movida pelo próprio poder público. Ausência de execução de decisão provisória em desfavor do estado. Impossibilidade de provocar grave lesão aos bens tutelados na lei 8.437/1992. Não cabimento do pedido de suspensão. Indevida utilização do incidente como sucedâneo recursal. Pedido de suspensão não conhecido. Agravo interno desprovido. 1. O pedido de suspensão de liminar tem como pressuposto a execução provisória de decisão judicial proferida contra o Poder Público e visa o sobrestamento da respectiva eficácia, porque presente o potencial lesivo ao interesse público tutelado pelo art. 4.º da Lei 8.437/1992. Assim, o manejo do incidente suspensivo, via excepcional de defesa do interesse público, depende da existência de ação cognitiva em curso proposta contra o Poder Público requerente, como dispõem os §§ 1.º e 9.º do art. 4.º da referida lei. 2. A exigência legal de que a ação tenha sido ajuizada em desfavor do Poder Público tem sua razão de ser, na medida em que objetiva a proteção contra situação de surpresa a que o ente público poderia ser submetido, resguardando a coletividade de potencial risco de lesão aos bens legalmente tutelados. Se assim não fosse, o excepcional instituto da suspensão de liminar serviria como um mero sucedâneo recursal, a ser utilizado quando prolatada decisão desfavorável ao Poder Público em demanda por ele mesmo proposta. 3. No caso, não há decisão judicial provisória sendo executada em desfavor do Estado do Maranhão. A real pretensão veiculada no presente pedido suspensivo é a obtenção de reforma da decisão liminar que suspendeu o provimento favorável ao estado obtido na origem. Assim, a toda evidência, tem-se a utilização do instituto como sucedâneo recursal. 4. Agravo interno desprovido. (AgInt na SLS 2.272/MA, Rel. Ministra Laurita Vaz, Corte Especial, julgado em 06/09/2017, DJe 14/09/2017).

O pressuposto é de que o poder público seja réu ou requerido na demanda da qual emanou a decisão judicial exequenda em favor do litigante contrário (autor ou requerente). Assim, quando o § 5º da Lei 8437 diz que "é cabível também o pedido de suspensão a que se refere o §4º, quando *negado provimento a agravo de instrumento* interposto contra a liminar a que se refere este artigo", resta claro que o legislador admitiu a suspensão apenas quando o poder público tenha contra si uma decisão exequenda e o seu agravo de instrumento seja improvido. Logo, *contrario sensu*, sendo o poder público o autor da demanda, impossível é a utilização deste instituto, posto que pressupõe "liminar concedida" em primeiro grau.

3.4 INADMISSÃO DA SUSPENSÃO DE SEGURANÇA EM CUMPRIMENTO DEFINITIVO DA SENTENÇA OU EM PROCESSO DE EXECUÇÃO

Não é cabível a suspensão de segurança de decisão proferida no processo de execução ou em cumprimento definitivo da sentença, pois o instituto não tem aptidão para sustar a eficácia de ato executivo típico ou atípico inserto na cadeia procedimental executiva.

A sustação da eficácia da decisão judicial só faz sentido quando se está diante da efetivação de uma decisão provisória (processo de sentença de mérito) e não quando se está diante de uma execução definitiva (lastreada em título executivo definitivo judicial ou extrajudicial).

> (...) 2. É inadequada a utilização de agravo interno para buscar a suspensão de liminar proferida em agravo de instrumento interposto nos autos de execução de título extrajudicial, que é definitiva.
>
> Aplicação da Súmula n. 317 do STJ. 3. Mantém-se a decisão cujos fundamentos não são infirmados pela parte recorrente. 4. Agravo interno desprovido. (AgInt na SLS 2.355/RJ, Rel. Ministro João Otávio de Noronha, Corte Especial, julgado em 26/02/2019, DJe 01/03/2019).

Não existindo um *título executivo* definitivo *judicial ou extrajudicial* é perfeitamente possível que a *execução provisória* (tutela provisória) de uma decisão judicial (interlocutória, sentença ou acórdão) ainda instável possa ter a sua eficácia suspensa em razão da existência concreta do risco de grave lesão nas hipóteses legalmente permitidas para manuseio do instituto. Todavia, se o título executivo é definitivo, e, portanto, *definitiva é a sua efetivação*, não há que se falar em utilização do instituto sob pena de subversão do sistema processual. Não se pode admitir a utilização atípica do pedido de suspensão de liminar e sentença, tal como se fosse um *curinga processual* nas mãos do Poder Público.

CAPÍTULO 03 • REQUISITOS DE ADMISSIBILIDADE DO INCIDENTE DE SUSPENSÃO DE SEGURANÇA **49**

Esta é a correta posição dos nossos tribunais[6] de cúpula:

Suspensão de liminar. Execução de sentença contra a Bahiatursa. Arresto de bens para garantia de dívida incontroversa. Sentença de mérito transitada em julgado. Alegada lesão à ordem pública e jurídica. Decisão proferida no âmbito de cumprimento de sentença. Não cabimento do pedido.

1. A interpretação conjunta dos §§ 1.º e 9.º do art. 4.º da Lei 8.437/1992 impede a propositura do pedido de suspensão após o trânsito em julgado da ação principal.

2. Hipótese em que a decisão cujos efeitos se busca suspender foi proferida no âmbito de execução definitiva.

3. Agravo interno desprovido.

(AgInt na SLS 2.181/BA, Rel. Ministra Laurita Vaz, Corte Especial, julgado em 16/11/2016, DJe 06/12/2016).

SS 5112 AgR / SC – Santa Catarina Ag.Reg. na Suspensão de segurança

Relator(a): Min. Cármen Lúcia (Presidente) Julgamento: 07/04/2017 Publicação: 08/05/2017

Órgão julgador: Tribunal Pleno Publicação RO(A/S)

EMENTA: Agravo Regimental em Suspensão De Segurança. Fase executória. Matéria constitucional transitada em julgado. Não cabimento de suspensão de segurança. Agravo regimental ao qual se nega provimento.

Agravo interno no pedido de suspensão de liminar e de sentença. Ação de improbidade administrativa. Cumprimento de sentença condenatória transitada em julgado. Princípios da coisa julgada, segurança jurídica e proteção da confiança. Grave lesão à ordem e ao interesse público comprovada. Decisão agravada. Fundamentos não infirmados. 1. A suspensão de liminar e de sentença é cabível em hipóteses excepcionais. Evidenciada a grave lesão à ordem e ao interesse públicos, não foi o instituto utilizado como sucedâneo recursal. 2. O provimento de agravo interno está condicionado à demonstração de motivos que afastem os fundamentos utilizados na decisão agravada. 3. Agravo interno desprovido. (AgInt no AgInt na SLS 2.402/MA, Rel. Ministro João Otávio de Noronha, Corte Especial, julgado em 11/12/2018, DJe 13/12/2018).

Ademais, também a eficácia abstrata do título executivo extrajudicial, nos termos do art. 784, § 1.º, do CPC, opõe-se à possibilidade de suspensão da execução de ato do próprio processo de execução. Observe-se que havendo *execução definitiva* é natural que a situação jurídica do executado seja de "prejuízo", pois o que se pretende na execução é satisfazer o direito do exequente às custas do patrimônio do executado, e, até contra a sua vontade. Logo, não é o instituto da suspensão de segurança o remédio adequado para sustar a *penhora online* de valores do executado sob alegação de "grave lesão à ordem ou à economia pública"[7].

---

6. Em sentido contrário o AgRg na SLS 1.348/RJ (Rel. Ministro Ari Pargendler, Corte EspeciaL, julgado em 29/08/2012, DJe 06/09/2012) onde se deferiu a suspensão de segurança para sustar a *penhora online* ocorrida na execução promovida pelo INSS após a improcedência dos embargos oferecidos pela COMLURB.

7. Neste sentido a posição mais recente do STJ, como por exemplo: "(...) 1. O deferimento do pedido de suspensão está condicionado à cabal demonstração de que a manutenção da decisão impugnada causa efetiva e grave lesão ao interesse público. 2. O incidente da suspensão de liminar e de sentença, por não ser sucedâneo recursal, é inadequado para a apreciação do mérito da controvérsia. 3. Agravo interno desprovido. (AgInt na SLS 2.535/DF, Rel. Ministro João Otávio de Noronha, Corte Especial, julgado em 05/08/2020, DJe 02/09/2020) mais antiga a decisão do STJ admitindo a utilização do remédio (AgRg na SLS 1.348/RJ, Rel. Ministro Ari Pargendler, Corte Especial, julgado em 29/08/2012, DJe 06/09/2012).

3.5 DA NECESSIDADE DE PROVOCAÇÃO (REQUERIMENTO) AO TRIBUNAL COMPETENTE

Este incidente de suspensão de liminar ou sentença depende de provocação expressa da pessoa de direito público interessada, não podendo ser concedido de ofício, já que é expressa a previsão de "requerimento" ao Presidente do Tribunal. Há vinculação ao princípio dispositivo, ou seja, de forma alguma pode o Presidente do Tribunal conceder de ofício a medida pleiteada.

Esse "requerimento" deve ser formulado por meio de uma petição inicial que instaura o incidente processual cognitivo e preventivo junto ao presidente do tribunal competente. Nesta petição, endereçada ao órgão competente, deve o requerente expor as razões de fato e de direito que servem de fundamento do pedido de suspensão, devendo estar acompanhada das provas documentais que atestam a suposta existência do risco de grave lesão ao interesse público causado pela execução da decisão.

3.6 VIGÊNCIA DA DECISÃO QUE SE PRETENDE SUSPENDER

É necessário também que a decisão proferida contra o Poder Público ainda esteja em vigor, produzindo efeitos que possam causar ou que estejam causando grave lesão à ordem pública, economia pública, saúde pública etc.

Desse modo, se não existem mais os efeitos da referida decisão, seja porque já foram realizados, seja porque caducaram, ou ainda porque foi extinto o processo de onde ela surgiu, então o seu alvo de ataque – *eficácia da decisão que coloca em risco a proteção do interesse público* – não existirá mais.

3.7 SUSPENSÃO DE SEGURANÇA NOS PROCESSOS OBJETIVOS

Tanto o texto legal que trata da suspensão de segurança em mandado de segurança (art. 15 da Lei 12016 e art. 25 da Lei 8.038), como aquele que trata das demais hipóteses (Lei 8437) mencionam o cabimento do incidente *nas ações movidas contra o poder público* sendo certo de que não tratam de *processos objetivos,* por exemplo o controle concentrado de constitucionalidade.

> O instituto é voltado para suspender a execução de decisões judiciais proferidas em *mandado de segurança,* em *ação popular,* em *ação civil pública, ações cautelares* etc. deixando muito evidente que não foi criado para sustar os efeitos de uma decisão de controle concentrado de constitucionalidade, até porque, se assim fosse, haveria usurpação clara de competências constitucionais daqueles que realizam o dito *controle em abstrato* com eficácia erga omnes.
>
> SL 807 MC / RJ – Rio de Janeiro; Medida Cautelar Na Suspensão de Liminar
>
> Relator(a): Min. Presidente Decisão proferida pelo(a): Min. Ricardo Lewandowski Julgamento: 20/01/2015; Publicação: 04/02/2015.
>
> "(...) Transportando-se esse raciocínio para o caso em exame, tem-se que a concessão da contracautela não encontra apoio nos autos, porquanto o Supremo Tribunal Federal já pacificou o

CAPÍTULO 03 • REQUISITOS DE ADMISSIBILIDADE DO INCIDENTE DE SUSPENSÃO DE SEGURANÇA **51**

entendimento de não ser cabível o pedido de suspensão de liminar em processos de controle abstrato de constitucionalidade.

Com efeito, ficou devidamente assentado que o art. 4º da Lei 8.437/1992 trata da suspensão de liminar como atinente a interesses subjetivos veiculados em ações movidas contra o Poder Público ou seus agentes, não se aplicando, portanto, aos processos objetivos, nos quais se desenvolve o controle abstrato de constitucionalidade para despejar uma determinada norma do ordenamento jurídico.

Nesse sentido, vide SL 10 – AgR, Rel. Min. Maurício Corrêa; Pet 1.543-AgR, Rel. Min. Marco Aurélio; SL 80, Rel. Min. Nelson Jobim; Pet 1.120-MC, Rel. Min. Celso de Mello; e SL 98, Rel. Min. Ellen Gracie.

De fato, a suspensão somente pode ser concedida para beneficiar o Poder Público, impelido a atuar ou deixar de atuar em situação concreta, o que inviabiliza o juízo de abstração necessário ao desempenho do controle concentrado de constitucionalidade.

Note-se, a propósito, que a referida suspensão paralisa a eficácia da decisão contrária ao Poder Público e causa lesão à ordem, à saúde, à segurança ou à economia públicas. (...)[8].

Nada obstante tal reconhecimento da inadmissibilidade do incidente na questão de mérito dos processos *objetivos*, a verdade é que a justificativa para sua da utilização em tais situações não se refere, propriamente, ao conteúdo do controle concentrado (regra jurídica abstrata e geral), mas dos efeitos concretos imediatos e provisórios geradores de potencial risco de grave lesão à economia, à ordem, à saúde e à segurança públicas.

Exatamente por isso a mais moderna jurisprudência do Supremo Tribunal Federal[9] vem admitindo, em estreitíssimas situações, a utilização do incidente nestas hipóteses de controle concentrado de constitucionalidade apenas e tão somente para os efeitos concretos com aptidão para gerar prejuízos concretos à saúde, à segurança, à ordem e à economia públicas; efeitos estes que derivam das inúmeras relações e situações jurídicas concretas que são impactadas pela decisão provisória (liminar ou acórdão impugnado por recurso sem efeito suspensivo) proferida no controle concentrado.

---

8. No mesmo sentido ver Pet n. 2.701, Redator para o acórdão o Ministro Gilmar Mendes, Plenário, DJ 19/03/2004; SL n. 10-AgR/SP, Relator o Ministro Sepúlveda Pertence, Plenário, DJ 16/04/2004; Pet n. 3.424-AgR/MG, Relator o Ministro Sepúlveda Pertence, Plenário, DJ 23.9.2005; e SL n. 73-AgR/MG, Relatora a Ministra Ellen Gracie, Plenário, DJe 29/05/2009.

9. De forma isolada e sem enfrentar o cerne do problema – admissibilidade da suspensão de segurança nos processos objetivos de controle de constitucionalidade – o STF já admitia desde 2006 a possibilidade de utilização do instituto nestas hipóteses (SL 104/SP, Min. Nelson Jobim, DJ 17/03/2006). Entretanto, em 19.3.2014, o Plenário deste Supremo Tribunal, por unanimidade, admitiu a possibilidade de utilização do pedido de suspensão de segurança (n. 423/RS) cuja finalidade era suspender os efeitos da decisão proferida pelo TJRS que em ADI havia afastado a incidência do teto remuneratório do inc. XI do art. 37 da Constituição (para os inativos) em franca contrariedade às decisões então proferidas pelo STF. Segundo afirmou o Ministro Joaquim Barbosa à época *"o deferimento da liminar e a posterior conclusão pela procedência da ação direta destinam-se a preservar situação concreta e possuem efeitos financeiros imediatos, que consistem na possibilidade de os aposentados do Tribunal de Contas do Estado do Rio Grande do Sul (TCE-RS) receberem proventos superiores ao teto constitucional.*

Ementa Agravo regimental na suspensão de liminar. Decisão agravada em que se suspenderam os efeitos de declaração de inconstitucionalidade de dispositivos de legislação estadual instituidores do regime de previdência complementar. Risco de lesão à ordem administrativa e econômica demonstrados. Agravo regimental não provido. 1. A suspensão da implementação do regime de previdência complementar do Estado do Rio Grande do Sul tem o potencial de acarretar graves lesões à ordem administrativa e econômica daquele estado. 2. Por outro lado, a postergação do cumprimento da decisão cuja suspensão se pretende com o ajuizamento desta medida de contracautela não acarreta consequências irreversíveis, dada a própria natureza de capitalização da previdência complementar. 3. Dentro dos estreitos limites de análise em sede de suspensão de liminar, não se analisam minúcias dos aspectos técnicos do sistema de previdência complementar, objeto da demanda, mas apenas a presença dos requisitos legais constantes da legislação de regência. 4. Agravo regimental não provido. (SL 1045 AgR, Relator(a): Dias Toffoli (Presidente), Tribunal Pleno, julgado em 05/08/2020, Processo Eletrônico DJe-228 Divulg 14/09/2020 Public 15/09/2020).

Ementa: Agravo regimental na suspensão de liminar. Ação direta de inconstitucionalidade estadual. Lei Complementar n. 282/2004 do espírito santo. Única unidade gestora de regime próprio de previdência. Alegada ofensa à autonomia funcional e administrativa do ministério público. Lesão à economia e à ordem: ocorrência. Agravo regimental ao qual se nega provimento.

(SL 1044 AgR, Relator(a): Cármen Lúcia (Presidente), Tribunal Pleno, julgado em 17/08/2018, Processo Eletrônico DJe-179 Divulg 29/0/-2018 Public 30/08/2018).

Ementa: Agravo regimental na suspensão de liminar. Estado do rio de janeiro. Lei estadual n. 7.786/2017: reestruturação do sistema de cálculo do ITCMD. Ação direta de inconstitucionalidade estadual. Medida cautelar deferida: alegação de inobservância do princípio da anterioridade nonagesimal. Requerimento de suspensão: cabimento excepcional. Risco de lesão à ordem e à economia públicas: caracterização. Suspensão de liminar deferida. Impossibilidade de análise nesta via processual de questões afetas à alegada inconstitucionalidade material da lei estadual impugnada na origem. Ausência de argumentos ou fatos novos capazes de infirmar a decisão recorrida. Agravo regimental ao qual se nega provimento (SL 1145 AgR, Relator(a): Cármen Lúcia (Presidente), Tribunal Pleno, julgado em 10/09/2018, Processo Eletrônico DJe-202 Divulg 24/09/2018 Public 25/09/2018).

É importante notar a sutil peculiaridade que permite a utilização da suspensão de segurança que, a rigor não se volta, tampouco se imiscui, na discussão da constitucionalidade da regra jurídica objeto de controle concentrado. O que acontece na verdade é que não se mostra incomum, por exemplo, a concessão de liminares no bojo do processo objetivo, por exemplo, admitindo como inconstitucional determinado dispositivo legal de origem local, causando imediato efeitos concretos nas relações jurídicas que se aninham na referida legislação que se encontra sob controle judicial. A suspensão de segurança entra exatamente aí, ou seja, sem tocar – somenos tangencialmente para compreensão da questão – na discussão da constitucionalidade, pois ela se destina apenas a suspender os efeitos imediatos, concretos e provisórios da referida decisão cautelar que tenha potencialidade para causar grave lesão ao interesse público (economia, ordem etc.).

Como dito pela Min Cármen Lucia no Ag.Reg. na Suspensão de Liminar 1.145 RJ: "para garantir-se a eficácia de decisão a ser proferida no recurso extraordinário eventualmente interposto contra acórdão proferido por tribunal estadual

CAPÍTULO 03 • REQUISITOS DE ADMISSIBILIDADE DO INCIDENTE DE SUSPENSÃO DE SEGURANÇA **53**

em controle abstrato, cabível é o requerimento de contracautela para suspensão da medida cautelar, *cujo deferimento impõe a demonstração de efeitos concretos e imediatos, causadores de grave lesão aos valores tutelados pela legislação de contra-cautela*". (grifos nossos).

Assim, por exemplo, imaginando a existência de ação direta de inconstitucionalidade proposta no Tribunal de Justiça para reconhecer a inconstitucionalidade de norma municipal que tenha permitido a reclassificação de ocupantes de cargo X para cargo Y em ofensa a diversos dispositivos constitucionais da Carta Magna e da Constituição Estadual; imaginando ainda que no âmbito desta ação seja concedida liminar para impor desde já a referida alteração de regime jurídico transformando, da noite para o dia, os cargos dos servidores públicos que terão um aumento considerável no seu contracheque e cuja despesa deverá ser suportada pelo poder público estadual; aqui, neste exemplo, como tantos outros existentes no STF, o que se pretende com a suspensão de segurança não é imiscuir-se no conteúdo decisório cautelar, mas tão somente impedir que os efeitos concretos de uma decisão provisória sejam suportados pelo Poder Público, colocando-o sob um risco de colapso financeiro imprevisível. Por se tratar de uma decisão provisória, com eficácia provisória, mas com efeitos concretos muitas vezes insuportáveis é que se admite o incidente de suspensão de segurança.

3.8 COMPETÊNCIA

3.8.1 Introito

A competência para apreciar e julgar os incidentes, em regra geral, é do próprio juízo da causa principal, dada a conexidade e a relação de acessoriedade que liga um ao outro. Não se discute que, excepcionalmente, em alguns incidentes processuais de procedimento próprio e apartado do principal, por razões de hierarquia e, às vezes, pelo objeto do juízo, o julgamento do incidente é entregue a órgão jurisdicional diverso daquele que está conhecendo o procedimento no processo, consubstanciando verdadeiros exemplos de competência funcional. É o que acontece, por exemplo, com o conflito de competência entre juízos vinculados ao mesmo tribunal, com a exceção de suspeição e a de impedimento do juiz, com o incidente de resolução de demandas repetitivas, o incidente de assunção de competência, do incidente de arguição de inconstitucionalidade etc.

Assim, à semelhança destas situações, resta claro que desde a primeira lei que cuidou do processo e procedimento do mandado de segurança (Lei 191/36), restou previsto que o incidente de suspensão de liminar deve ser provocado (depende de requerimento) ao presidente do tribunal, entregando a tal órgão jurisdicional[10] a

---

10. Obviamente, quando se fala em presidente do tribunal, a referência é ao órgão e não à pessoa do magistrado.

competência absoluta para suspender o ato liminarmente concedido. Trata-se, pois, ao que se vê, de competência originária de órgão do Tribunal. Dessa maneira, a suspensão da decisão para evitar o risco de lesão é ato de competência funcional desse órgão, sujeito ao controle recursal exercido pelo órgão de cúpula que representa a manifestação coletiva do próprio tribunal.

> Por se tratar de uma questão incidente, por sua vez manifestada por uma defesa impeditiva utilizada pelo Poder Público (impede a execução da decisão), cuja competência é originária do Presidente do Tribunal, tem-se aí um incidente processual que se processa perante os tribunais com procedimento próprio e avulso do principal. Registre-se, todavia, que neste incidente, com autos e procedimento próprio – até em razão da competência diversa da causa principal –, é possível que nele (no incidente) surjam outros incidentes ou recursos (recurso no incidente). Como já vimos, muitas das novas hipóteses de cabimento da suspensão de segurança previstos na Lei 8.437/1992 e na Lei 12.016/2009 não são propriamente novos ou genuínos "incidentes processuais", mas sim "recursos dentro do incidente", e, por isso, tais hipóteses possuem natureza jurídica de recurso no incidente.

Destarte, não basta saber que a competência é do Presidente do Tribunal, senão porque é necessário identificar de qual tribunal ele pertence. Consoante o art. 92 da CF/1988, têm-se Tribunais de cúpula e Tribunais Regionais Federais e dos Estados e do Distrito Federal, sendo que cada um deles possui o seu respectivo presidente. Restaria, pois, identificar para qual tribunal e seu órgão presidencial deverá ser encaminhado o requerimento de suspensão de execução da decisão.

Não pode ser olvidado que o incidente de suspensão de segurança no âmbito do STJ e STF (seja como incidente processual ou recurso no incidente) não encontra no texto constitucional nenhuma regra que autorize a utilização deste remédio no âmbito desses tribunais. Este argumento – ausência de competência constitucional para processar e julgar tal incidente perante os tribunais de cúpula – simplesmente não é nem sequer comentado pela doutrina e pela jurisprudência[11], talvez porque, se fosse considerado, simplesmente tornaria impossível a utilização da suspensão de segurança no âmbito do STJ e STF. Nem mesmo o fato de haver lei federal prevendo a referida competência (Lei 8.038/1990, art. 25) destes órgãos para processar e julgar tal incidente, poder-se-ia remediar a regra insuperável de que a competência do STJ e do STF é ditada pela CF/1988

---

11. Exceção feita ao certeiro e profundo julgado do STJ relatado pelo Ministro Herman e Benjamin: "(...) 8. Não obstante essa legitimidade original, em nada incondicional, a suspensão transformou-se em espécie de *bête noire* da processualística e experiência judicial brasileiras, em razão de uso heterodoxo e abusivo no cotidiano dos Tribunais. Nela se enxergam pelo menos dois pontos de modificação anômala do princípio do *due process* (ordem natural do processo) e do princípio do juiz natural. Primeiro, a constatação objetiva de que o instituto atropela, por meio de decisão monocrática do Presidente do Tribunal, o rito próprio e a cognição comum dos recursos. E segundo, o sentimento de que a suspensão abate a distribuição livre e aleatória a Desembargador ou Ministro integrante de órgão colegiado, porquanto dirigida diretamente ao Presidente da Corte, é instrumentalizada mediante ciência prévia da pessoa do julgador, permitindo, a partir da combinação da medida com o manejo de recursos, verdadeiro *forum shopping* interno (...)". (AgInt na SS 2.951/CE, Rel. Ministro Herman Benjamin, Rel. p/ Acórdão Ministro Herman Benjamin, Corte Especial, julgado em 04/03/2020, DJe 01/07/2021).

CAPÍTULO 03 • REQUISITOS DE ADMISSIBILIDADE DO INCIDENTE DE SUSPENSÃO DE SEGURANÇA

(competência constitucional), que, repita-se, desconhece a existência do pedido de suspensão de segurança, seja ele com que natureza se pretenda dar (recurso, incidente ou ação incidental).

Como já foi pontuado várias vezes, a existência de um regime jurídico diverso da suspensão de segurança para os casos de mandado de segurança (Lei 12.016/2009, art. 15, e Lei 8.038/1990, art. 25) e outro para os demais casos (Lei 8.437/1992, art. 4.º), obriga-nos um estudo específico sobre cada um deles, já que as regras também são diversas para a competência.

3.8.2 Identificação da competência para a suspensão de segurança em mandado de segurança

3.8.2.1 *Suspensão da execução da* liminar *ou da* sentença

Quando se trata de suspensão de execução de decisão interlocutória ou sentença de juiz de primeiro grau de jurisdição, a *competência* será do presidente daquele tribunal que teria *competência* para julgar o recurso interponível contra a respectiva decisão.

Assim, ainda que proferida por juiz estadual, porém com competência *federal* para o caso (art. 109, § 3.º), a regra é aquela prevista no art. 110 da CF/1988, motivo pelo qual o órgão presidencial competente é o do Tribunal Federal daquela região.

Portanto, v.g. se o juiz concedeu uma liminar ou uma sentença em mandado de segurança, e, se a execução de um ou de outro pronunciamento pode causar um risco de grave lesão ao interesse público (ordem, saúde etc.), então a identificação do órgão competente depende da resposta à seguinte pergunta: qual tribunal seria o competente para processar e julgar o recurso cabível contra a referida decisão? Sendo liminar seria agravo, sendo sentença seria apelação, ambos para o mesmo tribunal. Logo, será o Presidente de tal tribunal o competente para processar e julgar o referido incidente de suspensão de segurança.

Observe que *para identificar o órgão competente* não é preciso que tenha sido interposto o recurso, bastando a simples análise da hipótese em abstrato de quem seria o juízo competente para o referido recurso. Logo, não é a *interposição* do recurso cabível que define a competência, senão porque apenas a identificação abstrata de quem seria o competente.

É claro que há casos em que se se pretende suspender a eficácia de uma decisão que tem aptidão para pôr fim ao processo (sentença ou acordão) é necessário que o recurso tenha sido interposto, pois ocorrido o trânsito em julgado da decisão, uma de duas: ou o pedido de suspensão será extinto, ou não poderá ser interposto. A existência de processo pendente é requisito lógico para instauração do respectivo incidente.

3.8.2.2 Competência na hipótese de suspensão da suspensão negada pelo Presidente do Tribunal (art. 15, § 1º, da Lei 12.016)

Uma vez provocado e instaurado o incidente processual perante o presidente do tribunal competente, poderá haver desdobramentos no seu procedimento, surgindo situações jurídicas que permitam a utilização de recursos (recursos no incidente).

Dessa forma, da decisão do presidente que nega ou concede a suspensão de segurança, além do recurso de agravo interno para o Plenário ou Órgão Especial do próprio tribunal, prevê a Lei 12.016/2009 (apenas nesta lei), no seu art. 15, § 1.º, a possibilidade de oferecimento de um remédio a que denomina de "nova suspensão da suspensão negada" (jamais da suspensão concedida[12]), cuja competência será do Presidente do STJ e/ou do STF. Observe-se que *apenas no procedimento do mandado de segurança* é que existe a previsão da *suspensão da suspensão negada*, ou seja, este dispositivo não foi reproduzido na Lei 8437, art. 4º.

> (...) I – A c. Corte Especial deste eg. Superior Tribunal de Justiça já entendeu ser inadmissível o pedido de suspensão formulado contra suspensão já deferida em segundo grau (Precedentes). II – O competente juízo para a via suspensiva já foi exercido pelo eg. Tribunal de Justiça do Estado de São Paulo quando do deferimento do pedido de suspensão lá requerido pela ora agravada. III – Não há previsão legal para pedido de suspensão da suspensão. (AgRg na SLS 848/BA, Corte Especial, Rel. Min. Humberto Gomes de Barros, Rel. p/ Acórdão Min. Fernando Gonçalves, DJe 22/9/2008).
>
> IV – Nos termos do art. 15, § 3º, da Lei 12.016/2009, a interposição do agravo de instrumento contra a decisão que se busca suspender não interfere de qualquer forma na utilização do presente incidente. Agravo regimental desprovido. (AgRg na SS 2.687/SP, Rel. Ministro Felix Fischer, Corte Especial, julgado em 18/12/2013, DJe 03/02/2014).
>
> (...) I – Suspensa a liminar pelo Presidente do Tribunal Regional Federal da 1.ª Região, descabe novo pedido de suspensão da suspensão ao Superior Tribunal de Justiça, visando verdadeiro "efeito ativo" em suspensão de liminar. II – Precedentes da Corte Especial do Superior Tribunal de Justiça e do Supremo Tribunal Federal. III – Agravante que não infirma os fundamentos da decisão atacada. Agravo regimental não conhecido. (AgRg na SLS 2.084/PA, Rel. Ministro Francisco Falcão, Corte Especial, julgado em 02/12/2015, DJe 18/12/2015).

Conquanto aqui esteja sendo tratada como um "incidente processual novo", é óbvio que tal medida é na verdade um recurso dentro do incidente de suspensão da liminar ou sentença, sob um falso rótulo de que haveria aí um novo pedido de suspensão. É um reprovável *recurso per saltum*.

> Isso não passou despercebido pelo saudoso e notável Ministro Teori Zavascki quando, ainda no calor do enfrentamento pelo STJ das reformas que introduziram a esta hipótese de cabimento exótica disse, no seu voto vencido, que "Não tem competência o STJ para apreciar pedido de suspensão de sentença na hipótese de indeferimento do pedido originário pelo Presidente do

---

12. Suspensão de Liminar e de Sentença 2708 – MA (2020/0108555-6), Min. João Otávio Noronha; (AgRg na SLS n. 848/BA, relator Ministro Fernando Gonçalves, DJe de 22/9/2008; e AgRg na SLS n. 1.667/AM, relator Ministro Felix Fischer, DJe de 31/1/2013).

CAPÍTULO 03 • REQUISITOS DE ADMISSIBILIDADE DO INCIDENTE DE SUSPENSÃO DE SEGURANÇA **57**

TRF, estando pendente o julgamento do agravo regimental interposto contra referida decisão, tendo em vista que o novo pedido de suspensão não pode ser formulado *per saltum* ao STJ, cuja competência apenas se firma quando a corte local tiver esgotado sua atividade jurisdicional quanto ao primeiro pedido, com o julgamento do agravo, salvo em situações excepcionais de iminente risco aos bens jurídicos tutelados ou reconhecida demora do tribunal local em julgar o agravo, o que não se verifica no caso[13].

Afora os comentários relativos à inconstitucionalidade do instituto, insta dizer que a competência para processar e julgar esse novo pedido de suspensão será do Presidente do STJ e/ou do STF como diz o próprio dispositivo[14].

Diz-se "e/ou" no parágrafo anterior porque é perfeitamente possível que sejam interpostos dois pedidos de suspensão, um endereçado a cada órgão, considerando a possibilidade de a situação jurídica da causa envolver a discussão de matéria federal ou constitucional.

Um olhar detido para esta absurda hipótese de cabimento – suspensão da suspensão negada – permitirá perceber que não é possível aplicar a regra natural de competência adotada na suspensão de segurança prevista no *caput* do art. 16 da Lei 12.016:

> (...) o presidente do tribunal ao qual couber o conhecimento do respectivo recurso.

E esta regra genérica do *caput* não se aplica, porque o próprio §1º criou uma regra de competência própria para este pedido de suspensão da suspensão negada:

> § 1º Indeferido o pedido de suspensão ou provido o agravo a que se refere o caput deste artigo, caberá novo pedido de suspensão *ao presidente do tribunal competente para conhecer de eventual recurso especial ou extraordinário*.

O parágrafo primeiro acima citado *força* uma situação jurídica, ao dizer que será competente o presidente do tribunal *para conhecer de eventual recurso especial ou extraordinário*. Mas a pergunta que não quer calar é a seguinte: *seriam eventualmente cabíveis tais recursos de decisão monocrática do Presidente do Tribunal?* A resposta é simples e óbvia: não. Ora, se a suspensão negada pelo Presidente do TJ ou do TRF não pode ser desafiada diretamente pelo r. especial ou extraordinário, como fixar a referida regra de competência?

A despeito das críticas da *suspensão per saltum* (suspensão para o STJ/STF da suspensão negada pelo Presidente do TJ/TRF), ela vem sendo utilizada apenas na hipótese de suspensão de liminar ou sentença em mandado de segurança, porque está expressamente prevista na lei.

---

13. (AgRg na SLS 1.425/DF, Rel. Ministro Felix Fischer, Corte Especial, julgado em 24/11/2011, DJe 19/12/2011).

14. "Negada a suspensão de liminar, cabe novo pedido de suspensão ao Presidente do Tribunal competente para julgar eventual recurso especial" (AgRg na Pet 1207, rel. Min. Antônio de Pádua Ribeiro, *DJ* 29.05.2000, p. 106, *JSTJ*, vol. 18, p. 111; (EDcl no AgRg na SS 1433, Rel. Min. Edson Vidigal, *DJ* 10.04.2006, p. 95). Observar que o § 1.º do art. 4.º da Lei 4.348, equivale, hoje, ao § 1.º do art. 15 da Lei 12.016/2009.

3.8.2.3 Suspensão do acórdão do Plenário ou órgão especial que dá provimento ao agravo interno que revoga a suspensão concedida

Esse mesmo raciocínio, comentado no parágrafo acima, reflete-se para o "novo pedido de suspensão" que desafiará, desta vez, a decisão do Plenário ou órgão especial do tribunal que, revogando a decisão do Presidente, tenha provido o agravo regimental interposto pelo autor da demanda restabelecendo a eficácia da decisão exequenda contra o poder público.

Será igualmente endereçado ao Presidente do STJ e/ou STF, e nada mais é, também aqui, de um recurso disfarçado de novo pedido de suspensão dentro do incidente provocado para suspender a eficácia da sentença ou da liminar em mandado de segurança. (art. 15, § 1.º, segunda parte, da Lei 12.016/2009)[15].

Trata-se de um pedido de suspensão endereçado ao STJ ou ao STF cujo interesse nasce a partir do provimento do recurso pelo órgão plenário do TJ ou TRF que revoga da decisão de suspensão do Presidente do Tribunal, restabelecendo a execução da decisão (liminar ou sentença) proferida em primeiro grau. Aqui a suspensão se volta contra uma decisão colegiada que, em tese, poderia ser desafiada por recurso especial e extraordinário, fazendo sentido, portanto, a regra de competência vinculada ao juízo competente para processar e julgar o recurso cabível contra a referida decisão.

3.8.2.4 Suspensão de segurança contra acórdão que nega provimento a agravo de instrumento interposto contra a liminar

Também é preciso que se comente outra nova hipótese de cabimento (criada pela MP 2.180-35) que está prevista tanto no § 5.º do art. 4.º da Lei 8.437/1992, quanto no § 2.º do art. 15 da Lei 12.016/2009.

> § 2.º É cabível também o pedido de suspensão a que se refere o § 1.º deste artigo, quando negado provimento a agravo de instrumento interposto contra a liminar a que se refere este artigo.

Pela referida hipótese, é cabível o pedido de suspensão de segurança para suspender a eficácia do acórdão que julga improcedente (nega provimento) ao agravo de instrumento interposto pelo Poder Público para desafiar a liminar concedida em seu desfavor no mandado de segurança.

Nesse caso, considerando que o eventual recurso a ser interposto contra o referido acórdão é o especial e o extraordinário, então, o eventual pedido de suspensão será endereçado para um desses órgãos (ou para os dois, se assim for cabível), que terão competência para processar e julgar este incidente. Em suma, quando o Tribunal recursal, em decisão colegiada, negar provimento ao agravo de instrumento interposto pelo Poder Público, que desafia a liminar contra si concedida em primeiro

---

15. AgRg na SS 1581, Corte Especial, rel. Min. Edson Vidigal, *DJ* 10/04/2006.

CAPÍTULO 03 • REQUISITOS DE ADMISSIBILIDADE DO INCIDENTE DE SUSPENSÃO DE SEGURANÇA

grau, poder-se-á requerer pedido de suspensão aos Tribunais Superiores, inclusive a ambos, conforme a matéria nele arguida.

Havendo dois pedidos de suspensão, um para cada órgão, em hipótese que seria possível interpor tanto o recurso especial quanto o extraordinário, prevalece, prioritariamente, a competência do Presidente do STF para apreciar o pedido suspensivo.

> Agravo interno na suspensão de liminar e de sentença. Equivalência salarial de pensionista. Direito à vida e à saúde. Questão jurídica da ação de origem. Natureza constitucional.
>
> 1. Havendo concorrência de matéria constitucional e infraconstitucional, prevalece a competência da Presidência do Supremo Tribunal Federal para a apreciação do pedido suspensivo.
>
> 2. Agravo interno desprovido (AgInt na SLS 2.441/PI, Rel. Ministro João Otávio de Noronha, Corte Especial, julgado em 21/05/2019, DJe 24/05/2019).
>
> Suspensão de liminar e sentença. Manejo de medida suspensiva perante o STJ e STF. Reconhecimento do cunho constitucional do debate. Prejudicialidade do pleito no STJ. Extinção do feito.
>
> 1. O Município de Goiânia (GO), para obter efeitos suspensivos à decisão proferida pelo TJGO, manejou concomitantemente suspensão de liminar e sentença no Superior Tribunal de Justiça e a Suspensão de Liminar n. 1.331/GO no STF.
>
> 2. A análise feita na Suprema Corte, inclusive em momento anterior àquela feita no STJ, culminou em conceder a suspensão, por vislumbrar índole constitucional na questão posta, o que, consequentemente, inviabiliza a análise da mesma temática pelo Superior Tribunal de Justiça.
>
> Suspensão de liminar e segurança extinta sem julgamento de mérito e agravo interno prejudicado. (AgInt na SLS 2.711/GO, Rel. Ministro Humberto Martins, Corte Especial, julgado em 13/10/2020, DJe 20/10/2020).

É certeira a crítica de Cassio Scarpinella Bueno a respeito desse instituto:

> Criou-se, com o § 5.º do art. 4.º da Lei 8.437/1992, destarte, mais um segmento recursal paralelo (e muito mais ágil, não tenho dúvidas) aos recursos especial e extraordinário em prol das pessoas que detêm legitimidade para apresentar o pedido de suspensão na forma do art. 4.º, caput, da Lei 8.437/1992[16].

3.8.3 Suspensão de segurança de decisão (liminar ou acórdão) proferida em única ou última instância em mandado de segurança (na hipótese do art. 25 da Lei 8.030)

Entretanto, quando se trata de suspender a execução de liminar ou decisão concessiva de mandado de segurança proferida em única ou última instância (competência originária e derivada, respectivamente), o órgão presidencial competente será o do STF, se a causa tiver por fundamento matéria constitucional, ou o do STJ, excluída a hipótese anterior, valendo o que foi dito no tópico anterior.

Assim, em se tratando de ação de mandado de segurança de competência originária (art. 25 da Lei 8.038/1990), tanto a liminar concedida por relator quanto a

---

16. C.F. *O poder público...*, 2009, p. 67.

decisão concessiva da segurança pelo tribunal, a competência para apreciar o pedido de suspensão de execução da decisão é do presidente do STJ ou do STF, dependendo se a causa se fundamenta em matéria constitucional ou não.

Observe-se, por exemplo, que a *decisão liminar* proferida pelo relator do mandado de segurança de competência originária, embora atacável pelo recurso de agravo interno para órgão do próprio tribunal, não será do Presidente deste Tribunal a competência para processar e julgar o pedido de suspensão de segurança para sustar a execução da referida decisão monocrática, simplesmente porque "*a presidência da mesma corte que deferiu a cautela cuja eficácia pretende-se sobrestar não detém competência suspensiva horizontal (...) o pedido de contracautela deve ser analisado por presidente de tribunal com superposição hierárquica*"[17].

3.8.4 Identificação da competência para a suspensão de segurança para os demais casos do art. 4.º da Lei 8.437/1992

Consoante a regra prevista no art. 4.º, *caput*, da Lei 8.437/1992, tem-se que a competência será do *Presidente do Tribunal ao qual couber o conhecimento do respectivo recurso* que poderia ser interposto para desafiar a decisão cuja execução pretende ser suspensa. Nesse passo, se tratar-se de liminar ou sentença proferida por juiz de primeiro grau, certamente que a competência será do Presidente do Tribunal de Justiça ou Tribunal Regional Federal.

Ainda, para aqueles que admitem o cabimento do pedido de suspensão de segurança de acórdão (no agravo que foi julgado improcedente[18], na apelação e remessa necessárias do Poder Público que não anulam nem reformam a sentença proferida contra o Poder Público que julgou procedente a demanda do autor[19], e no acórdão do plenário ou órgão especial do tribunal que mantém ou reforma a decisão do presidente em desfavor do Poder Público[20]) proferido em ação popular e ação civil pública ajuizadas contra o Poder Público, tem-se que o pedido de suspensão de segurança será endereçado ao Presidente do STJ e ou STF.

Um lembrete é importante. Tratando-se de decisão liminar contra o poder público deferida pelo relator do recurso (art. 932, II do CPC), nos termos do artigo 1.021, *caput* do CPC, contra esta decisão caberá agravo interno para o respectivo órgão colegiado, observadas, quanto ao processamento, as regras do regimento interno do tribunal. Numa análise técnica se diria que a hipótese seria de pedido

---

17. (AgInt na Rcl 28.518/RJ, Rel. Ministro João Otávio de Noronha, Rel. p/ Acórdão Ministra Laurita Vaz, Corte Especial, julgado em 15/05/2019, DJe 12/06/2019).
18. Art. 4.º, § 5.º, da Lei 8.437/1992. Observe-se que, um dos problemas decorrentes da inteligência desse dispositivo é a subversão do mesmo para conseguir efeito substitutivo, vez que o instituto da suspensão de segurança não se presta para retirar a eficácia substitutiva de uma decisão. Sobre o tema: STF, SL 225/MA, rel. Min. Ellen Gracie, *DJE* 18/03/2008.
19. Art. 4.º, § 1.º, da Lei 8.437/1992.
20. Art. 4.º, § 4.º, da Lei 8.437/1992.

CAPÍTULO 03 • REQUISITOS DE ADMISSIBILIDADE DO INCIDENTE DE SUSPENSÃO DE SEGURANÇA

de suspensão da eficácia da decisão judicial endereçada ao Presidente do próprio tribunal local e não dos tribunais de cúpula, mas não é como ocorre.

Tem o STJ sedimentado a tese de que não seria possível ao Presidente do Tribunal da corte da qual emanou a decisão cuja eficácia se pretende suspender decidir pela suspensão da liminar de um órgão competente com a mesma competência horizontal, devendo ser interposto o pedido de suspensão para o STJ ou STF que possui competência com superposição hierárquica.

Não discrepa deste posicionamento o Supremo Tribunal Federal:

> SL 1418, Relator(a): Min. Presidente, Decisão proferida pelo(a): Min. Rosa Weber (Vice-Presidente) Julgamento: 07/01/2021, Publicação: 11/01/2021, Decisão: "Tribunal conhecer do pedido de suspensão contra decisões prolatadas por membros da mesma Corte. Assim, não cabe à Presidência do Supremo Tribunal Federal o conhecimento dos pedidos de suspensão de decisões proferidas pelos demais ministros do STF. Esse entendimento é reforçado pela leitura do art. 15, caput e §1º, da Lei 12.016/09, que dispõe ser cabível novo pedido de suspensão ao Presidente do Tribunal competente para conhecer de eventual recurso especial ou extraordinário somente quando, em sede de agravo, houver a manutenção ou o restabelecimento da decisão que se pretende suspender. Isso significa que a decisão liminar impugnada, em sede de Reclamação Constitucional que tramita nesta Corte e ainda pende de julgamento de agravo, não serve de parâmetro para o cabimento do pedido de suspensão. Entendimento contrário soa estranho à sistemática dos pedidos de suspensão, que deve ser interpretada de maneira restritiva, por constituir um regime de contracautela, tratado por regras uniformes, aplicáveis igualmente aos processos das suspensões de segurança, de liminar e de tutela antecipada. Ante o exposto, nego seguimento ao pedido de suspensão (art. 21, § 1º, RI-STF)".

Esta interpretação, inclusive extensiva do art. 25 da Lei 8.038 e da Lei 12.016 que versam sobre a suspensão de liminar em mandado de segurança, para outras hipóteses idênticas (liminares concedidas por Desembargador), nos casos regidos pelo art. 4º da Lei 8437, tem por finalidade preservar a estabilidade das decisões e harmonia do próprio tribunal do qual emanou a respectiva decisão que se quer suspender.

3.8.5 Suspensão de segurança e deslocamento da competência

Uma questão interessante, ligada ao fenômeno da competência para apreciação do incidente de suspensão de execução de decisão, diz respeito àquelas situações em que o requerimento de suspensão é formulado pela União (*ente federal*) em causa que tramita em juízo singular na justiça estadual. A dúvida que surge é se a competência estadual seria deslocada para a federal.

Inicialmente, vale dizer que, para verificar se existe o interesse da União no referido requerimento, a competência é da justiça federal[21], caso em que os autos

---

21. Súmula 150 do STJ: "Compete à Justiça Federal decidir sobre a existência de interesse jurídico que justifique a presença, no processo, da União, suas autarquias ou empresas públicas".

devem ser remetidos para o presidente do Tribunal Regional Federal para verificar se admite a existência do interesse da União no referido incidente. Entretanto, se recusar o incidente por entender que falece o interesse da União no pedido de suspensão da decisão[22] e, por corolário lógico, na própria causa, porque o primeiro é acessório do principal, então os autos deverão ser devolvidos à justiça estadual, não sendo caso de suspender a decisão, e muito menos de deslocar a competência do processo para a justiça federal[23].

Por outro lado, se entender existente o interesse e suspender a execução da decisão, o questionamento que surge é se os autos então deveriam ser remetidos para a justiça federal, já que estaria configurada hipótese de interesse da União na causa, motivo pelo qual se aplicaria a regra do art. 109, I, da CF/1988. Acredita-se que sim, que é o que deve acontecer, mas, antes disso, deve o órgão estadual decretar a incompetência absoluta para anular os atos decisórios (art. 113, § 2.º, CPC) e, então, remeter o processo para a justiça federal. Se o requerimento de suspensão foi de execução de liminar concedida em primeiro grau de jurisdição, de tal modo, não basta que o próprio juiz singular o faça, remetendo assim os autos para o juiz federal da seção judiciária competente. Entretanto, se foi caso de oferecimento do incidente contra sentença, pela vedação do art. 463 do CPC, só o Tribunal de Justiça, no julgamento da remessa necessária, poderá anular o pronunciamento (liminar ou sentença) e determinar a remessa dos autos à Justiça Federal da respectiva seção judiciária[24][25]. Se não entender dessa forma, então se estará diante de conflito positivo de competência (art. 66 combinado com o artigo 951 do CPC), devendo ser decidido pelo Superior Tribunal de Justiça.

É claro que a dúvida quanto à verificação da existência de interesse da União no requerimento de suspensão de execução só faz sentido quando o incidente é oferecido contra pronunciamento de juiz de primeiro grau da justiça estadual, já que, se fosse caso de suspensão endereçada ao presidente do STJ ou do STF, esses

---

22. Não está descartada a hipótese do recurso de agravo regimental, caso em que só depois de seu julgamento (improvimento) é que deverão os autos ser remetidos para a justiça estadual, ainda que a União se utilize dos recursos extraordinários (especial e extraordinário) desafiando a decisão do órgão especial ou plenário do TRF respectivo.

23. "Não cabe ao juiz estadual examinar o acerto ou desacerto do juiz federal que da causa excluiu a participação de entes federais contemplados no art. 109, I, da Constituição. Se entender sem legitimidade passiva *ad causam* o réu remanescente, que declare a carência da ação, ensejando o recurso da parte interessada" (*RSTJ* 77/29). "Da decisão do Juiz Federal que exclui ou inadmite a participação de ente federal na causa, incumbe à parte interessada interpor o recurso próprio, pena de preclusão" (*RSTJ* 76/31).

24. *Mutatis mutandis* foi o que aconteceu na verificação da existência de interesse jurídico de ente federal em segundo grau de jurisdição: "Achando-se o feito na Justiça do Distrito Federal, em fase de apelação, manifestado o interesse jurídico do INCRA para ingressar nos autos como assistente do Distrito Federal, cabe ao TRF – 1.ª Região decidir sobre o referido interesse. Reconhecido este, incumbe ao Tribunal de Justiça anular a sentença e determinar a remessa dos autos à Justiça Federal – Seção judiciária do DF; caso contrário, compete-lhe prosseguir no julgamento da causa" (*RSTJ* 77/29).

25. Obviamente que se for decretada a nulidade dos atos decisórios (pelo juiz ou tribunal estadual), a liminar ou sentença "cairá", motivo pelo qual não fará mais sentido a existência do pedido de suspensão requerido ao presidente do TRF competente.

CAPÍTULO 03 • REQUISITOS DE ADMISSIBILIDADE DO INCIDENTE DE SUSPENSÃO DE SEGURANÇA | **63**

órgãos exerceriam jurisdição sobre as Justiças Federal e Estadual, não havendo que se falar em deslocamento de competência quando o requerimento feito pela União fosse suscitado perante o STF e o STJ, ainda que a causa tivesse tramitado na justiça estadual[26].

Novamente, também neste último caso, se não estiver configurado o interesse do ente federal, não só *não* será concedida a suspensão, mas também *não* haverá que falar em deslocamento de competência. Todavia, se presente o interesse, a pergunta que surgiria é se a própria causa deveria ser deslocada para a justiça federal. Nesta situação, pensa-se que sim (se o requerimento de suspensão se refere à decisão liminar do relator ou de uma decisão concessiva pelo próprio órgão nos casos em que a lei admite), quando então o próprio STJ determinará a remessa dos autos para o Tribunal Regional Federal para que aprecie a causa originariamente.

3.8.6 Impedimento e suspeição na suspensão de segurança

Situação interessante que se relaciona com a competência para julgar o incidente de suspensão de execução de pronunciamento judicial decisório diz respeito ao fato de que o presidente do tribunal pode declarar-se ou ser declarado suspeito ou impedido. Como se vê, aqui não se questiona a competência do juízo, do órgão jurisdicional, mas sim a da pessoa física que o ocupa. Assim, sem pretender adentrar em aspectos ligados ao procedimento da arguição da *recusatio iudicis* de membro de tribunal, já que este não é o incidente em estudo, apenas se deseja lembrar que, caso seja confirmado como impedido ou suspeito, o pedido de suspensão de execução de decisão deverá ser apreciado por outro que, no grau hierárquico estabelecido pelo Regimento Interno do respectivo Tribunal (art. 96, I, *a*, da CF/1988, art. 148, § 3º do CPC), deva ocupar a posição de presidente do referido Tribunal. Dessa forma, altera-se a pessoa, mas conserva-se o órgão jurisdicional.

Portanto, caso a pessoa que ocupa a vice-presidência, seja aquela que responda pela competência do incidente, terá conhecido do incidente em tela na condição de presidente em exercício. Isso porque a eventual alteração do órgão acabaria por acarretar decisão nula praticada por órgão absolutamente incompetente, pelo só fato de que a competência do órgão presidencial é absoluta, do tipo funcional.

---

26. Este raciocínio coaduna-se com o que foi utilizado pelo Superior Tribunal de Justiça no conflito negativo de competência suscitado pelo Tribunal Estadual que remeteu os autos para o Tribunal Regional, em sede de apelação, por entender ser caso de interesse da União. Já o TRF se declarou incompetente para anular sentença prolatada por juiz estadual. O STJ assim decidiu: "No caso, ao examinar a causa, em grau de apelação, o Tribunal de Justiça, por entender ser o feito da competência da Justiça Federal, remeteu os autos ao TRF. Recebendo os autos, este suscitou conflito negativo de competência, argumentando que só o Tribunal de Justiça pode anular sentença de Juiz Estadual. Todavia, o STJ exerce jurisdição sobre as justiças Federal e Estadual e, por isso, ao examinar conflito de competência, pode, também, anular sentença proferida por magistrado de qualquer das citadas Justiças. Conflito a que se conhece, a fim de declarar-se a competência do Juízo Federal de primeiro grau, anulada a sentença do juiz estadual" (STJ, 1.ª Seção, Conflito de Competência 4.408-9-SC, rel. Min. Antônio de Pádua Ribeiro, j. 20.04.1993, v. u., *DJU* 17.05.1993, p. 9.276).

3.8.7 O uso da reclamação para preservação da competência na suspensão de segurança

Encontra-se previsto nos arts. 102, I, *l*, e 105, I, *f*, da Constituição Federal e no artigo 988 do CPC o instituto da *reclamação*, que, não obstante o nome, não possui nenhuma relação com outra figura do direito processual ora batizada de *correição parcial*, ora de *reclamação*.

A figura prevista no texto constitucional surgiu de construção pretoriana do próprio STF e passou a ter assento constitucional em 1988, sendo estendida para diversos tribunais do país, por intermédio de constituições estaduais que copiaram o texto maior[27].

A reclamação constitucional tem natureza controvertida na doutrina, que a trata ora como ação incidental, ora como incidente processual, que pode ser instaurada no curso (jamais após o trânsito em julgado, art. 988, § 5º, I do CPC) de uma demanda, com a finalidade de *preservar a competência dos órgãos de cúpula, quando porventura sejam usurpadas*, ou *impor a autoridade das decisões do tribunal que julgou a causa*[28] [29].

Portanto, trata-se de medida que visa atender a segurança jurídica, a inteireza do direito positivo, a isonomia, a credibilidade do poder judiciário, o respeito ao escopo político do processo, garantindo o juiz natural e efetivando as decisões proferidas pelos órgãos de cúpula[30].

Em relação à preservação da competência, que é o que aqui interessa, trata-se de mais uma medida ou remédio destinado a proteger e preservar a competência dos tribunais, que não poderá ser usurpada por nenhum outro órgão jurisdicional.

É preciso ficar atento que, para que seja procedente a reclamação, é necessário que a competência do Presidente do STJ ou do STF tenha sido usurpada ou pelo tribunal de origem. Assim, não há usurpação da competência do STJ ou do STF

---

27. Sobre o tema Marcelo Navarro Ribeiro Dantas. *Reclamação constitucional no direito brasileiro*. Porto Alegre: Sergio Antonio Fabris Editora, 2000.

28. Art. 988. Caberá reclamação da parte interessada ou do Ministério Público para: I – preservar a competência do tribunal; II – garantir a autoridade das decisões do tribunal; III – garantir a observância de enunciado de súmula vinculante e de decisão do Supremo Tribunal Federal em controle concentrado de constitucionalidade; IV – garantir a observância de acórdão proferido em julgamento de incidente de resolução de demandas repetitivas ou de incidente de assunção de competência.

29. "Reclamação. Autoridade de decisão do Superior Tribunal de Justiça. Procedência. 1. Se o Superior Tribunal de Justiça suspendeu decisão emitida em ação cautelar, não é lícito ao juízo de primeiro grau repetir a decisão suspensa nos autos da ação principal (art. 4.º, § 9.º, da Lei 8.437/1992). 2. Procede a reclamação demonstrando satisfatoriamente desacato à decisão do Superior Tribunal de Justiça" (AgRg na Rcl 2.809/RJ, Corte Especial, rel. Min. Humberto Gomes de Barros, *DJe* 10.11.2008).

30. "(…) 'a Reclamação, instrumento constitucional de restauração da integridade jurídica da competência do Superior Tribunal de Justiça (CF, art. 105, I, *f*, e RISTJ, art. 187 e seguintes), por sua natureza excepcional, depende da concreta demonstração do descumprimento de ordem judicial ou da invasão de competência desta Corte' (fl. 304). Desta forma, caberá Reclamação apenas 'para preservar a competência do Tribunal ou garantir a autoridade de suas decisões' (RISTJ, art. 187); jamais para, como pretende a agravante, discutir matéria restrita ao âmbito interno da Corte local" (AgRg na Reclamação 2.049).

CAPÍTULO 03 • REQUISITOS DE ADMISSIBILIDADE DO INCIDENTE DE SUSPENSÃO DE SEGURANÇA

quando no tribunal de origem ainda está sob julgamento agravo de instrumento interposto contra a liminar cuja eficácia se quer suspender. Nesta hipótese a competência é, ainda, do Presidente do Tribunal local. Se já houvesse decisão (monocrática ou colegiada), negando provimento ao agravo de instrumento do poder público, aí sim a competência já seria do Presidente do Tribunal do STJ ou STF a depender de a matéria ser federal ou constitucional.

3.8.8 Inexistência de competência horizontal do Presidente da Tribunal de onde emanou a decisão liminar cuja execução se pretende suspender

Por outro lado, muito comum se mostra a hipótese de utilização da reclamação para preservação da competência do STJ ou STF quando o Poder Público pretende a *suspensão da decisão liminar junto ao Presidente da própria corte onde ela foi deferida.*

Como não é possível dar ao presidente da própria corte a competência hierárquica sobre os demais membros (ambos possuem competência horizontal), certa é a posição do STJ quando dá provimento à reclamação para preservação da sua competência em hipóteses como esta.

Reclamação. Usurpação de competência configurada. Pedido de suspensão contra decisão de relator em agravo de instrumento no âmbito de tribunal de segundo grau. Competência da presidência do superior tribunal de justiça. Desnecessidade do esgotamento de instância. Causa de pedir da ação ordinária. Matéria de natureza infraconstitucional. Competência do superior tribunal para exame do pedido suspensivo. Reclamação julgada procedente. Agravo interno prejudicado.

1. É do Presidente do Superior Tribunal de Justiça a competência para o exame da medida de contracautela manejada contra decisão monocrática de Relator no agravo de instrumento no âmbito de tribunal de segundo grau, sendo dispensável o exaurimento da via recursal. Precedentes do STJ e do STF.

2. Possuindo a ação ordinária causa de pedir de natureza eminentemente infraconstitucional, por tratar da manutenção do equilíbrio econômico-financeiro da concessão, previsto no art. 9.º da Lei 8.987/95 e nos arts. 40, inciso XI, e 41 da Lei 8.666/93, é de ser reconhecida a competência desta Corte Superior de Justiça para o exame do pedido suspensivo.

3. Reclamação a que se julga procedente. Agravo interno do Município de Manaus/AM prejudicado (Rcl 31.503/AM, Rel. Ministra Laurita Vaz, Corte Especial, julgado em 07/12/2016, DJe 15/12/2016).

Agravo interno na reclamação. Processo civil. Pedido de contracautela. Ausência de competência horizontal da presidência do mesmo tribunal em que proferida a cautela que se pretende suspender.

Usurpação da competência do superior tribunal de justiça. Agravo interno desprovido.

1. Nos termos do art. 25 da Lei 8.038/90, compete ao Ministro Presidente do Superior Tribunal de Justiça sustar os efeitos de decisões concessivas de ordem mandamental ou deferitórias de liminar ou tutela de urgência, proferidas em única ou última instância pelos tribunais regionais federais ou estaduais. 2. A presidência da mesma corte que deferiu a cautela cuja eficácia pretende-se sobrestar não detém competência suspensiva horizontal. Nesse caso, o pedido de contracautela deve ser analisado por presidente de tribunal com superposição hierárquica. 3. Reclamação procedente. Agravo interno desprovido (AgInt na Rcl 28.518/RJ, Rel. Ministro João Otávio de Noronha, Rel. p/ Acórdão Ministra Laurita Vaz, Corte Especial, julgado em 15/05/2019, DJe 12/06/2019).

Por isso, se, por acaso, a suspensão da execução da decisão judicial for dada erroneamente por órgão do tribunal ou pelo seu presidente, em casos em que a competência pertenceria ao Presidente do STJ ou ao do STF, é perfeitamente cabível a utilização pelo prejudicado do incidente de *reclamação* (arts. 102, I, *l*, e 105, I, *f*, da CF/1988 e art. 988 do CPC) para preservação da competência desses órgãos[31], caso o próprio órgão não declare, de ofício, a sua incompetência absoluta e remeta os autos do incidente para o Presidente do Tribunal competente (art. 64 do CPC)[32-33].

Isso não elide, como se verá adiante, a possibilidade de se recorrer da decisão por via do agravo interno e, com isso, ter revogada a liminar ora deferida por uma decisão que a substitua e que com ela seja incompatível[34].

---

31. Nesse sentido: "Procede a reclamação para o STF ou STJ (conforme se trate de matéria constitucional ou infraconstitucional) contra ato de Presidente de Tribunal que suspendeu liminar concedida por Desembargador relator em processo de competência originária do Tribunal. No caso, a competência para a suspensão é do Presidente do STF ou do STJ" (STF, Rcl. 443-1-PI, Pleno, rel. Min. Paulo Brossard, j. 08.09.1993, julgaram procedente, v.u., *DJU* 08.10.1993, p. 21.011).
32. Nesse sentido (reconhecimento da incompetência e remessa para o competente) ver SS 2134/SP (*DJ* 23.05.2003), em que o presidente do Superior Tribunal de Justiça declinou sua competência remetendo os autos do incidente para o Presidente do Supremo Tribunal Federal.
33. "Reclamação. Pedido de suspensão de segurança. Sentença concessiva do *writ*. Competência do Presidente do Superior Tribunal Federal. 1. Competente para o exame do pedido de suspensão de segurança o Presidente da Corte Regional, à qual se destinava o recurso de apelação interposto contra a sentença concessiva do *mandamus* (art. 4.º da Lei 4.348, de 26.6.1964). 2. A interposição de agravo de instrumento não prejudica nem condiciona o julgamento do pedido de suspensão (art. 4.º, § 6.º, da Lei 8.437/1992, c.c. o art. 4.º, § 2.º, da Lei 4.348/1964). 3. Agravo improvido" (AgRg na Rcl 1.474/SP, Corte Especial, rel. Min. Barros Monteiro, *DJ* 09.10.2006, p. 242). Vale esclarecer que o art. 4.º da Lei n. 4.348/1964 equivale, hoje, ao art. 15 da Lei 12.016/2009.
34. "Assente é o entendimento do STF no sentido de que, para cassar os efeitos da liminar, não cabe AgRg ao plenário ou ao Órgão Especial da mesma Corte em que o relator do MS *haja deferido medida cautelar*. Também não é competente para tanto o presidente do mesmo tribunal. Diante da LR 25, a competência para suspender a liminar concedida pelo relator do MS, em tribunal de justiça, é do Presidente do STF, se o pedido tiver fundamentação constitucional, ou do Presidente do STJ, se a fundamentação do pedido for de nível infraconstitucional. No caso concreto, porque já efetuado o pagamento que determinou a liminar, prejudicado fica o pedido de suspensão dos efeitos da liminar e, por via de consequência, o agravo regimental (STF, SS 304-6-RS, Pleno, rel. Min. Neri da Silveira, j. 06.03.1991, v. u., *DJU* 19.12.1991, p. 18.709 e *BolAASP* 1728/38)", citado por Nery e Nery. Op. cit., p. 1.819; no mesmo sentido, ver a jurisprudência do STJ (Acórdão: Recl./MA (9500366282), *DJ* 18.11.1996, p. 44.831; Acórdão: AgRg em Recl. 215/RS – 9300347497, *DJ* 17.12.1993, p. 4.453; Acórdão: AgRg na Recl., *DJ* 26.09.1994; Acórdão: Recl. 172/BA 9300006851, *DJ* 30.08.1993, p. 17.261): "Com a Constituição de 1988, e especificamente com a impossibilidade de os tribunais, em seus regimentos internos disporem sobre matérias não referidas em leis processuais, discussões se travaram sobre o assunto em tela, qual seja, de quem seria a competência para suspender a execução de liminar ou de decisão concessiva de mandado de segurança proferidas em única e última instância pelos tribunais regionais federais ou pelos tribunais dos Estados e do Distrito Federal. (...) Assim sendo, razão assiste ao reclamante, quando aponta a invasão de competência deste tribunal por ato do Exmo. Sr. Desembargador Presidente do E. Tribunal de Justiça do Estado da Bahia, motivo pelo qual julga-se procedente a reclamação com a cassação da decisão reclamada"; (Acórdão: Recl. 74/PA 9100183938, *DJ* 17/05/1993, p. 9.263): "A Presidente em exercício do Egrégio Tribunal *a quo*, ao suspender liminar concedida pelo Desembargador Relator de Mandado de Segurança requerido pela reclamante contra o Secretário de Transportes do Estado do Pará, usurpou a competência do Presidente deste Tribunal, ensejando, pois, o acolhimento desta reclamação (Lei 8.038, art. 13). Todavia, ao decidir a reclamação, cabe ao órgão julgador, no caso, apenas restabelecer a competência do Presidente desta Corte, não lhe competindo, como preconizado pela reclamante, tomar providências visando ao cumprimento da

CAPÍTULO 03 • REQUISITOS DE ADMISSIBILIDADE DO INCIDENTE DE SUSPENSÃO DE SEGURANÇA

Não será incomum imaginar a possibilidade de que seja concedida liminar (em mandado de segurança, ação cautelar etc.) por membro do TRF ou TJ e a execução desta decisão possa causar risco de grave lesão ao interesse público. Diante deste cenário, será cabível: a) a interposição de agravo interno para o órgão competente interno do tribunal (96, I da CF/88) para processar e julgar tal recurso, e; b) pedido de suspensão de liminar ao presidente do tribunal. Todavia, não pode haver dúvidas de que este último remédio deve ser endereçado ao presidente do STJ e/ou STF, porque não se poderia admitir uma competência horizontal sobreposta de órgão monocrático da mesma corte. Sob pena de que possa causar uma enorme instabilidade e insegurança dentro da própria corte.

Entretanto, a questão ganha relevo quando se está diante de uma decisão liminar proferida no âmbito da corte hierarquicamente mais alta do país, e, em especial, quando esta decisão cause risco de grave lesão ao interesse público. Não há um "presidente do tribunal" hierarquicamente superior ao STF para processar a julgar a suspensão de segurança contra decisão de membro da própria corte. A situação é problemática porque não se pode, por um lado, desproteger a regra sedimentada que proíbe que juízo com mesma competência horizontal possam cassar a eficácia da decisão do outro, mas por outro lado também não se pode correr o risco de que decisões monocráticas proferidas no âmbito da mais alta corte do país, com potencial lesivo ao interesse público possam ser executadas imediatamente sem que se possa ter um controle da sua execução, pelo menos até que se aprecie o recurso contra ela interposto. Uma solução extrema seria a proibição de decisões liminares monocráticas no âmbito do STF, o que não parece adequado. Um outro caminho seria que uma vez proferida a decisão, a sua execução ficasse submetida à análise do órgão colegiado competente, na primeira sessão disponível. Uma terceira via é admitir a suspensão de segurança pelo presidente em casos excepcionalíssimos, contrariando a regra geral de preservação da horizontalidade da competência.

Esta parece ter sido a solução do STF em emblemático julgamento:

SL 1395 MC-Ref.; Órgão julgador: Tribunal Pleno; Relator(a): Min. Luiz Fux (Presidente); Julgamento: 15/10/2020; Publicação: 04/02/2021 Ementa:

> Pedido de suspensão de medida liminar. Procuradoria-geral da república. Art. 316, parágrafo único, do código de processo penal. Pacote anticrime (lei 13.964/2019). Competência do presidente do supremo tribunal federal para conhecer de pedido de suspensão de segurança. Contracautela. Presença dos requisitos para deferimento. Resguardo da jurisprudência do STF. Inexistência de revogação automática de prisão preventiva. Necessário exame de legalidade e de atualidade dos

---

liminar concedida na referida impetração"). Depois destes acórdãos citados é muito importante que fique bem claro que nada impede que, contra a decisão liminar concedida (ou não) pelo relator em mandado de segurança originário do Tribunal, seja oferecido o agravo regimental contra a referida decisão. O eventual provimento do referido agravo não corresponde a uma usurpação da competência dos tribunais de cúpula, porque o objetivo do agravo não é simplesmente obter a suspensão da execução da decisão, embora isso também seja possível, pelo menos em tese, com a nova lei do recurso de agravo.

seus fundamentos. Resguardo da ordem pública e da segurança jurídica. Suspensão referendada. 1. O incidente de suspensão de liminar é meio autônomo de impugnação de decisões judiciais, de competência do Presidente do Tribunal ao qual couber o conhecimento do respectivo recurso. O deferimento da medida demanda demonstração de que o ato impugnado pode vir a causar grave lesão à ordem, à saúde, à segurança e à economia pública (art. 4º, caput, da Lei 8.437/1992 c/c art. 15 da Lei 12.016/2009 e art. 297 do RISTF). 2. *In casu*, tem-se pedido de suspensão ajuizado pela Procuradoria-Geral da República contra a medida liminar concedida nos autos do Habeas Corpus 191.836/SP, no qual se determinou a soltura de André Oliveira Macedo ("André do Rap"), líder da organização criminosa Primeira Comando da Capital (PCC). 3. O risco de grave lesão à segurança e à ordem públicas revela-se patente, uma vez que (i) subsistem os motivos concretos que levaram à decretação e à manutenção da prisão preventiva do paciente; (ii) trata-se de agente de altíssima periculosidade comprovada nos autos; (iii) há dupla condenação em segundo grau por tráfico transnacional de drogas; (iv) o investigado compõe o alto nível hierárquico na organização criminosa denominada Primeiro Comando da Capital – PCC; (v) o investigado ostenta histórico de foragido por mais de 5 anos, além de outros atos atentatórios à dignidade da jurisdição. 4. Ex positis, suspendem-se os efeitos da medida liminar proferida nos autos do HC 191.836, até o julgamento do respectivo writ pelo órgão colegiado competente, consectariamente determinando-se a imediata PRISÃO de ANDRÉ OLIVEIRA MACEDO ("André do Rap"). 5. Tese fixada no julgamento: "A inobservância da reavaliação prevista no parágrafo único do artigo 316 do Código de Processo Penal (CPP), com a redação dada pela Lei 13.964/2019, após o prazo legal de 90 (dias) [...].

No presente caso, com uma só tacada, o STF tratou de dois temas bastante polêmicos. O primeiro se refere à competência horizontal admitida do Presidente do Tribunal (STF) que cassou os efeitos da decisão proferida pelo Ministro Marco Aurélio e, a segunda é referente à possibilidade de utilização do remédio da suspensão de segurança, de natureza cível, aos procedimentos criminais. Este tema será objeto de comentário próprio no item 3.9 deste capítulo III.

3.8.9 Direito local – incompetência do STJ e STF

A competência para processar e julgar o incidente de suspensão de segurança nos tribunais de cúpula (STJ e STF) é delimitada pela competência recursal decorrente do recurso especial e do extraordinário, respectivamente. O raciocínio é o seguinte: caso o recurso cabível contra a decisão cuja eficácia se pretenda suspender por meio do incidente seja o r. especial então a suspensão de segurança será endereçada para o Presidente do STJ, e, para o STF quando a decisão seja desafiável pelo recurso extraordinário.

Desta forma, não parece haver dúvida que se não há possibilidade de interposição de recurso extraordinário ou especial, não haverá também competência para processar e julgar o incidente de suspensão de segurança. É desta equação lógica que nasceu a jurisprudência do Superior Tribunal de Justiça quando salienta que o Presidente do STJ não possui competência para a suspensão de segurança quando o objeto da suspensão é a execução de uma decisão judicial calcada em uma lei estadual ou municipal, simplesmente porque nesta hipótese nem sequer seria cabível a utilização do recurso especial.

CAPÍTULO 03 • REQUISITOS DE ADMISSIBILIDADE DO INCIDENTE DE SUSPENSÃO DE SEGURANÇA **69**

(...) 1. Pedido de suspensão requerido pelo município para sustar o efeito suspensivo ativo concedido em agravo de instrumento que culminou em determinação para restaurar a estrutura do gabinete do vice-prefeito.

2. A parte requerente não demonstrou, de modo preciso e inequívoco, a alegada grave lesão à suscitada ordem administrativa, tampouco ficou demonstrado de que forma a manutenção da decisão impugnada causa caos à administração pública ou mesmo enseja colapso nas suas contas capaz de inviabilizar as atividades municipais.

3. Indispensável para a comprovação de grave lesão o demonstrativo analítico do colapso nas contas, ou seja, a possibilidade de o cumprimento imediato da decisão inviabilizar as funções estatais, o que efetivamente não ficou demonstrado, limitando-se as alegações a suscitar as dificuldades para implementação do decisum.

4. Inviável o exame do acerto ou do desacerto da decisão cujos efeitos a parte busca sustar, sob pena de transformação do pedido de suspensão em sucedâneo recursal e de indevida análise de argumentos jurídicos que atacam especificamente os fundamentos da decisão recorrida.

5. Nos moldes traçados pela municipalidade, o acolhimento da tese de que inexiste ilegalidade no decreto, porquanto editado nos moldes estabelecidos da lei complementar, demandaria incursão na legislação local, o que escapa do campo de competência do STJ e inviabiliza a concessão da liminar.

Agravo interno improvido. (AgInt na SLS 2.793/MT, Rel. Ministro HUMBERTO MARTINS, CORTE ESPECIAL, julgado em 16/12/2020, DJe 18/12/2020).

(...) 1. A suspensão de liminar é medida excepcional de contracautela cuja finalidade é evitar grave lesão à ordem, à saúde, à segurança ou à economia públicas (Leis n. 8.038/1990, 8.437/1992, 9.494/1997 e 12.016/2009).

2. Afasta-se a competência do Superior Tribunal de Justiça para apreciar pedido de suspensão se a questão discutida no feito originário refere-se a direito local – inconstitucionalidade de lei estadual.

3. Agravo interno desprovido. (AgInt na SLS 2.557/SP, Rel. Ministro João Otávio de Noronha, Corte Especial, julgado em 07/04/2020, DJe 16/04/2020).

Da mesma forma, pelo mesmo raciocínio, não existiria competência para processar e julgar o incidente de suspensão de segurança no STJ, quando a decisão cuja execução se pretenda suspender verse, exclusivamente, sobre matéria constitucional, caso em que a suspensão só poderia ser endereçada ao Presidente do STF. Muitas vezes, o legitimado que se utiliza do instituto não tem esta percepção e será preciso que o Presidente do Tribunal reconheça a sua incompetência extinguindo o incidente. Não será caso de *remessa* para o órgão supostamente competente, porque não se trata de mesma competência horizontal.

Um outro lembrete é importante. Ainda que o recurso especial ou extraordinário interposto tenha sido inadmitido no juízo de origem, isso não significa, por si só, que não poderá ser utilizado o pedido de suspensão de segurança, pois para processamento do incidente é necessário que esta estado de pendência do processo principal, ou seja, que contra a decisão de inadmissibilidade tenha sido oferecido o recurso de agravo (art. 1042) e ainda penda de julgamento o recurso endereçado ao órgão competente, que será o mesmo que apreciará o pedido de suspensão já interposto ou a interpor.

3.9 LEGITIMIDADE

3.9.1 A legitimidade da pessoa jurídica de direito público

Todas as leis que preveem o incidente em tela são unânimes em admitir a pessoa jurídica de direito público como legitimada a postular o requerimento de suspensão de execução[35]. Aliás, como já houve oportunidade de demonstrar nesta mesma segunda parte, a legitimidade desses entes está presente desde a origem legislativa do instituto no Brasil.

Logo, não é parte legítima para requerer a suspensão de liminar a pessoa jurídica de direito privado, salvo se estiver *"no exercício de função delegada pelo Poder Público e evidente o interesse público envolvido decorrente da prestação do serviço delegado, como as concessionárias e permissionárias de serviço público"*.

> (...) 3. Segundo o entendimento jurisprudencial pacificado do Superior Tribunal de Justiça e do Supremo Tribunal Federal, deve ser reconhecida a legitimidade ativa ad causam das pessoas jurídicas de direito privado, desde que no exercício de função delegada pelo Poder Público e evidente o interesse público envolvido decorrente da prestação do serviço delegado, como as concessionárias e permissionárias de serviço público. (...) (AgRg na PET nos EDcl no AgRg na SS 2.727/DF, Rel. Ministra Laurita Vaz, Corte Especial, julgado em 21/08/2019, DJe 04/11/2019).

Entretanto, não basta ser uma pessoa jurídica de direito privado permissionária ou concessionária de serviço público para estar presente sua legitimidade na postulação do incidente, pois é preciso que demonstre que naquele caso concreto pretenda a tutela do interesse primário.

> (...) 1. No caso, foi afastada a legitimidade da Requerente, pessoa jurídica de direito privado, para formular o pedido de suspensão, ao entendimento de que, a despeito de ser concessionária de direito minerário, na execução de plano de recuperação ambiental, não atua como agente do Poder Público, pois defende interesse estritamente particular.
>
> 2. Ausente, portanto, a impugnação específica da ilegitimidade ativa da Requerente para propositura do pleito suspensivo, é inviável o conhecimento do presente agravo interno, nos termos da Súmula 182/STJ e do art. 932, inciso III, do Código de Processo Civil, uma vez que remanesce íntegro fundamento suficiente por si só para manutenção da decisão agravada.

---

35. "Sendo faculdade privativa da pessoa jurídica de direito público interessada, cuja honra se diz atacada, mesmo em se tratando de juiz federal, que se considere ofendido em razão do seu ofício" (AgRg em SS, *DJ* 06.08.1993, p. 14.901). No tocante a ilegitimidade do particular para requerer a suspensão de segurança assim disse, recentemente o STJ: "O particular, tanto mais quando na defesa de interesses próprios, não possui legitimidade para ajuizar pedido de suspensão, mesmo quando objetiva o restabelecimento de medida anteriormente concedida (efeito ativo)" (AgRg na Pet 1827/RJ, *DJ* 22.09.2003, p. 248, *RSTJ*, vol. 172, p. 41). Todavia, acredita-se que concessa máxima vênia, de forma incorreta, tanto o STJ, como o STF têm reconhecido a legitimidade de prefeito municipal para o ajuizamento do pedido de suspensão quando buscar sustar os efeitos da decisão que o afastou do cargo (AgRg na SL 9/PR, *DJ* 26.09.2005, p. 158, AgRSS 444, RTJ 141/380). Observando que o STF reconhece a mesma legitimidade ao Procurador-Geral junto ao Tribunal de Contas do Estado, para requerer a suspensão de liminar que implicou o seu afastamento do exercício da função (Pet 2225 AgR, j. 17.10.2001).

CAPÍTULO 03 • REQUISITOS DE ADMISSIBILIDADE DO INCIDENTE DE SUSPENSÃO DE SEGURANÇA

3. Agravo interno não conhecido. (AgInt na SLS 2.274/MG, Rel. Ministra Laurita Vaz, Corte Especial, julgado em 06/12/2017, DJe 06/02/2018). SL 274 Extn-AgR; Órgão julgador: Tribunal Pleno; Relator(a): Min. Dias Toffoli (Presidente); Julgamento: 16/06/2020; Publicação: 14/07/2020.

(...) 1. Empresa concessionária de serviço público detém legitimidade para postular, em nome próprio, a suspensão de ordem judicial que atinja sua esfera de interesses, sempre tendo em vista a presença dos requisitos legais inerentes a esse tipo de pretensão (...).

Vale dizer, ainda, que pouco importa se a pessoa jurídica já tenha sido parte no processo. Nada impede que tal incidente seja o primeiro momento de intervenção deste terceiro que até então não participara do feito. Claro que, a partir do momento em que é admitido o seu ingresso, deixa a condição de terceiro prejudicado e passa a ser mais um sujeito no processo.

Agravo interno em suspensão de liminar e de sentença.

Administrativo. Imissão na posse. Bens reversíveis. Decisão impugnada que impede a execução de contrato de prestação de serviço de abastecimento de água e esgoto municipal. Grave lesão à ordem e à saúde públicas. Interesse público manifesto. Análise da legalidade do certame licitatório. Mérito da controvérsia. Agravo interno desprovido.

1. Concessionária de serviço público em defesa de interesse da coletividade tem legitimidade para formular pedido de suspensão.

2. Na legislação que trata do pedido suspensivo, não há exigência de que o requerente seja parte na ação originária.

3. Comprovada a grave lesão à ordem e à saúde públicas, é manifesto o interesse público em suspender a decisão impugnada.

4. A análise do mérito da causa originária não é de competência da presidência de tribunal, salvo se relacionado com os requisitos da própria via suspensiva, sob pena de transformação do instituto da suspensão de segurança em sucedâneo recursal.

5. Agravo interno desprovido.

(AgInt na SLS 2.487/SC, Rel. Ministro João Otávio De Noronha, Corte Especial, julgado em 25/08/2020, DJe 27/08/2020).

É de se dizer que também terão legitimidade para postular o incidente alguns entes despersonalizados (sem personalidade jurídica), mas com personalidade judiciária, desde que sejam entes representativos do interesse público que se visa tutelar. Assim, *v. g.*, as Câmaras Municipais terão legitimidade para postular a suspensão de segurança:

SL 112 AgR – Órgão julgador: Tribunal Pleno

Relator(a): Min. Ellen Gracie (...) 2. A jurisprudência do Supremo Tribunal Federal é firme no sentido de se reconhecer a legitimidade da Assembleia Legislativa para requerer suspensão quando a decisão impugnada constitua óbice ao exercício de seus poderes ou prerrogativas (SS 300-AgR/DF, rel. Ministro Néri da Silveira, Plenário, DJ 30.4.1992; SS 936-AgR/PR, rel. Ministro Sepúlveda Pertence, Plenário, DJ 23.02.1996 e SS 954/PR, rel. Ministro Celso de Mello, DJ 05.12.1995).

(...) 1. Admissível o pedido de suspensão no caso, uma vez que a decisão impugnada, ao reconduzir o Prefeito ao cargo, atingiu interesses do poder público, ou seja, da edilidade local. 2. A Câmara Municipal, agindo na defesa de suas prerrogativas, tem legitimidade para formular o pedido de suspensão. 3. Presentes os requisitos legais, a suspensão de liminar tem cabimento em qualquer momento antes do trânsito em julgado da decisão concessiva ou da sentença.; (...) (AgRg na SLS 618/GO, Rel. Ministro Barros Monteiro, Corte Especial, julgado em 19/12/2007, DJ 11/02/2008, p. 1).

Exatamente por isso, com acerto, o Ministro Marco Aurélio Mello ao dizer que:

(...) cumpre reconhecer, ainda, de outro lado, que, em tema de suspensão de segurança, assiste plena legitimidade ativa ad causam à Câmara Municipal para requerer a medida de contracautela a que se refere o art. 4.° da Lei 4.348/1964[36], sempre que esse órgão estatal alegar que o ato decisório questionado – deferimento da liminar mandamental ou concessão do próprio mandado de segurança – reveste-se de eficácia inibitória de qualquer das funções institucionais atribuídas ao Poder Legislativo local: função legislativa, função fiscalizadora e função representativa[37].

Por outro lado, como não poderia deixar de ser, inadmite-se a legitimidade da pessoa física para postular a suspensão de segurança:

(...) 2. A ordem jurídica vigente não outorga legitimidade ativa ad causam a pessoas físicas para o ajuizamento de suspensão de liminar, sendo inadmissível, desse modo, a ampliação do rol de legitimados para albergá-las, pois além de dar ao instituto da contracautela a feição de sucedâneo recursal, empresta-lhe alargamento hermenêutico em contraposição à teleologia que o informa, destinado que é à salvaguarda do interesse público primário, e não à defesa de interesses particulares travestidos. (...) SL 1430; Órgão julgador: Tribunal Pleno; Relator(a): Min. Rosa Weber (Vice-Presidente); Julgamento: 12/05/2021;

Agravo regimental. Embargos de declaração não conhecidos.

Ilegitimidade recursal. Suspensão de liminar e de sentença indeferida em juízo de reconsideração. Agravo regimental anterior acolhido.

– A pessoa física ou jurídica de direito privado, salvo as exceções consagradas na jurisprudência (concessionárias de serviço público na defesa do interesse público), não tem legitimidade para interpor recurso contra a decisão que, mesmo em juízo de reconsideração, indefere o pedido de suspensão formulado pelo ente público, sob pena de subverter o instituto da suspensão.

Agravo regimental improvido.

(AgRg nos EDcl no AgRg na SLS 1.044/DF, Rel. Ministro Cesar Asfor Rocha, Corte Especial, julgado em 16/06/2010, DJe 03/08/2010).

3.9.2 A legitimidade do Ministério Público

Com relação ao Ministério Público, não se encontram dificuldades em sempre admiti-lo como legitimado a requerer o incidente nas hipóteses em que ele seja possível, a despeito de, antes da previsão expressa no art. 15 da Lei 12.016/2009 (que revogou o art. 4.° da Lei 4.348/1964), apenas a Lei 8.437/1992 e o art. 25 da Lei 8.038/1990 (quando menciona a legitimidade do Procurador-Geral da República) o terem arrolado como legitimado para tanto. A conclusão é lógica e parte da premissa constitucional do art. 127 da CF/1988.

---

36. Atual art. 15 da Lei 12.016/2009.
37. STF, SS 2230/AM, rel. Min. Marco Aurélio, *DJ* 03.06.2003.

CAPÍTULO 03 • REQUISITOS DE ADMISSIBILIDADE DO INCIDENTE DE SUSPENSÃO DE SEGURANÇA | **73**

Se os bens tutelados pelo incidente fazem parte do interesse público, e o art. 127 da CF/1988 colocou o Ministério Público como guardião desses mesmos interesses, outorgando-lhe legitimidade para promover ações civis com esse caráter (art. 129), não seria lógico que não se lhe fosse permitida a legitimidade[38] para o incidente de requerimento de suspensão da execução da medida potencialmente causadora de lesão ao interesse público, mesmo que ainda não tenha sido sujeito no processo.[39]

Destarte, também não pode ser olvidada a necessária participação do MP como *custos legis* no procedimento incidental, seja antes, seja depois de concedida a medida, todas as vezes que não tenha ele mesmo requerido a suspensão.

Em relação aos Tribunais Superiores, vale observar que, a despeito da legitimidade do Ministério Público para atuar no pedido de suspensão de segurança, como membro uno e indivisível, aos seus membros é vedado atuar fora dos limites de suas atribuições. Sendo assim, conforme o art. 37 da Lei Complementar 75/1993 e o art. 61 do Regimento Interno do STJ, as funções do Ministério Público Federal junto ao Superior Tribunal de Justiça "somente poderão ser exercidas por titular do cargo de Subprocurador-Geral da República" (art. 47, § 1.º). Dessa maneira, tem-se que o foro natural de atuação dos Subprocuradores-Gerais da República é mesmo – e sempre – o Superior Tribunal, não lhes faltando, pois, competência ou legitimidade para requerer a drástica medida perante a Corte na qual tem assento[40].

De tal modo, ainda dentro do tópico da legitimidade, poder-se-ia indagar como poderia ser identificado o correto legitimado para postulação do incidente, ou seja, *v. g.*, num caso hipotético, por que o Município e o próprio hospital (fundação pública) e não a União é que têm legitimidade para postular o incidente de suspensão de execução da decisão proferida em liminar na ação de mandado de segurança que impediu a liberação de verba municipal para abastecimento do único hospital no Município? Ou, em sentido inverso, apelando para o extremo, mas apenas para esclarecer, seria ilógico imaginar a referida fundação pública postulando a suspensão de execução de liminar concedida em mandado de segurança para impedir processo licitatório de construção de estrada que ligasse dois Estados de outra região.

---

38. Isso porque, conforme anteriormente mencionado, antes da atual previsão do art. 15 da Lei 12.016/2009, que prevê de modo expresso a legitimidade do *Parquet*, tanto o anterior art. 13 da Lei 1.533/1951, bem como o art. 4.º da Lei 4. 348/1964 eram omissos em relação a sua legitimidade e apenas a Lei 8.437/1992 e o art. 25 da Lei 8.038/1990 a previam.

39. Pela unidade da instituição do MP não se veem óbices para que o MP federal possa requerer a medida na justiça estadual e vice-versa, já que a lei não delimita tal atuação.

40. AgRg na SS 1410, *DJ* 29.08.2005. Nesse sentido, o STJ decidiu, por unanimidade: "... não se pode confundir o ato de recorrer para um Tribunal com o de atuar na própria Corte e que da mesma forma que um agente de primeiro grau do Parquet não pode sustentar oralmente uma apelação, interpor recurso especial ou opor embargos de declaração em segundo grau, um Procurador de Justiça ou, ainda, um Procurador Regional da República não pode, sem designação legalmente prevista, atuar na Corte Superior como se fosse Subprocurador-Geral da República" (ERESP 2166721/SP, 3.ª Seção, rel. Min. Felix Fischer, *DJ* 16/10/2000).

Conquanto possam existir situações que justifiquem a atuação litisconsorcial de sujeitos legitimados à postulação do incidente, pelo fato de que a dimensão difusa do interesse público possa *interessar* à atividade de mais de uma das pessoas jurídicas de direito público, mostrando-se, pois, mais de uma pessoa como legitimada à postulação do incidente, é bem verdade que há casos em que isso pode não ocorrer, e, no caso concreto, o que permitirá distinguir se é legítima apenas *essa ou aquela* pessoa, ou até mesmo se *ambas* ou *todas* elas são, é a posição do legitimado diante de seu interesse jurídico. Neste particular, embora incomum é perfeitamente possível que a própria Defensoria Pública, desde que esteja na defesa de suas funções institucionais e no ambiente de suas prerrogativas, pode valer-se da suspensão de segurança para tal mister.

> SL 866 AgR-ED; Órgão julgador: Tribunal Pleno; Relator(a): Min. Dias Toffoli (Presidente) Julgamento: 20/11/2019; Publicação: 18/12/2019; EMENTA Embargos de declaração no agravo regimental na suspensão de liminar. Legitimidade da Defensoria Pública. Ausência de requisitos legais para a oposição do recurso. Embargos rejeitados com imposição de multa. 1. A Defensoria Pública tem a garantia de estar em juízo para defesa de suas prerrogativas e funções institucionais, não se mostrando necessário, nessa hipótese, que sua representação judicial fique a cargo da Advocacia-Geral da União. 2. Inexistência de quaisquer dos vícios do art. 1.022 do CPC. 3. Embargos de declaração rejeitados. 4. Por se tratar de recurso manifestamente protelatório, impõe-se ao embargante multa de 1% (um por cento) do valor corrigido da causa, nos termos do art. 1.026, § 2º, do Código de Processo Civil.

Assim, dizer que os dispositivos legais das diversas leis que cuidam do tema aludem à exigência de que a pessoa jurídica de direito público deve ser *interessada* no requerimento de suspensão de execução da decisão judicial, significa dizer que deve haver um liame estabelecido entre o interesse público que ela protege e que tem o dever institucional de zelar, com a decisão cuja execução pretende que seja suspensa.

Esse interesse jurídico, na verdade, nada mais é do que a afetação ou provável afetação pela decisão cuja execução se pretende suspender. Partindo dessa premissa; então, verifica-se que é justamente isso que nos permite identificar se a pessoa jurídica de direito público requerente da medida é ou não "titular" do interesse e, por isso, também legítima. Isso porque, se o interesse jurídico está intimamente ligado à posição de "titularidade" do sujeito, na medida em que se é afetado ou se vai ser atingido pela execução da decisão posta em juízo, é porque possui uma ligação de "titularidade" com o bem atingido pela decisão, que pode ou não coincidir com o bem da vida discutido em juízo. É justamente dessa posição ou situação de "titularidade" que a legitimidade para postulação do incidente *também* pode ser aferida.

> Utilizamos aspas nas linhas acima todas as vezes que falamos em titularidade do interesse público porque, em verdade, o que o ente público, por um lado, possui, não é a sua titularidade nos moldes tradicionais colocados pelo art. 99 do Código Civil, segundo a clássica divisão entre bem público e privado. Por outro lado, possui, sim, o domínio eminente, a administração, a função gestora, já que a titularidade pertence ao povo, titular existente, mas indeterminável. Nesses casos de suspensão de execução de pronunciamento judicial, a finalidade é tutelar a saúde, a economia

CAPÍTULO 03 • REQUISITOS DE ADMISSIBILIDADE DO INCIDENTE DE SUSPENSÃO DE SEGURANÇA **75**

e a ordem públicas, típicos casos de interesses difusos, que, embora não sejam do Estado, este possui o dever de administrar para o seu titular: o povo. Quando esse dever tocar especificamente àquelas pessoas jurídicas é que podemos dizer que são interessadas e, partindo dessa relação gestora que possuem, assumem, também, a posição de legitimadas.

Portanto, como foi dito, nada impede que a execução da decisão legitime mais de uma pessoa jurídica de direito público, desde que elas possuam posição legitimante diante do interesse público atingido pela decisão. Assim, poder-se-ia dizer que a legitimidade da pessoa jurídica de direito público, para postular o incidente de suspensão de execução, decorre do nexo de interdependência existente entre a sua esfera jurídica e a decisão proferida que se pretende executar, de modo a colocá-la numa posição de legitimidade para proteger dito interesse a ser afetado.

Aliás, com vista a endossar o exposto, analisa-se agora a legitimidade do Ministério Público para postular a suspensão de execução da decisão. Perceba-se que, quando o legislador infraconstitucional legitimou o Ministério Público (art. 15 da Lei 12.016, art. 4.º da Lei 8.437/1992 e art. 25 da Lei 8.038/1990) para requerer a medida suspensiva da execução, ele não mencionou, por óbvio, que o membro do *parquet* deveria ser *interessado*, como o fez com relação às pessoas jurídicas de direito público.

A razão óbvia disso é que a legitimidade do *parquet*, qual seja, a sua posição relacional legitimante para com o interesse público a ser atingido, decorre de regra constitucional (art. 127) e institucional de sua existência, motivo pelo qual, embora não sendo "titular" do interesse público, também é legitimado *ex vi legis* para tanto. Portanto, conforme dito, a legitimidade não pode ser aferida exclusivamente pela "titularidade" e menos ainda pela "afetação da decisão", primeiro, porque o *parquet* não é titular do interesse público, segundo, porque a legitimidade não se confunde com a afetação da esfera jurídica (*interesse jurídico*)[41], mas resulta da posição da pessoa em face do interesse aviltado, e, terceiro, que, embora legitimado no incidente, seria incorreto falar-se em *Ministério Público interessado* porque, de fato, interesse jurídico de afetação pela decisão ele não possui, mas, ratificando, nem por isso lhe falece legitimidade para postular a medida porque a própria lei o coloca nessa posição relacional com o bem.

Como dissemos, legitimidade não se confunde com interesse jurídico, embora seja possível a partir deste último também aferir o primeiro. A legitimidade é a posição, a situação que liga a pessoa à coisa. Essa ligação pode se dar em razão da afirmação de titularidade desse bem ou em razão de a lei ter promovido essa posição, mesmo sabendo que não haveria a titularidade. Assim,

---

41. Com habitual acerto, Barbosa Moreira separa, do ponto de vista dogmático, o interesse da legitimidade, quando comenta o art. 499 (atual 996) do CPC. "*No plano dogmático, há que se distinguir entre legitimação para recorrer e o interesse para recorrer, de que o texto legal cuida promiscuamente. A legitimação do terceiro, na verdade, pressupõe o prejuízo que lhe tenha causado a decisão, e implica, pois, a existência de um interesse na remoção desse prejuízo. Tal circunstância não impede, porém, que se preserve a distinção conceptual entre os dois requisitos, ao contrário do que preconiza certa corrente doutrinária, que, de modo explícito ou implícito, se recusa a enxergar entre ambos qualquer diferença, ou nega a autonomia ao requisito do interesse em recorrer, visto sempre como simples fundamento ou razão de ser da legitimação*". (Comentário ao Código de Processo Civil, vol. V, p. 288).

o interesse jurídico é mecanismo correto, porém, insuficiente para verificação da existência de posição legitimante da pessoa, já que a lei poderá outorgar, concorrentemente, à pessoa diversa da titular apenas a posição legitimante de postulação em juízo. É o que se passa no caso em tela, ou seja, a pessoa jurídica de direito público legitimada é aquela que possui uma posição legitimante diante do interesse público gravemente afetado pela decisão que pretende suspender a execução. Já o Ministério Público possui a sua legitimidade a partir do que determina a lei constitucional que o coloca como guardião natural desses interesses públicos (art. 127 da CF/1988).

Depois de tudo quanto foi exposto, vê-se que legitimidade, interesse jurídico e interesse processual são elementos distintos, embora próximos uns dos outros.

O interesse jurídico é de natureza primária e pressupõe a existência do interesse secundário, processual, nascente do aviltamento do primeiro. Este interesse processual integra o juízo de admissibilidade do julgamento do incidente, de modo que existirá o dito interesse se o meio processual for a um só tempo útil e necessário. O interesse em utilizar o incidente pressupõe a necessidade deste para o atingimento do resultado prático que o recorrente tem em vista, e, sob o prisma da utilidade, que o resultado a ser obtido possa trazer vantagem prática, no sentido de ser útil ao requerente[42].

3.9.3   A Legitimidade do agente político afastado

Nos termos do artigo 20, parágrafo único da Lei 8429/92, permite o legislador que a autoridade judicial ou administrativa competente possa determinar o afastamento do agente público do exercício do cargo, emprego ou função, sem prejuízo da remuneração, quando a medida se fizer necessária à instrução processual.

O afastamento, mencionado no artigo anterior, é de natureza cautelar, provisório, visa obter elementos probatórios necessários à instrução processual. Tratando-se de afastamento de agente público que exerce mandato político (agente político), é preciso equilibrar este dispositivo com os ditames do *caput* do próprio artigo 20 que diz que a perda da função pública e a *suspensão dos direitos políticos só se efetivam com o trânsito em julgado da sentença condenatória*, ou seja, o deferimento do afastamento ou a sua prorrogação não pode representar uma interferência indevida no mandato eletivo a ponto de ofender a democracia representativa obtida pelo sufrágio. Em outros termos, não é possível fazer do *afastamento cautelar* uma *perda do mandato* do agente político.

> Esta afirmação precisa ser interpretada com a devida cautela, pois, o afastamento cautelar deve ter seu tempo medido em relação a cada ação de improbidade, de forma que se o agente político for réu de inúmeras ações de improbidade, cada uma por fato autônomo e diverso, e houver afastamento em cada uma destas hipóteses, não poderá de forma alguma "somar os prazos" para

---

42. O interesse jurídico que justifica o pedido de suspensão é o interesse público primário, e não o secundário. Acaso o Poder Público ou o Ministério Público usem o instituto para obter a sustação da eficácia de decisão judicial com vistas a defesa de interesse secundário, este deverá ser, pelo mérito, julgado improcedente, como visto alhures.

alegar que já teria sido afastado tempo acima do suficiente para a referida instrução. Não é como deve ser. Nestas hipóteses de inúmeras demandas de improbidade, cada afastamento refere-se a uma situação particular e específica que justifica a coleta do material probatório, e, como tal, o "limite temporal do afastamento" só deve ser aplicado em relação a cada ação de improbidade.

Tratando-se de hipótese de tutela provisória de urgência cautelar não penal (instrução processual), ela se submete à disciplina subsidiária do artigo 294 e ss.do CPC, bem como ao que determina o artigo art. 1.059 do mesmo diploma processual que determina que à tutela provisória requerida contra a Fazenda Pública se aplica o disposto nos arts. 1º a 4º da Lei no 8.437, de 30 de junho de 1992, e no art. 7º, § 2º, da Lei no 12.016, de 7 de agosto de 2009.

Nestes termos, considerando de um lado a necessidade do afastamento cautelar para instrução da ação de improbidade e, de outro, a necessidade de preservar o mandato político evitando que a tutela provisória implique uma sanção definitiva de perda dos direitos políticos (que só poderia advir com o transito em julgado da decisão), muitos agentes políticos têm lançado mão, com sucesso, da suspensão de liminar do artigo 4º da Lei 8437, sob argumento de que o seu afastamento implica risco de grave lesão ao interesse público, devendo ser suspensa a eficácia da decisão liminar.

Acredita-se que, para que se possa deferir a suspensão de segurança numa situação como esta, é preciso reconhecer, primeiro, se o agente político tem *legitimidade para requerer e obter o incidente de suspensão de liminar ou sentença*.

A resposta é positiva, alterando posição defendida anteriormente.

O Superior Tribunal de Justiça já sedimentou pelo reconhecimento da legitimidade do agente político com mandato eletivo.

> 1. O STJ possui entendimento de se reconhecer a legitimidade ativa de agente político para ajuizar pedido de suspensão de liminar e de sentença com o objetivo de sustar os efeitos de decisão que o afastou do cargo. 2. O afastamento de vereador por prazo superior a 2 anos não se justifica diante da ausência de provas suficientes de que o retorno ao exercício do cargo representaria risco à instrução da ação de improbidade administrativa. Agravos internos improvidos. (AgInt na SLS 2.698/SP, Rel. Ministro HUMBERTO MARTINS, CORTE ESPECIAL, julgado em 01/02/2021, DJe 04/05/2021).

O acerto da tese passa pela compreensão do direito material eleitoral. Aquele que exerce um mandato eletivo não está ali para defender seus interesses privados, senão porque é mandatário de uma coletividade que o elegeu por meio de um sufrágio popular. O titular do *cargo eletivo* não é a pessoa física do sujeito que encarna o agente político, mas sim o *eleito* e o *partido* pelo qual ele foi eleito, de forma que apenas nesta condição é que poderia realizar o pedido de suspensão de liminar ou sentença. O objeto do pedido de suspensão deve estar diretamente relacionado com os valores e interesses que persegue em prol da coletividade que ele representa por meio do voto. Não é por acaso que o *candidato*, enquanto participa do pleito eleitoral tem CNPJ[43], tem, inclusive, legitimidade para a propositura de demandas eleitorais, tais como ação de captação ilícita de sufrágio, ação de impugnação de mandato eletivo, ação de investigação judicial eleitoral etc.

> Importante perceber a fundamental diferença entre o titular de mandato eletivo e o servidor público comum afastado do cargo por decisão judicial. Apenas o primeiro é mandatário político e, nesta condição, assume uma condição de ente autônomo em relação a pessoa física que ele encarna. O agente público afastado do cargo é *pessoa física* e não tem legitimidade para postular a suspensão de segurança. Com acerto o STJ, no voto do Min. João Otávio Noronha ao dizer que *"como salientado na decisão embargada, a legitimidade ativa para formular pleito suspensivo está atrelada à defesa do interesse público e, no caso dos agentes políticos, decorre, entre outras condições, da natureza política do cargo ocupado. Na espécie, o embargante não é parte legítima para formular o presente pedido suspensivo, pois não é detentor de mandato eletivo. Como visto, o embargante é servidor público (contador) da Câmara Legislativa do Município de Pereira Barreto, e não agente político, e se utiliza da via suspensiva, como se recurso fosse, em defesa de interesse particular, e não público, buscando o retorno ao cargo em comento"* (EDcl na SLS 2695).

Se em razão deste afastamento do agente político, afigura-se tal risco de grave lesão, ele deve ser equiparado à pessoa jurídica de direito público interessada para requerer o pedido de suspensão, pois não pode ficar à mercê da atuação da pessoa jurídica de direito público que pode estar movida por interesses políticos desconectados com o interesse público primário.

O pedido de suspensão de liminar deve ser aviado apenas e tão somente para proteger o interesse público do risco de grave lesão à economia, à saúde, à segurança e à ordem pública. O afastamento cautelar do agente político para instrução da ação de improbidade que eventualmente desborde desta *função provisória cautelar* e submeta o agente político, mandatário do poder popular, ao risco de ver o mandato eletivo ser consumidor pela referida medida, só poderá valer-se do pedido de suspensão de segurança se estiver *cabalmente* demonstrado que o seu afastamento realmente implica grave lesão ao interesse público, ou seja, é preciso perquirir se o interesse público que afirma estar do seu lado efetivamente existe ou se está presente no seu afastamento.

Assim, por exemplo, se deste afastamento cautelar de um prefeito ocorreu uma comoção local muito grande com greves, paralisações, rixas e, portanto, um *risco de grave lesão à ordem pública* estaria em tese configurada a presença dos requisitos de cabimento da medida, tendo a legitimidade para postular a medida, pois na condição de *agente político* é ente autônomo e diverso da pessoa física que ele encarna. Na condição de detentor do mandato político, representante de uma coletividade pelo sufrágio popular, poderá, com ou sem litisconsórcio do ente público, pleitear a medida excepcional.

---

43. O *candidato* é considerado como entidade autônoma em relação ao indivíduo (pessoa física), daí porque deve ter um CNPJ para prática de atos de arrecadação e gastos de campanha que deverão ser objeto de prestação de contas perante a justiça eleitoral. A respeito ver Marcelo Rodrigues; Flávio Jorge; Ludgero Liberato. *Curso de direito eleitoral*. 3. ed. Salvador Podivm, 2020, p. 324 e ss.

CAPÍTULO 03 • REQUISITOS DE ADMISSIBILIDADE DO INCIDENTE DE SUSPENSÃO DE SEGURANÇA

3.10 SUSPENSÃO DE SEGURANÇA EM PROCEDIMENTO CRIMINAL

Não se tem dúvida que é de natureza cível a legislação que trata do regime jurídico do incidente de suspensão de segurança, seja em mandado de segurança (Lei 12.016 e art. 25 da Lei 8.038), seja ainda nos demais casos em que ela é admitida (art. 4 da Lei 8437, Lei de Ação Civil Pública, Lei de *Habeas Data*).

Firme nesta premissa, o Superior Tribunal de Justiça não admite o pedido de suspensão de segurança, valendo-se exatamente destes argumentos, ou seja, por ser remédio excepcional, previsto na legislação cível e não previsto na legislação penal, não se mostraria cabível a sua utilização fora das hipóteses estritas, previstas para referida legislação.

> (...) 1. Não é cabível o pedido de suspensão de liminar em procedimentos criminais. Precedentes do STJ. 2. A suspensão de liminar é medida excepcional de contracautela, cuja finalidade é evitar grave lesão à ordem, à saúde, à segurança ou à economia públicas (Leis n. 8.038/1990, 8.437/1992, 9.494/1997 e 12.016/2009). 3. A parte não pode utilizar-se da suspensão como sucedâneo recursal. Se a questão suscitada é eminentemente jurídica, a parte deve valer-se dos meios recursais colocados à sua disposição, e não da estreita via deste instituto. Agravo regimental improvido. (AgRg na SLS 2.717/PB, Rel. Ministro Humberto Martins, Corte Especial, julgado em 21/10/2020, DJe 26/11/2020).

> (...) 1. A Corte Especial do Superior Tribunal de Justiça firmou entendimento de que o cabimento de pedido de suspensão de segurança limita-se aos feitos de natureza cível, pois não há previsão legal para sua aplicação com a finalidade de sobrestar a execução de decisões proferidas no transcurso de procedimentos judiciais de índole penal.
>
> 2. É certo que, no âmbito do Supremo Tribunal Federal, já se decidiu que a medida de contracautela pode ser empregada para impugnar decisões em feitos criminais. Todavia, ainda segundo o Pretório Excelso, essa possibilidade limita-se a situações extraordinárias, fundadas no risco de grave lesão à segurança coletiva.
>
> 3. No caso, o Agravante busca retornar ao exercício de suas funções públicas – ou seja, visa precipuamente a tutelar seus interesses pessoais, e não à proteção dos habitantes da localidade. Dessa forma, não pode prosperar a pretensão de que seja afastado o posicionamento do STJ na matéria.
>
> 4. Agravo regimental desprovido.
>
> (AgRg na SLS 2.360/RJ, Rel. Ministra Laurita Vaz, Corte Especial, julgado em 06/06/2018, DJe 12/06/2018).

Certamente que outros argumentos poderiam ser lançados para defender a tese da inadmissibilidade do pedido de suspensão de segurança em matéria penal. O primeiro deles seria a lógica conclusão de que o correspondente penal do mandado de segurança é o remédio jurídico mais importante do nosso ordenamento jurídico, pois tutela a liberdade do indivíduo. De tal maneira, porque o *habeas corpus* presta-se à proteção da liberdade do indivíduo (art. 5º, LXVIII), pode ser utilizado sempre que alguém sofrer ou se achar ameaçado de sofrer violência ou coação em sua liberdade de locomoção, por ilegalidade ou abuso de poder. Desta forma, admitir o uso da *suspensão de segurança*, figura excepcional que não fulmina o acerto ou desacerto da decisão cuja eficácia se pretende suspender, seria colocar o remédio jurídico mais importante do ordenamento jurídico num patamar de inocuidade inaceitável.

Mas não é só, pois há casos em que, *excepcionalmente*, a sua utilização pode implicar *revisão ou reexame* de decisão judicial. Explica-se.

Como a suspensão de segurança tem por *objeto* suspender a execução de decisão judicial contra o Poder Público, com o *objetivo de evitar o risco de lesão à segurança, à ordem, à saúde e à economia públicas*, então há que se ter cuidado, porque *poderá haver* uma *função recursal* inaceitável e inadmissível deste remédio nas hipóteses em que suspender a *execução de decisão liminar em habeas corpus* que *tenha revogado a prisão preventiva do paciente por entender como ausentes os requisitos do art. 312 do CPP*.

Isso porque o art. 312 do Código de Processo Penal determina que:

> a prisão preventiva poderá ser decretada como *garantia da ordem pública, da ordem econômica*, por conveniência da instrução criminal ou para assegurar a aplicação da lei penal, quando houver prova da existência do crime e indício suficiente de autoria e de *perigo* gerado pelo estado de liberdade do imputado.

Segundo o art. 15 da Lei 12.016:

> Art. 15. Quando, a requerimento de pessoa jurídica de direito público interessada ou do Ministério Público e para evitar grave lesão à *ordem*, à saúde, à *segurança e à economia públicas*, o presidente do tribunal ao qual couber o conhecimento do respectivo recurso suspender, em decisão fundamentada, a execução da liminar e da sentença, dessa decisão caberá agravo, sem efeito suspensivo, no prazo de 5 (cinco) dias, que será levado a julgamento na sessão seguinte à sua interposição.

Bem se vê que a decisão judicial que *decreta a prisão preventiva*, e, que a *revoga* por meio de *habeas corpus, podem estar* calcadas na presença destes elementos: segurança, ordem e economia públicos. Isso significa que, nestas hipóteses, a decisão judicial deve interpretar o caso concreto e verificar se tais situações estão presentes.

Assim, por exemplo, se por meio de uma medida liminar proferida num *habeas corpus* revoga-se uma prisão preventiva por se entender que não mais existe o risco à segurança e ordem pública outrora existentes, então, corre-se o risco de que a suspensão de segurança veiculada para retirar a *execução* desse *habeas corpus* (impedir a libertação do paciente) funcione como recurso indevido, em desrespeito ao juiz natural, da decisão do writ que tutela a liberdade. Nesta específica situação, o juízo da suspensão de segurança será exatamente contrário à decisão que revogou a prisão preventiva.

O tema é certamente bem polêmico, até porque, como certeiramente disse a Ministra Laurita Vaz no julgado citado acima ratifica que "*é certo que, no âmbito do Supremo Tribunal Federal, já se decidiu que a medida de contracautela pode ser empregada para impugnar decisões em feitos criminais. Todavia, ainda segundo o Pretório Excelso, essa possibilidade limita-se a situações extraordinárias, fundadas no risco de grave lesão à segurança coletiva*".

CAPÍTULO 03 • REQUISITOS DE ADMISSIBILIDADE DO INCIDENTE DE SUSPENSÃO DE SEGURANÇA **81**

Em nosso sentir, a justificativa de que não é possível a utilização do instituto em matéria criminal apenas porque não está previsto na legislação penal é insuficiente, pois há muito se admite que se aplique subsidiariamente a legislação processual civil aos feitos criminais, seja por expressa permissão do art. 3º do CPP, seja pela interpretação elastecida do art. 15 do CPC. Há inúmeros exemplos de aplicação subsidiária deste Código (muito mais novo e pós constitucional – além de mais completo) tanto admitida na própria legislação processual penal, na doutrina e na jurisprudência.

> Alguém discordaria pela aplicação do art. 489, §1º do CPC devesse ser aplicado ao processo penal, tanto que foi copiado e transportado para o artigo 315 do CPC? Ou ainda os arts. 926 e 927? O incidente de Assunção de competência? O art. 10 que proíbe as decisões surpresa? O artigo 351 (réplica) ao processo penal?

Enfim, acredita-se que a utilização da suspensão de segurança em matéria penal é perfeitamente possível, com aplicação subsidiária da legislação processual civil aos feitos criminais, desde que, obviamente, se preserve a função, a excepcionalidade, os requisitos e a natureza do remédio.

Assim, parece absolutamente adequada a utilização da suspensão de segurança em matéria penal para suspender a execução de decisão judicial proferida no *habeas corpus* que determinou que o paciente "*retorne à unidade prisional onde cumpria inicialmente a pena*", pois se alegou que o retorno do preso ao Rio de Janeiro implicaria, naquele caso concreto, "*irreparável lesão à ordem e à segurança pública*".

> SL 453 MC Relator(a): Min. Cezar Peluso (Presidente) Julgamento: 25/11/2010; Publicação: 01/12/2010;
>
> DECISÃO: 1. Trata-se de pedido de suspensão de liminar formulado pelo Estado do Rio de Janeiro, com o objetivo de afastar os efeitos de decisão concessiva de habeas corpus proferida pela 5ª Câmara Criminal do Tribunal de Justiça do Estado do Rio de Janeiro (n. 0020102-92.2010.8.19.0000). A Ordem, impetrada por Patrick Salgado Souza Martins, foi deferida para que o apenado "retorne à unidade prisional onde cumpria inicialmente a pena, ou seja, Rio de Janeiro". Requer o Estado do Rio de Janeiro, em síntese, que o réu cumpra o restante da pena privativa de liberdade em presídio federal de segurança máxima (Mossoró), alega que seu retorno aos presídios do Rio de Janeiro causará irreparável lesão à ordem e à segurança pública. 2. É caso de liminar. Ante a razoabilidade jurídica da pretensão, fundada na invocação expressa do direito coletivo à segurança pública (art. 5º, *caput*, da CF) e na manifesta urgência da medida, justificável agora pelos atuais acontecimentos notórios que atingem gravemente a segurança pública do Estado ora requerente – o que, em si, constitui fato superveniente à racionalidade e ao contexto do acórdão do Tribunal de Justiça do Rio de Janeiro [...].

Igualmente, não se tem dificuldade em admitir a utilização do instituto da suspensão de segurança, quando em *habeas corpus* se concede a revogação da prisão preventiva tão somente por se ter passado o prazo de 90 dias sem ter ocorrido a revisão da necessidade de sua manutenção (art. 316, parágrafo único). É claro que é possível a suspensão de segurança nesta hipótese, inclusive pelo risco de efeito multiplicador que esta decisão pode causar. Foi o que se deu na SL 1395 MC-Ref/SP – São Paulo deferida pelo Ministro Luiz Fux:

Ementa: Pedido de suspensão de medida liminar. Procuradoria-geral da república. Art. 316, parágrafo único, do código de processo penal. Pacote anticrime (lei 13.964/2019). Competência do presidente do supremo tribunal federal para conhecer de pedido de suspensão de segurança. Contracautela. Presença dos requisitos para deferimento. Resguardo da jurisprudência do STF. Inexistência de revogação automática de prisão preventiva. Necessário exame de legalidade e de atualidade dos seus fundamentos. Resguardo da ordem pública e da segurança jurídica. Suspensão referendada. 1. O incidente de suspensão de liminar é meio autônomo de impugnação de decisões judiciais, de competência do Presidente do Tribunal ao qual couber o conhecimento do respectivo recurso. O deferimento da medida demanda demonstração de que o ato impugnado pode vir a causar grave lesão à ordem, à saúde, à segurança e à economia pública (art. 4°, caput, da Lei 8.437/1992 c/c art. 15 da Lei 12.016/2009 e art. 297 do RISTF). 2. *In casu*, tem-se pedido de suspensão ajuizado pela Procuradoria-Geral da República contra medida liminar concedida nos autos do *Habeas Corpus* 191.836/SP, no qual se determinou a soltura de André Oliveira Macedo ("André do Rap"), líder da organização criminosa Primeira Comando da Capital (PCC). 3. O risco de grave lesão à segurança e à ordem públicas revela-se patente, uma vez que (i) subsistem os motivos concretos que levaram à decretação e à manutenção da prisão preventiva do paciente; (ii) trata-se de agente de altíssima periculosidade comprovada nos autos; (iii) há dupla condenação em segundo grau por tráfico transnacional de drogas; (iv) o investigado compõe o alto nível hierárquico na organização criminosa denominada Primeiro Comando da Capital – PCC; (v) o investigado ostenta histórico de foragido por mais de 5 anos, além de outros atos atentatórios à dignidade da jurisdição. 4. Ex positis, suspendem-se os efeitos da medida liminar proferida nos autos do HC 191.836, até o julgamento do respectivo writ pelo órgão colegiado competente, consectariamente determinando-se a imediata prisão de André Oliveira Macedo ("André do Rap"). 5. Tese fixada no julgamento: "A inobservância da reavaliação prevista no parágrafo único do artigo 316 do Código de Processo Penal (CPP), com a redação dada pela Lei 13.964/2019, após o prazo legal de 90 (dias), não implica a revogação automática da prisão preventiva, devendo o juízo competente ser instado a reavaliar a legalidade e a atualidade de seus fundamentos.

A questão da exceção à *mesma competência horizontal* autorizadora da suspensão de segurança concedida no presente caso foi analisada no item 3.7.8 deste capítulo III.

Capítulo 04
MÉRITO DO INCIDENTE DE SUSPENSÃO DE SEGURANÇA: OS *FUNDAMENTOS* (DE DIREITO E DE FATO) E O *PEDIDO* NA SUSPENSÃO DE SEGURANÇA

4.1 INTROITO

Ultrapassados os requisitos de admissibilidade do incidente de suspensão de segurança – e não havendo o trânsito em julgado do processo principal – permite-se ao órgão competente passar ao exame das questões de mérito relativas à causa de pedir e ao pedido do incidente. Por divisão didática passam-se, primeiro, aos fundamentos de direito (hipóteses de cabimento) e, em seguida, aos fundamentos de fato. Logo depois, passa-se à análise do pedido de suspensão formulado ao órgão competente.

4.2 FUNDAMENTOS DE DIREITO: AS HIPÓTESES DE CABIMENTO

4.2.1 Introito

Como já foi dito anteriormente, o enquadramento jurídico do pedido de suspensão de segurança no direito brasileiro deve ser estudado da seguinte forma:

I. Regras da *suspensão de segurança* em sede de *mandado de segurança* que se bipartem em:

i. Regras para o incidente processual iniciado para suspender a eficácia de uma liminar ou sentença em primeiro grau de jurisdição que são reguladas pelo art. 15 da Lei 12.016 (que revogou o art. 4.º da Lei 4.348/1964, modificado sensivelmente pela MP 2.180-35);

ii. Regras para o incidente processual destinado a suspender decisão (liminar ou acórdão) proferida em única ou última instância pelos Tribunais Regionais ou dos Estados e Distrito Federal, que são reguladas pelo art. 25 da Lei 8.038/1990;

iii. Regras da suspensão de segurança nos demais casos (ação civil pública, tutela antecipada, tutela específica, medida cautelar, ação popular e *habeas data*) que são regulados pelo art. 4.º da Lei 8.437/1992.

A diversidade de regimes jurídicos decorre do fato de que nem todas as regras pertinentes ao pedido de suspensão em mandado de segurança são aplicáveis às demais situações em que o Poder Público tem contra si uma decisão provisória (tutela antecipada, específica, cautelar, sentença impugnada com recurso sem efeito suspensivo etc.) naquelas hipóteses previstas na legislação mencionada acima.

Essa "diversidade" envolve regras de competência, regras de duração da suspensão de segurança e até mesmo hipóteses de cabimento. Por isso, é imprescindível a análise autônoma de ambos os regimes jurídicos. Passam-se, então às hipóteses de cabimento.

4.2.2 Suspensão de segurança em mandado de segurança

4.2.2.1 Suspensão de decisão proveniente de juiz de primeiro grau de jurisdição (art. 15 da Lei 12.016)

4.2.2.1.1 Introito

O pedido de suspensão da liminar ou da sentença concedidas contra o Poder Público para evitar risco de grave lesão ao interesse público tem natureza de incidente processual, e, por isso mesmo, leva à formação de um procedimento lateral e avulso à causa principal sobre a qual ele incide. Como todo e qualquer incidente processual ele também possui um *juízo de admissibilidade* e um *juízo de mérito*, em que:

a) o primeiro se ocupa dos *requisitos de admissibilidade*, a saber a competência, a legitimidade, existência de um processo em curso, a existência de decisão judicial com efetivação provisória contra si deferida etc.

b) o segundo da causa de pedir e do pedido do incidente (o *fato jurídico* consubstanciado na *demonstração do risco de grave lesão ao interesse público nas hipóteses descritas em lei* + o *pedido* manifestado pela *pretensão de sustação da eficácia da decisão judicial*).

Por se tratar de um incidente processual com procedimento próprio, também possui regras de devido processo (contraditório, ampla defesa, imparcialidade, paridade de armas etc.) que devem ser respeitadas. Nesse particular, tem-se que as decisões proferidas no incidente (decisões interlocutórias ou acórdão) poderão ser objeto de recursos ordinários e extraordinários, respeitadas as hipóteses de cabimento e requisitos de cada um deles. Assim, por exemplo, da decisão interlocutória do presidente do tribunal que concede ou nega o pedido de suspensão, caberá recurso de agravo para o órgão plenário ou especial do próprio tribunal. Tem-se aí uma ramificação recursal dentro do próprio incidente processual.

CAPÍTULO 04 • MÉRITO DO INCIDENTE DE SUSPENSÃO DE SEGURANÇA **85**

4.2.2.1.2 Suspensão da liminar ou da sentença proferida por juiz em mandado de segurança

A redação do art. 15 da Lei 12.016/2009 manteve as modificações acrescentadas pelo art. 14 da MP 2.180-35/2001 (congelada pela EC n. 32/2001) ao § 2.º do art. 4.º da Lei 4.348/1964:

> Art. 15. Quando, a requerimento de pessoa jurídica de direito público interessada ou do Ministério Público e para evitar grave lesão à ordem, à saúde, à segurança e à economia públicas, o presidente do tribunal ao qual couber o conhecimento do respectivo recurso suspender, em decisão fundamentada, a execução da liminar e da sentença, dessa decisão caberá agravo, sem efeito suspensivo, no prazo de 05 (cinco) dias, que será levado a julgamento na sessão seguinte à sua interposição.
>
> § 1.º Indeferido o pedido de suspensão ou provido o agravo a que se refere o *caput* deste artigo, caberá novo pedido de suspensão ao presidente do tribunal competente para conhecer de eventual recurso especial ou extraordinário.
>
> § 2.º É cabível também o pedido de suspensão a que se refere o § 1.º deste artigo, quando negado provimento a agravo de instrumento interposto contra a liminar a que se refere este artigo.
>
> § 3.º A interposição de agravo de instrumento contra liminar concedida nas ações movidas contra o poder público e seus agentes não prejudica nem condiciona o julgamento do pedido de suspensão a que se refere este artigo.
>
> § 4.º O presidente do tribunal poderá conferir ao pedido efeito suspensivo liminar se constatar, em juízo prévio, a plausibilidade do direito invocado e a urgência na concessão da medida.
>
> § 5.º As liminares cujo objeto seja idêntico poderão ser suspensas em uma única decisão, podendo o presidente do tribunal estender os efeitos da suspensão a liminares supervenientes, mediante simples aditamento do pedido original.

A hipótese de cabimento prevista no *caput* do dispositivo é a mais antiga – suspensão de execução de liminar ou sentença em mandado de segurança – e continua em pleno vigor, sendo dever do poder público a demonstração concreta de que estão presentes os fundamentos de fato para a concessão da medida (risco de grave lesão ao interesse público) descritos no *caput* do art. 15 da Lei 12.016/2009. Tal requerimento é formulado ao Presidente do TJ ou do TRF e forma um incidente processual com rito procedimental que não pode descurar dos princípios inerentes ao devido processo legal.

Da decisão (positiva ou negativa)[1] do Presidente do Tribunal cabe agravo no prazo de 15 dias[2], que, segundo a regra do *caput*, não poderá ser recebido com efei-

---

1. As Súmulas 217 do STJ e 506 do STF que antes não admitiam a possibilidade de interposição do recurso de agravo da decisão do Presidente do Tribunal que nega a suspensão pleiteada foram revogadas após a primeira edição deste livro e, nesse passo, seguiu-se a linha que já se defendia a respeito do cabimento do recurso de agravo (interno) tanto da hipótese que concedia, quanto da que denegava o pedido.

2. Conquanto o *caput* do art. 15 da Lei 12.016/2009 mencione o cabimento do agravo no prazo de 5 (cinco) dias, esta regra foi revogada pelo art. 1070 do CPC/2015: "Art. 1.070. É de 15 (quinze) dias o prazo para a interposição de qualquer agravo, previsto em lei ou em regimento interno de tribunal, contra decisão de relator ou outra decisão unipessoal proferida em tribunal". A regra do CPC consta nas disposições transitórias e a intenção do Código era justamente a unificação dos prazos dos agravos internos atingindo não apenas as legislações especiais, quanto os regimentos internos.

to suspensivo, afastando, pois, a regra do art. 932, II do CPC para tal hipótese. Tal incidente dará formação a um procedimento lateral avulso aos autos principais, e tramitará no órgão competente do respectivo tribunal.

Tal procedimento tem de respeitar o devido processo legal (contraditório, ampla defesa, fundamentação das decisões judiciais etc.) com necessária participação do Ministério Público como fiscal da ordem jurídica, se já não estiver atuando como legitimado ativo ou passivo no incidente. Ainda, das decisões proferidas neste incidente, haverá a possibilidade de interposição de recursos.

4.2.2.1.3 Suspensão da suspensão negada (art. 15, § 1.º, da Lei 12.016/2009)

No parágrafo §1º do art. 15 constam duas hipóteses de cabimento. A primeira é a *suspensão da suspensão negada* pelo Presidente do TJ/TRF. Havendo o *indeferimento da suspensão da liminar ou da sentença* pelo Presidente do TJ ou do TRF, dessa decisão monocrática negativa caberá novo pedido de suspensão (*daí porque se fala em suspensão da suspensão negada*) endereçada ao presidente do STJ e/ou do STF, dependendo da qualidade da matéria envolvida.

> Portanto, nos casos de incidência da Lei n. 4.348/1964, ou seja, de Mandado de Segurança, o legislador foi efetivamente expresso, não deixando margem a qualquer dúvida quanto à intelecção de que basta o indeferimento do primeiro pedido de suspensão de liminar pelo Presidente do Tribunal de origem para que seja instaurada a competência deste Superior Tribunal de Justiça ou do Supremo Tribunal Federal (conforme o caso) para examinar novo pedido de suspensão de liminar, não sendo necessário para tanto o exaurimento de instância, ou seja, a interposição de agravo interno para manifestação do órgão colegiado do Tribunal de origem sobre o tema (EDcl no AgRg na SS 1433, rel. Min. Edson Vidigal, *DJ* 10.04.2006, p. 95). Observar, com a revogação da Lei 4.438/1964, o art. 15 da Lei 12.016/2009.

Aqui tal instituto *tem verdadeira natureza recursal*, ou melhor dizendo, de *recurso dentro do incidente de suspensão de segurança* que foi iniciado com o pedido de suspensão da liminar ou da sentença, desfigurando-se, portanto, da figura genuína, ora inserta no art. 15 da Lei 12.016/2009, tendo em vista que a finalidade da "suspensão da suspensão" é fazer que o presidente do STJ ou do STF reexamine a decisão do presidente do TJ/TRF, num típico caso de órgão *ad quem* reexaminando decisão proferida por órgão *a quo*.

O legislador previu apenas a hipótese do pedido de suspensão da suspensão negada pelo presidente do tribunal. Se este *conceder* o pedido de suspensão, não há previsão legal para endereçar "pedido de suspensão da suspensão concedida". A via adequada nesta hipótese é o recurso de agravo (interno) para o órgão especial do tribunal exercer o controle da decisão positiva do presidente do tribunal. Apenas no caso de provimento deste agravo é que incidirá a segunda hipótese de cabimento prevista no §1º do art. 15[3].

---

3. Neste sentido é uníssona a jurisprudência do Superior Tribunal de Justiça "(...) I – Suspensa a liminar pelo Presidente do Tribunal Regional Federal da 1.ª Região, descabe novo pedido de suspensão da suspensão ao

CAPÍTULO 04 • MÉRITO DO INCIDENTE DE SUSPENSÃO DE SEGURANÇA **87**

Sendo a figura "inventada" um *recurso dentro do incidente processual de suspensão de segurança*[4], tem-se aí, às escâncaras, uma inconstitucionalidade formal e outra material. Formal por prever hipótese recursal para os órgãos de cúpula fora do que foi previsto na CF/1988, e material porque fere de morte o princípio do contraditório e da ampla defesa ao criar recurso para apenas uma das partes.

Repita-se, portanto, que a invenção (que era restrita à Lei 4.348/1964, e foi mantida pela Lei 12.016/2009) deste "novo recurso" desnatura a origem e a identidade de incidente processual do pedido de suspensão. Repete-se, há aqui um recurso no incidente processual, muito embora encontre-se escrito no texto legal que é um "novo pedido de suspensão"[5-6].

Cumpre observar ainda que sendo cabível o agravo interno para desafiar as decisões do presidente do TJ/TRF que não concedem o pedido de suspensão para o plenário do tribunal, e, concomitantemente, também cabível a suspensão da suspensão negada para o STJ ou STF, ter-se-á a inusitada situação de que, contra a decisão negativa do presidente poderá existir, ao mesmo tempo, dois remédios, embora com nomes diferentes, com mesmo objeto e mesma causa de pedir, direcionados a órgãos distintos (plenário do TJ/TRF e presidente do STJ e/ou STF), podendo haver decisões contraditórias. É o agravo interno contra a decisão do presidente endereçado ao plenário do TJ ou TRF e, ao mesmo tempo, a suspensão da suspensão negada endereçada ao presidente do STJ e/ou STF. Percebe-se aí que a afoiteza do legislador em criar vantagens para a Fazenda Pública passou por cima da própria lógica, na medida em que cria situações jurídicas passíveis de serem contraditórias.

Superior Tribunal de Justiça, visando verdadeiro "efeito ativo" em suspensão de liminar. II – Precedentes da Corte Especial do Superior Tribunal de Justiça e do Supremo Tribunal Federal. III – Agravante que não infirma os fundamentos da decisão atacada. Agravo regimental não conhecido. (AgRg na SLS 2.084/PA, Rel. Ministro Francisco Falcão, Corte Especial, julgado em 02/12/2015, DJe 18/12/2015); (AgRg na SLS n. 848/BA, Corte Especial, relator Ministro Humberto Gomes de Barros, relator para acórdão Min. Fernando Gonçalves, DJe de 22/9/2008). Admitindo o cabimento da suspensão negada, ver STF, SS 2115/MG, Min. Marco Aurélio, DJ 21.03.2003; SS 2134/SP, Min. Marco Aurélio, DJ 23.05.2003. Em sentido contrário o próprio STF, ao sustentar, conforme se entende, equivocadamente (porque usou o art. 4.º, § 4.º, da Lei 8.437/1992, que não é aplicável às suspensões em mandado de segurança), afirmando que "a renovação do pedido de suspensão pressupõe o esgotamento do tema na origem, ou seja, a interposição de agravo contra a decisão indeferitória formalizada pelo Presidente do Tribunal" (SS 2196/SC, DJ 21.05.2003). Como pontuado, tratando-se de suspensão de segurança em mandado de segurança, não cabe a invocação do art. 4.º, § 4.º, da Lei 8.437/1992 (que exige o esgotamento da instância de origem).

4. No mesmo sentido, atribuindo natureza de recurso à suspensão da suspensão negada, ver Cassio Scarpinella Bueno. *O poder público em juízo*, 2. ed., p. 38.

5. Acertadas as críticas de Cassio Scarpinella Bueno. *O poder público...*, 2004, p. 57: "Desse modo, porque o novo recurso 'beneficia' ou, quando menos, só pode ser utilizado por uma das partes componentes de um dos polos da relação processual a partir da qual é interposto fere, às escâncaras, o princípio da isonomia. (...) Ademais, a inconstitucionalidade desse *novo* pedido de suspensão é patente pela ausência de *competência* dos Tribunais Superiores para julgá-lo. Não há, com efeito, previsão constitucional para que o Supremo Tribunal Federal ou o Superior Tribunal de Justiça analisem tais pedidos".

6. É notória a intenção do "legislador" de criar uma situação de vantagem para o Poder Público, permitindo que chegue mais rápido aos tribunais de cúpula por via da suspensão da suspensão, evitando assim a demora natural da interposição dos recursos excepcionais das decisões colegiadas.

4.2.2.1.4 Suspensão dos efeitos do acórdão do plenário do TJ/Tribunais regionais (art. 15, § 1º segunda parte)

Prevista na segunda parte do § 1.º do art. 15 da Lei 12.016/2009, esta hipótese de cabimento tem, também, natureza de *recurso no incidente*. É que este "pedido de suspensão" endereçado ao STJ e/ou STF (presidente) nada mais é do que um recurso no incidente de suspensão já iniciado com o requerimento da suspensão da eficácia da sentença ou da liminar concedida em primeiro grau.

Como se disse, a suspensão dos efeitos do acórdão que deu provimento ao agravo inominado interposto pelo particular, contra a decisão do presidente do tribunal que concedeu a suspensão da liminar ou sentença, não tem por finalidade suspender a execução desta liminar ou sentença, mas simplesmente *corrigir uma decisão plenária que tenha reformado a decisão positiva (da suspensão) dada pelo presidente*.

Aplicam-se aqui, os mesmos argumentos de inconstitucionalidade, formal e material, já expostos no tópico anterior. Ainda, há que se atentar para o fato de que só é possível a suspensão da decisão colegiada quando esta der provimento ao agravo que o particular interpôs para desafiar a decisão suspensiva do presidente do tribunal, ou seja, *contrario sensu*, tem-se que não será cabível tal medida caso o acórdão plenário seja para negar provimento ao agravo do ente público eventualmente interposto contra a decisão negativa do presidente do Tribunal de Justiça.

Esta observação é importante porque, no regime jurídico da Lei 8.437, o § 4.º do art. 4.º, permite a interposição do pedido de suspensão (recurso no incidente), ao STJ e ao STF, para atacar a decisão colegiada do Plenário ou Órgão especial do Tribunal (i) *não só para a que dá provimento ao agravo do particular interposto contra a decisão suspensiva do presidente*, (ii) *mas também – e aqui é a distinção – contra a decisão colegiada que nega provimento ao agravo do ente público que foi interposto contra a decisão do Presidente que negou o pedido de suspensão*.

A diferença de regime jurídico se dá por duas razões. A primeira porque, quando foi inventado o § 1.º do art. 4.º da Lei 4.348/1964 (revoado pelo atual § 1.º do art. 15 da Lei 12.016/2009) prevendo a regra que aqui se comenta, ainda vigoravam as Súmulas 217 do STJ e 506 do STF, em que havia a regra de que não era possível, nos processos de mandado de segurança, a utilização de agravo pelo ente público quando a decisão do presidente do tribunal fosse negativa, seguindo-se, pois, a interpretação literal do *caput* do art. 4.º, no qual se lê que o cabimento do agravo é apenas contra a decisão do presidente que concede a suspensão pleiteada. Outro motivo é que, por força das inovações da MP 2.180-35 no art. 4.º da Lei 4.348/1964, mantidas pelo art. 15 da Lei 12.016/2009, só se aplicam à suspensão de segurança em mandado de segurança as regras dos §§ 5.º a 8.º do art. 4.º da Lei 8.437, excluída, portanto, a incidência do § 4.º, em que está prevista a regra de cabimento da suspensão do acórdão que dá provimento ao agravo do particular ou que nega provimento ao agravo do ente público.

CAPÍTULO 04 • MÉRITO DO INCIDENTE DE SUSPENSÃO DE SEGURANÇA

4.2.2.1.5 Suspensão dos efeitos do acórdão no agravo de instrumento interposto pelo ente público que confirma a liminar do juiz de primeiro grau (§ 2.º do art. 15 da Lei 12.016/2009)

Tem-se aí uma novidade introduzida pela MP 2.180-35 na antiga (e revogada) Lei 4.348/1964, mantida pela Lei 12.016/2009. Trata-se da suspensão da eficácia do acórdão que julga improcedente (nega provimento) o agravo de instrumento interposto pelo Poder Público contra a liminar proferida no mandado de segurança impetrado em primeiro grau de jurisdição. Por não ser um acórdão proferido em *única* ou *última* instância, a hipótese presente não está acobertada pela Lei 8.038/1990.

Sem se descartar a hipótese atípica de serem cabíveis contra o mesmo acórdão os pedidos de suspensão para o STJ e para o STF, no presente caso, o normal é que, dependendo da qualidade da matéria envolvida (constitucional ou infraconstitucional), o presidente do STF ou do STJ seja competente para apreciar o pedido de suspensão dessa decisão, eis que contra ela caberia, em tese, o oferecimento de recurso especial e/ou extraordinário[7].

Insta observar que ficará prejudicado o pedido de suspensão endereçado ao órgão de cúpula, caso o Poder Público já tenha ajuizado ação cautelar inominada para dar efeito suspensivo ao recurso excepcional e este tenha sido concedido no juízo de origem na cautelar interposta.

> Lembrando que a Súmula ST 635 prescreve que "Cabe ao Presidente do Tribunal de origem decidir o pedido de medida cautelar em recurso extraordinário ainda pendente do seu juízo de admissibilidade. Recebidos exclusivamente no efeito devolutivo" torna-se possível a concomitância de *pedido de suspensão e segurança ao STJ e STF* e ao mesmo tempo a utilização da *ação cautelar para atribuir efeito suspensivo ao recurso especial ou extraordinário* junto ao juízo de origem. Como dito, se obtido o efeito suspensivo em qualquer hipótese a outra perde o objeto por falta de interesse. Por outro lado, se indeferido o pedido cautelar isso não impede a via da suspensão de segurança porque os pressupostos dos remédios concorrentes são diferentes.

É de dizer ainda que a presente hipótese de pedido de suspensão de segurança tem por finalidade atacar os efeitos da decisão colegiada do tribunal, qual seja, a que julgou pelo mérito, negando provimento ao agravo de instrumento da Fazenda Pública. Deve-se deixar claro que o dispositivo não contempla hipótese de pedido de suspensão de liminar ou acórdão que confira efeito ativo quando o juiz de primeiro grau nega a liminar solicitada. Conforme se concebe, por tratar-se de medida excep-

---

7. Com tirocínio agudo que lhe é peculiar, Cassio Scarpinella Bueno pioneiramente identificou que esta hipótese de cabimento do pedido de suspensão de segurança foi inventada para se criar um atalho que permitisse o imediato conhecimento da matéria pelos tribunais de cúpula, evitando a natural demora de um recurso especial ou extraordinário, que ficariam presos no tribunal *a quo* sob o regime de retenção nos autos. Segundo o autor: "Criou-se, com o § 5.º do art. 4.º da Lei 8.437/1992, destarte, mais um segmento recursal *paralelo* (e muito mais ágil, não tenho dúvidas) aos recursos especial e extraordinário em prol das pessoas que detêm legitimidade para apresentar pedido de suspensão na forma do art. 4.º, *caput*, da Lei 8.437/1992" (*O poder público em juízo*, 2004, p. 62). No mesmo sentido, acolhendo integralmente o entendimento de Scarpinella Bueno, Elton Venturi. Op. cit., p. 174.

cional, que restringe a eficácia de uma decisão judicial, as hipóteses de cabimento da suspensão de segurança devem ser restritivamente interpretadas, sob pena de o instituto ser considerado um curinga que só existe em favor da Fazenda Pública – que poderia lançar mão dele em qualquer situação e em qualquer hipótese, ferindo a sagrada regra da isonomia entre os participantes do jogo processual[8].

> EMENTA Agravo regimental em suspensão de segurança. *Pretendida concessão de efeito ativo. Impossibilidade.* Ausência de requisitos legais que ensejem a revisão da decisão proferida na origem. Matéria, ademais, já definitivamente assentada em outro processo. *Impossibilidade do uso do instituto da suspensão como sucedâneo recursal.* Agravo regimental não provido. 1. O instituto da suspensão de segurança deve ser manejado segundo os requisitos previstos na lei de regência e não para a concessão de efeito ativo. 2. Questão, ademais, já definitivamente resolvida em autos de ação semelhante (SS 5.100), ajuizada pelo Estado de Sergipe. 3. Impossibilidade de utilização desta ação como sucedâneo recursal. 4. Agravo regimental não provido.
>
> (SS 5102 AgR, Relator(a): Dias Toffoli (Presidente), Tribunal Pleno, julgado em 11/11/2019, Processo Eletrônico DJe-264 Divulg 03-12-2019 Public 04/12/2019).
>
> Agravo regimental. Suspensão de liminar e de sentença. Pedido de suspensão de suspensão. Negativa de seguimento do pedido suspensivo.
>
> Pedido suspensivo utilizado como sucedâneo recursal: "suspensão de suspensão". Descabimento. Agravante não infirma fundamentação da decisão atacada. Óbice da súmula 182/STJ. Agravo não conhecido.
>
> I – Suspensa a liminar pelo Presidente do Tribunal Regional Federal da 1.ª Região, descabe novo pedido de suspensão da suspensão ao Superior Tribunal de Justiça, visando verdadeiro "efeito ativo" em suspensão de liminar. II – Precedentes da Corte Especial do Superior Tribunal de Justiça e do Supremo Tribunal Federal. (AgRg na SLS 2.084/PA, Rel. Ministro Francisco Falcão, Corte Especial, julgado em 02/12/2015, DJe 18/12/2015).

Outro problema prático que poderá resultar da utilização da suspensão de segurança em relação ao presente caso diz respeito à possibilidade de ter sido oferecido pedido de suspensão contra a liminar que também tenha sido desafiada pelo agravo de instrumento. Remédios diferentes e concorrentes veiculados pelo Poder Público.

Nessa situação, o julgamento do agravo, com a confirmação da decisão, implicará a imediata perda do objeto da suspensão de segurança contra a liminar, porque, como se disse, se terá aí uma substituição da liminar pelo acórdão, que é quem passa a produzir os efeitos contra a Fazenda Pública.

> Oportunamente iremos tratar da súmula 626 do STF que assim diz: a suspensão da liminar em mandado de segurança, salvo determinação em contrário da decisão que a deferir, vigorará até o trânsito em julgado da decisão definitiva de concessão da segurança ou, havendo recurso, até a sua manutenção pelo supremo tribunal federal, desde que o objeto da liminar deferida coincida, total ou parcialmente, com o da impetração.

Em tal hipótese, caberá a tal ente público lançar mão da suspensão contra o acórdão que negou provimento ao agravo de instrumento e, por isso, é lógica e

---

8. Com acerto, Cassio Scarpinella Bueno, no mesmo sentido do texto. *O poder público...*, 2004, p. 62.

CAPÍTULO 04 • MÉRITO DO INCIDENTE DE SUSPENSÃO DE SEGURANÇA **91**

juridicamente impossível admitir uma concomitância de suspensão de segurança contra a liminar e uma outra suspensão contra o acórdão que julgou improcedente o agravo de instrumento interposto contra a referida liminar, a serem julgadas por presidentes de tribunais diferentes. O pressuposto de existência do acórdão que confirma a liminar é o de que esta já tenha sido substituída pela decisão colegiada.

4.2.2.1.6 Suspensão coletiva (efeito expansivo dos limites subjetivos da suspensão de segurança para outros casos semelhantes)

Tal instituto encontra-se previsto no § 5.º do art. 15 da Lei 12.016/2009, que manteve a determinação do § 2.º do art. 4.º da Lei 4.348/1964 de que o § 8.º do art. 4.º da Lei 8.437/1992 deveria ser aplicado às hipóteses de suspensão de segurança de liminar ou sentença em mandado de segurança.

Nele, consagra-se a hipótese de suspensão coletiva, que, segundo se pensa, disputa com a "suspensão da suspensão" o prêmio de regra processual mais chocante criada pelo "legislador" da MP 2.180-35.

Tem-se aí, neste § 5.º, uma regra referente ao cabimento e efeitos da suspensão de segurança que ofendem os institutos mais básicos dos princípios constitucionais do processo. É tão gritante a hipótese ali prevista que precisa ser lida com calma, mais de uma vez, para se ter certeza de que o que está impresso no papel é exatamente aquilo que se lê. Assim, o § 5.º do art. 15 da Lei 12.016/2009 adota uma figura originalíssima, não só pelo que dispõe no texto, mas também pela reação que causa ao leitor desarmado.

Embora de intenção louvável[9] – se é que foi mesmo – no tocante à agilização e à racionalização dos processos, da isonomia de resultados, da coerência das decisões do tribunal, é criticável sob o ponto de vista formal[10].

Veja-se a redação do referido § 5.º, que fala por si:

> As liminares cujo objeto seja idêntico poderão ser suspensas em uma única decisão, podendo o presidente do tribunal estender os efeitos da suspensão a liminares supervenientes, mediante simples aditamento do pedido original.

Segundo este dispositivo, o "legislador" se antecipou às discussões acirradas acerca da *súmula vinculante* e resolveu inventar, por medida provisória, posterior-

---

9. Seguindo o princípio da economia processual, com vistas à diminuição de custos do processo, além de se evitar decisões contraditórias.

10. Crítica já apontada por Cassio Scarpinella Bueno: "(...) o dispositivo legal deve ser entendido, interpretado e *aplicado* mais do ponto de vista substancial do que formal. Embora elogiável a otimização da prestação jurisdicional em casos idênticos, a razão de ser do dispositivo não acaba aí. Não se pode perder de vista que situações individuais homogêneas (coletivas, portanto) são, por definição, significativas da alteração de feição, valores e pesos das pretensões desafiando, assim, escorreita análise quando comparadas com o interesse público referido no *caput* do dispositivo que autoriza a suspensão" (*O poder público...* cit., 2004, p. 101).

mente congelada pela EC/32, algo semelhante, antecipando a introdução da regra contida na Reforma do Judiciário.

Prescreve o texto normativo que é possível que o presidente do tribunal, tendo sido provocado num incidente processual de suspensão de segurança, profira decisão que tenha efeito de suspender *não só* a liminar para a qual foi interposto o pedido de suspensão, *mas também* outras liminares que possuam objeto idêntico à liminar suspensa, bastando para isso que a pessoa jurídica de direito público interessada faça um singelo aditamento ao pedido de suspensão anteriormente concedido.

A intenção de criar uma *suspensão por amostragem* até poderia ser admitida, desde que de forma correta e com preservação dos princípios processuais. A técnica processual por amostragem está prevista nos recursos repetitivos, na repercussão geral, no incidente de resolução de demandas repetitivas, no incidente de assunção de competência, mas nestes casos, ao contrário da suspensão de segurança, há um mínimo de regramento e procedimento que preocupa-se com o contraditório, ampla defesa, juiz natural etc.

Na intenção de criar uma técnica de julgamento por amostragem a partir de um único caso padrão, o legislador passou por cima do devido processo legal processual, porque, para estender o mesmo padrão de julgamento para outros processos "idênticos", deveria permitir que no processo piloto fossem autorizadas a mais ampla participação e discussão, à semelhança do que fez com o *incidente de resolução de demandas repetitivas*. Ora, se cada liminar diz respeito a um determinado processo (ainda que estivessem reunidos por conexão), é óbvio que o pedido de suspensão formulado pela pessoa jurídica de direito público interessada deve ser feito para cada um dos processos existentes.

Não existe um pedido de suspensão que, coletivamente, suspenda toda e qualquer liminar que cuide da mesma situação jurídica, como se ali houvesse um julgamento por amostragem.

Por se tratar de um incidente *do processo* e *no processo*, a decisão proferida no pedido de suspensão só atinge as pessoas que deste processo fazem parte, a não ser que houvesse uma regra de cooperação, contraditório e participação de interessados ou representantes adequados no julgamento por amostragem. Por isso, qualquer extensão da decisão para fora dos limites da relação jurídica processual em que foi requerido o pedido de suspensão é medida arbitrária e írrita às regras mais comezinhas de direito processual e de eficácia das decisões judiciais.

Da maneira como coloca o "legislador", pretende que um só pedido de suspensão interposto, com economia de trabalho e tempo, sirva para resolver toda e qualquer liminar, presente e futura, que cuidasse do mesmo assunto.

É cediço que este instituto tem sido diuturnamente desvirtuado para uma concepção política, o que causa uma repugnância imediata. Todavia, no presente

CAPÍTULO 04 • MÉRITO DO INCIDENTE DE SUSPENSÃO DE SEGURANÇA

caso, o "legislador" não procurou nem mesmo esconder a intenção de "resolver logo" o problema das liminares contra o Poder Público, permitindo aditamentos em uma determinada suspensão para que os efeitos daquela sejam estendidos para as demais liminares.

Como se disse, seria uma suspensão coletiva e *erga omnes*. Neste caso, pergunta-se de soslaio: como ficaria o procedimento da suspensão de segurança em cada uma das hipóteses em concreto? Se para determinada liminar que foi suspensa pela eficácia *erga omnes* de um incidente de suspensão exterior e anterior, como fica o direito ao contraditório? Como fica o parecer do Ministério Público? Como fica o processamento do recurso de agravo?

No tocante a esse dispositivo, em relação às garantias constitucionais, as quais também devem estar presentes no processamento da suspensão de segurança, aduz Cassio Scarpinella Bueno:

> Esse novo dispositivo, em suma, não pode ser tratado como mero instrumento de eliminação de burocracia inerente ao desempenho da função pública. Trata-se, sim, de buscar *otimizar* a própria prestação jurisdicional à luz de elementos que, numericamente, acabam se equivalendo: as duas facetas do interesse público (o subjetivado no pedido) e o que deriva de cada uma das decisões que se pretende suspender, quando *coletivamente* tratadas e que assumem feição, peso e valores próprios nessas condições. É o desafio que está por detrás desse parágrafo. Até porque, na hipótese de o Presidente do Tribunal entender necessário o exame de cada um dos casos concretos, individualmente considerados, para verificar se neles há alguma peculiaridade, o dispositivo em análise deve ser afastado[11].

De tudo quanto foi exposto, há de se ter uma certeza: a maneira belicosa como se tem "armado" o pedido de suspensão de segurança vem demonstrar que de nada adianta (ainda bem!) vir uma lei impedindo a antecipação de tutela ou liminares contra a Fazenda Pública ou criando regras absurdas e privilégios em favor da Fazenda Pública, porque, na prática, os juízes têm sido sensíveis à manutenção integral do direito, à ordem jurídica e, ante a necessidade da tutela de urgência, optam pela solução justa, e a prova disso é a necessidade que o "legislador" possui de criar uma enorme disparidade de armas entre os litigantes (ferindo a isonomia real) e acobertá-las sob o pesado, injusto e inconstitucional manto das "prerrogativas" da Fazenda Pública.

Atento ao risco de cometer atos de violação do devido processo legal e "salvando" o referido dispositivo, o Superior Tribunal de Justiça tem tratado o *pedido de extensão de suspensão de segurança* como se fosse um outro pedido de suspensão de segurança e assim ele é processado, com a peculiaridade de dar fundamentação concisa deferindo a medida, levando em consideração os fundamentos já expostos em respeito à similitude ao pedido de suspensão de segurança matriz.

---

11. Cassio Scarpinella Bueno. *O poder público em juízo*. 5. ed., p. 81-82.

Agravo interno em pedido de extensão na suspensão de liminar e de sentença. Serviço de manutenção de rodovias. Retenção de valores pelo estado com base em acórdão do TCE. Prática do jogo de planilhas. Ato administrativo. Presunção de legalidade. Grave lesão à ordem pública e administrativa demonstrada.

1. A presunção de legalidade opera em favor do ato administrativo, cuja invalidação sem a análise das questões jurídicas suscitadas implica interferência indevida do Poder Judiciário no exercício de funções administrativas pelas autoridades constituídas, em grave lesão à ordem pública e administrativa.

2. Agravo interno desprovido.

(AgInt na SLS 2.624/GO, Rel. Ministro João Otávio de Noronha, Corte Especial, julgado em 25/08/2020, DJe 27/08/2020)

Agravo regimental. Suspensão de liminar. Pedido de extensão.

Potencialidade de lesão ao meio ambiente. Princípio da precaução.

I – Identificada a similitude entre as controvérsias instauradas, impõe-se a extensão da decisão que deferiu o pedido de suspensão.

II – O empreendimento de aterro sanitário, autorizado antes da realização da perícia judicial, tem o potencial de causar lesão ao meio ambiente.

III – O pedido de suspensão é um meio processual estranho ao exame das questões de fundo da lide. Presunção de veracidade dos fatos e consequências descritos pelos entes públicos responsáveis pela fiscalização e proteção ao meio ambiente.

Agravo regimental desprovido.

(AgRg no PExt na SLS 1.279/PR, Rel. Ministro Francisco Falcão, Corte Especial, julgado em 06/05/2015, DJe 25/05/2015).

4.2.2.2 *Suspensão da decisão (liminar ou acórdão) proferida em única ou última instância pelo Tribunal (art. 25 da Lei 8.038/1990)*

Como já foi dito em outra oportunidade, após a CF/1988 e as Constituições estaduais, houve a criação de inúmeras hipóteses de mandado de segurança de competência originária de tribunal, pelas prerrogativas de foro dadas a algumas autoridades (autoridades coatoras).

Em decorrência deste aspecto, popularizou-se a utilização do mandado de segurança impetrado diretamente no tribunal, e, para estas situações, não seria possível utilizar a suspensão de segurança fundada no art. 15 da Lei 12.016/2009, pois as hipóteses ali concebidas são para incidentes que visem suspender a eficácia de uma liminar ou sentença, portanto, voltados para ato de juiz singular em primeiro grau de jurisdição.

Por isso, criou-se a hipótese do incidente de suspensão de segurança em decisões proferidas em mandado de segurança julgados em única ou última instância (liminar ou acórdão em mandado de segurança de competência originária do tribunal e acórdão na apelação voluntária ou na remessa necessária no mandado de segurança). Tal incidente tem a finalidade de suspender a eficácia de uma decisão emanada do tribunal de justiça (ou regional federal) que importe

CAPÍTULO 04 • MÉRITO DO INCIDENTE DE SUSPENSÃO DE SEGURANÇA 95

em risco de grave lesão ao interesse público, e é endereçado ao presidente do STJ e/ou STF[12].

Ao contrário da Lei 12.016/2009, o art. 25 da Lei 8.038/1990 não contempla diversas hipóteses de cabimento do pedido de suspensão de segurança, nem mesmo travestido de recurso no incidente (suspensão da suspensão, suspensão do acórdão que julgou o agravo regimental interposto contra a decisão suspensiva do presidente), o que parece até lógico, dadas as limitações hierárquicas para um novo pedido de suspensão do que fosse negado.

Isso porque não se pode esconder que a teia procedimental do art. 15 da Lei 12.016/2009, anteriormente criada nas Leis 4.348/64 e 8.437/92 pela MP 2.180-35/2001, tem por finalidade promover um acesso mais rápido ("trampolim") de algumas causas de interesse da União aos tribunais de cúpula, tudo com vistas a evitar que decisões do Judiciário pudessem impedir a realização de políticas públicas traçadas pelo executivo, por exemplo, as privatizações em massa.

Insta observar que, nos casos em que é concedida a liminar pelo tribunal de origem, nada impede que o Poder Público recorra desta decisão aviando o agravo interno, que será julgado pelo plenário ou órgão especial do próprio tribunal. Todavia, como tal agravo é desprovido de efeito suspensivo (não se coaduna com o seu regime), só será possível pleitear a sustação da eficácia da liminar quando esta cause risco de grave lesão ao interesse público, o que deverá ser feito por suspensão de segurança endereçada ao STJ e/ou STF.

Portanto, não é a interposição do agravo interno que "usurpa a competência" do STJ ou do STF, senão apenas quando se pretende por este meio, ou outro qualquer (mandado de segurança contra ato do desembargador que concedeu a liminar ou ação cautelar com esse mesmo desiderato), obter a suspensão da eficácia perante a própria corte de origem[13]. Repita-se que, havendo necessidade de sustar a eficácia

---

12. Em decisão lançada na SS 2.918/SP (*DJ* 25.05.2006), a Exma. Ministra Ellen Gracie, ao examinar a competência para apreciar o pedido, invocou o seguinte precedente: "(...) para a determinação de competência do Tribunal, o que se tem de levar em conta, até segunda ordem, é – segundo se extrai, *mutatis mutandis* do art. 25 da Lei n. 8.038/1990 – o fundamento da impetração; se este é de hierarquia infraconstitucional, presume-se que, da procedência do pedido, não surgirá questão constitucional de modo a propiciar recurso extraordinário (RCL 543, Pleno, rel. Min. Sepúlveda Pertence, *DJ* 29/09/1995)".

13. Nesse sentido, o STJ: "Reclamação. Liminar em mandado de segurança. Concedida ou negada. Descabimento de Agravo Regimental. Súmula 622 do STF. A suspensão de liminar, em *writ of mandamus*, só poderá ocorrer por ato do Presidente do Tribunal a que compete julgar o recurso da decisão a proferir-se na instância de origem, sob pena de usurpação de competência, nas hipóteses de que trata o art. 4.º da Lei 4.348/1964. Reclamação procedente" (Recl. 1491/AM; Recl. 2003/0198977-7). Ver, ainda, STJ: AgRg no MS 5960-DF, AgRg no MS 1388-DF, AgRg no MS 9384-DF, AgRg no MS 8646-DF. Observe-se, porém, que com a revogação da Lei 4.348/1964 pela Lei 12.016/2009, as hipóteses antes tratadas pelo art. 4.º da Lei revogada, encontram-se no art. 15 da Lei revogadora.

da liminar, o remédio cabível é o pedido de suspensão de segurança endereçado aos tribunais de cúpula (STJ e/ou STF)[14].

4.2.3 Suspensão de segurança nos demais casos (medida cautelar, ação civil pública, ação popular, tutelas provisórias)

As hipóteses de cabimento tratadas neste tópico estão reguladas pelo art. 4.º da Lei 8.437/1992 na sua versão alterada MP 2.180-35/2001. Muitas dessas modificações já foram comentadas acima, porque os §§ 2.º ao 5.º do art. 15 da Lei 12.016/2009 contam com a mesma redação das disposições dos §§ 5.º a 8.º do art. 4.º da Lei 8.437/1992.

Como já mencionado anteriormente, o artigo 1.059 do CPC/2015 ratificou a existência do duplo regime jurídico da suspensão de segurança: (1) um destinado ao processo de mandado de segurança e (2) outro da suspensão de segurança nos demais casos. Portanto, excluem-se apenas os §§ 1.º ao 4.º e o § 9.º do art. 4.º daquela Lei. Veja-se nos tópicos seguintes.

4.2.3.1 Suspensão da liminar e sentença em ação cautelar inominada (art. 4.º, caput e § 1.º, da Lei 8.437/1992)

> Art. 4° Compete ao presidente do tribunal, ao qual couber o conhecimento do respectivo recurso, suspender, em despacho fundamentado, a execução da liminar nas ações movidas contra o Poder Público ou seus agentes, a requerimento do Ministério Público ou da pessoa jurídica de direito público interessada, em caso de manifesto interesse público ou de flagrante ilegitimidade, e para evitar grave lesão à ordem, à saúde, à segurança e à economia públicas.
>
> § 1° Aplica-se o disposto neste artigo à sentença proferida em processo de ação cautelar inominada, no processo de ação popular e na ação civil pública, enquanto não transitada em julgado.
>
> § 2° O Presidente do Tribunal poderá ouvir o autor e o Ministério Público, em setenta e duas horas. (Redação dada pela Medida Provisória 2.180-35, de 2001).
>
> § 3° Do despacho que conceder ou negar a suspensão, caberá agravo, no prazo de cinco dias, que será levado a julgamento na sessão seguinte a sua interposição. (Redação dada pela Medida Provisória 2.180-35, de 2001).
>
> § 4° Se do julgamento do agravo de que trata o § 3° resultar a manutenção ou o restabelecimento da decisão que se pretende suspender, caberá novo pedido de suspensão ao Presidente do Tribunal competente para conhecer de eventual recurso especial ou extraordinário. (Incluído pela Medida Provisória 2.180-35, de 2001).

---

14. Portanto, pode o próprio Tribunal (colegiadamente) reformar ou anular a liminar concedida, no julgamento do agravo regimental, como também será possível ao Desembargador retratar-se (juízo de retratação) no agravo regimental interposto. Não se trata, nas hipóteses, de sustar a eficácia da liminar, senão anular ou revogar a medida por motivos relativos aos erros in procedendo ou in judicando, o que não acontece na suspensão de segurança. Nesse sentido o STJ: "A revogação de liminar em mandado de segurança, no juízo de retratação, inerente ao agravo regimental, em nada ofende a competência do STJ. A circunstância de o STJ poder suspender liminares deferidas pelos Tribunais não impede que estas cortes, através de recursos previstos em seus regimentos, revoguem tais decisões provisórias" (Recl. 316-SP). Ver ainda a Recl. 460-PE.

CAPÍTULO 04 • MÉRITO DO INCIDENTE DE SUSPENSÃO DE SEGURANÇA 97

§ 5º É cabível também o pedido de suspensão a que se refere o § 4, quando negado provimento a agravo de instrumento interposto contra a liminar a que se refere este artigo. (Incluído pela Medida Provisória 2,180-35, de 2001).

§ 6º A interposição do agravo de instrumento contra liminar concedida nas ações movidas contra o Poder Público e seus agentes não prejudica nem condiciona o julgamento do pedido de suspensão a que se refere este artigo. (Incluído pela Medida Provisória 2,180-35, de 2001).

§ 7º O Presidente do Tribunal poderá conferir ao pedido efeito suspensivo liminar, se constatar, em juízo prévio, a plausibilidade do direito invocado e a urgência na concessão da medida. (Incluído pela Medida Provisória 2,180-35, de 2001).

§ 8º As liminares cujo objeto seja idêntico poderão ser suspensas em uma única decisão, podendo o Presidente do Tribunal estender os efeitos da suspensão a liminares supervenientes, mediante simples aditamento do pedido original. (Incluído pela Medida Provisória 2,180-35, de 2001)

§ 9º A suspensão deferida pelo Presidente do Tribunal vigorará até o trânsito em julgado da decisão de mérito na ação principal. (Incluído pela Medida Provisória 2,180-35, de 2001).

Tratando-se de tutela provisória (urgente ou evidente) em que sejam concedidas liminares ou sentenças contra o Poder Público, prevê o dispositivo a hipótese de obtenção de suspensão da eficácia da liminar ou sentença nos casos de risco de grave lesão ao interesse público, tal como descreve a norma em comento.

A competência para apreciar tal incidente é do presidente do tribunal, ao qual couber o conhecimento do recurso desafiador do provimento de cuja eficácia pede-se a suspensão.

Assim, sendo provimento de juiz de primeiro grau (liminar ou sentença), certamente que o incidente será de competência do presidente do TJ/TRF. Porém, tratando-se de decisão monocrática do relator do recurso de agravo de instrumento que defere a tutela antecipada não obtida em primeiro grau (o efeito ativo), prescreve o artigo 1.021 do CPC que contra decisão proferida pelo relator caberá agravo interno para o respectivo órgão colegiado, observadas, quanto ao processamento, as regras do regimento interno do tribunal.

Ora, se assim é, então o eventual pedido de suspensão da eficácia da tutela provisória aí concedida deveria ser endereçado ao presidente do respectivo tribunal (tribunal ao qual competente o conhecimento e julgamento do agravo interno) e não ao STJ ou STF como se poderia cogitar num primeiro momento. Ocorre que, como visto alhures (Capítulo III, item 3.8.8), não é possível ao membro do mesmo tribunal, com mesma competência horizontal, sustar a eficácia da decisão proferida pelo seu colega de corte, sob pena de haver uma absoluta insegurança jurídica. Apenas o Presidente do Tribunal com competência hierárquica, STJ ou STF, poderá suspender a execução da decisão interlocutória concedida pelo tribunal estadual ou regional.

Além disso, ainda sobre esta hipótese de cabimento, é importante registrar, talvez por esquecimento do legislador, que não há previsão de suspensão da eficácia do acórdão que dá provimento ao recurso de agravo de instrumento do autor da ação quando tal recurso tenha sido interposto para obter o provimento antecipatório negado pelo juiz de primeiro grau; esta *lacuna* acaba sendo um contrassenso, já que é cabível a suspensão de segurança contra a tutela antecipada proferida no recurso, mas não caiba a suspensão do acórdão que a confirme. É de se notar que o § 5.º do art. 4.º da Lei 8.437/1992 prevê o cabimento da suspensão de segurança apenas do acórdão que *nega provimento ao agravo de instrumento da Fazenda Pública*, quando este tiver sido interposto contra liminar ou tutela antecipada concedida em primeiro grau em favor do particular.

Outrossim, também não poderia ser descartada a hipótese pouco comum, mas ocorrente na prática judiciária, de ação cautelar competência originária de tribunal. Conquanto a redação da Lei 8.437/1992 tenha sido criada para atender a suspensão de provimentos judiciais mandamentais contra o Poder Público em ações propostas no primeiro grau de jurisdição, não se pode descartar a hipótese invulgar, é verdade, de medidas cautelares provenientes de ações cautelares inominadas de competência originária de tribunal, como no caso de medida cautelar requerida em caráter antecedente (art. 305 do CPC). Em tais casos, admite-se a utilização da Lei 8.437/1992, obviamente naquilo que for compatível, substituindo-se a palavra "sentença" por "acórdão", quando for o caso.

Uma questão bastante interessante pode surgir em relação ao tema da estabilização da tutela provisória antecipada (não cautelar) requerida em caráter antecedente contra o Poder Público. A questão reside em saber se é possível tomar o incidente de suspensão de segurança como o recurso que impede a estabilização da tutela antecipada mencionada no artigo 304, *caput* do CPC, ou seja, não tendo o poder público nem contestado nem agravado a referida decisão provisória, pode a suspensão de segurança requerida servir como obstáculo à estabilização mencionada no caput do artigo 304?

Pensa-se que sim, pois a palavra recurso, mencionada no referido dispositivo do CPC, deve ser tomada em sentido lato, ou seja, qualquer impugnação à decisão concedida. A palavra recurso deve ser tomada como remédio para admitir que tanto a contestação ou o incidente de suspensão, por exemplo, sirvam como técnicas impeditivas da estabilização. Não faria o menor sentido que assim não fosse, afinal de contas, mesmo que não tenha oferecido o recurso, poderia o poder público nos dois anos seguintes à estabilização rever, invalidar ou reformar a decisão de mérito provisória proferida. Logo, não há por que o operador do direito não admitir que a contestação ou a suspensão de segurança, por exemplo, sirvam como remédios hábeis e idôneos a impedir a estabilização. A insurgência, por qualquer remédio cabível, já é uma manifestação contrária do poder público e deve ser considerada como impeditiva de estabilização.

Aliás, há quem sustente ainda que nem mesmo a estabilização com efeito de coisa julgada seria possível contra o poder público, se, passados os dois anos da concessão da medida, o poder público nada tiver feito contra a referida decisão antecipatória, pois seria como admitir que os efeitos da estabilização seriam mais graves do que os da revelia, que não se admite contra o Poder Público. Não se vê desta forma, afinal de contas o que se tem na estabilização da tutela antecipada é uma variação da técnica de monitorização (Súmula 339 STJ) menos grave do que a própria demanda monitó-

CAPÍTULO 04 • MÉRITO DO INCIDENTE DE SUSPENSÃO DE SEGURANÇA **99**

ria e cuja estabilidade "definitiva" só se dá depois de dois anos de inércia (nenhuma impugnação) feita por aquele que suportou a medida. Nada impede que se aplique inclusive o artigo 701, §4º para fins de cabimento da remessa necessária, tomando o pronunciamento do artigo 304, §1º (sentença de extinção do processo que declara a estabilização da tutela) com submetida à regra do artigo 496, I do CPC.

4.2.3.2 Suspensão da liminar ou sentença em ação civil pública e ação popular

Prevê o § 1.º do art. 4.º da Lei 8.437/1992 que "aplica-se o disposto neste artigo à sentença proferida em processo de ação cautelar inominada, no processo de ação popular e na ação civil pública, enquanto não transitada em julgado".

Tal dispositivo não sofreu nenhuma modificação pela turbulenta Medida Provisória 2.180-35, e esta redação consta desde o texto original da referida Lei.

A intenção do legislador de incluir a suspensão da eficácia da sentença em ação popular e ação civil pública não foi outra, senão a de conferir esta arma processual ao Poder Público em tais modalidades de demandas, porque sabia que não seria raro que tal ente público estivesse ocupando o polo passivo nestes casos.

No caso da ação popular, atente-se que só haverá a possibilidade de requerer dita medida suspensiva ao presidente do tribunal se o Poder Público não tiver utilizado a faculdade do art. 6.º, § 3.º, da Lei 4.717/1965, que permite ao ente público migrar para o polo ativo e figurar como litisconsorte.

Isso significa dizer que, para atender aos requisitos de cabimento da suspensão de segurança, é mister que o Poder Público esteja no polo passivo da ação popular, defendendo o ato impugnado pela ação popular, pelo menos até o momento em que requerer dita medida ao presidente do tribunal.

É de dizer ainda que o dispositivo fala na possibilidade de aplicar a medida suspensiva prevista no *caput* para paralisar a eficácia da sentença prolatada em processos de ação popular e na ação civil pública (art. 4.º, § 1.º da Lei 8.437/92). O texto é claro ao restringir a hipótese para os casos de "sentença", ou seja, para suspender os efeitos da sentença, e não propriamente de liminares ou acórdãos proferidos nestas demandas. Tal restrição não causa nenhum problema ao Poder Público quando pretender suspender a eficácia de liminar em ação civil pública porque há disposição expressa no art. 12, § 1.º, da Lei 7.347/1985 que permite sua utilização. Todavia a mesma regra não existe para a ação popular (suspensão da eficácia da liminar na ação popular) e, por isso, há aí uma lacuna não preenchida pelo legislador, de forma que, se pretender-se suspender a eficácia de uma liminar numa ação popular, não se encontrará dispositivo legal que dê guarida à pretensão de requerer a suspensão da eficácia perante o presidente do tribunal.

Nesse passo, vale dizer que não se coaduna com uma interpretação extensiva do cabimento do pedido, usando a máxima de que se é possível o mais, pode-se o menos (se é possível da sentença, com maior razão das liminares), porque aqui se está diante de uma figura que restringe direitos (eficácia de tutela urgente ou imediata) e, como tal, toda interpretação quanto ao cabimento deve ser limitada. Todavia, sabe-se que na prática essa é a exegese que se faz e, mesmo sendo errada, é a mais utilizada, pois é inequívoco que houve um cochilo do legislador em relação ao cabimento contra liminares na ação popular.

Outro aspecto que não pode passar despercebido e deriva deste mesmo "problema", relativamente ao cabimento da suspensão da eficácia "apenas da sentença", diz respeito ao fato de que não será possível utilizar tal instituto para suspender a eficácia do acórdão que, confirmando a sentença de procedência em desfavor do Poder Público, negar provimento à remessa necessária ou à eventual apelação voluntária. Nesse caso, é certo e indiscutível que o acórdão substitui a sentença (art. 1008 do CPC) e, se houver alguma eficácia que cause risco de lesão ao interesse público, ela é emanada da decisão colegiada e não da monocrática, que, nesse particular, foi substituída por aquela.

Dessa forma, num primeiro momento, há uma tentação de dizer que não haveria a possibilidade de interpor um pedido de suspensão de segurança endereçado ao STJ e STF (presidente) para suspender a eficácia do acórdão que confirma a sentença de procedência ou que reforma (em desfavor do Poder Público) a sentença de improcedência da ação civil pública e da ação popular. Fala-se que "num primeiro momento" se tem a tentação de sustentar tal tese, usando a literalidade do dispositivo, porque, se pretender-se analisar pormenorizadamente o texto do § 1.º em comento, verificar-se-á que a intenção do legislador foi a de que também fosse possível a utilização do remédio contra o acórdão que dá provimento à pretensão do autor da demanda em desfavor do Poder Público, permitindo que daí se inicie a execução dos efeitos da referida decisão.

> É claro que só será possível admitir a interposição do pedido de suspensão da execução do acórdão (reforma da sentença de improcedência ou confirmação da sentença de procedência) em desfavor do Poder Público se este interpuser, para adiar a formação do trânsito em julgado do eventual recurso extraordinário e/ou especial, sob pena de se não o fizer, não haver mais processo em curso para que sobre o mesmo recaia o *incidente* de suspensão da eficácia da decisão. Finda a demanda (transitada em julgado) não é possível utilizar o *incidente* de suspensão de liminar ou sentença.
>
> "(...) a interpretação conjunta dos §§ 1.º e 9.º do art. 4.º da Lei 8.437/1992 não permite a propositura do pedido de suspensão após o trânsito em julgado da ação principal. A Agravante busca a suspensão do julgado proferido em agravo de instrumento, utilizando o instituto como sucedâneo recursal, situação não admitida pela legislação de regência. (AgRg na SLS 1.997/DF, Rel. Ministra LAURITA VAZ, CORTE ESPECIAL, julgado em 03/06/2015, DJe 16/06/2015).

Dessume-se isso quando se lê no dispositivo a expressão final que diz "*enquanto não transitada em julgado*". É que referida expressão leva à conclusão de que, enquanto não ocorrido trânsito em julgado, seria possível a utilização do remédio, e, como aquele só ocorrerá após o julgamento e o processamento dos recursos excepcionais (quando interpostos), então haveria a possibilidade de suspender a eficácia do acórdão que foi desafiado por ditos recursos.

CAPÍTULO 04 • MÉRITO DO INCIDENTE DE SUSPENSÃO DE SEGURANÇA **101**

Perceba-se que aí não está contida regra de duração da medida, mas sim do momento no qual poderia ser utilizado este remédio e, por isso mesmo, inobstante reconhecida a atecnia do legislador que simplesmente ignorou o art. 1.008 (o acórdão substituiu a sentença), pensa-se que há elementos no dispositivo que permitem a conclusão pelo cabimento do instituto também para impedir a execução imediata do acórdão (e não mais da sentença) na ação civil pública e na ação popular.

> Embora o texto fale em "ação civil pública", portanto, a demanda regida pela Lei 7.347/1985, aí devem-se incluir as ações coletivas regidas pela Lei 8.078/1990 (CDC), dada a simbiose proce-dimental entre os dois diplomas coletivos.

4.2.3.3 Suspensão dos efeitos do acórdão que julgou o agravo regimental em desfavor do Poder Público (art. 4º da Lei 8.437)

A presente hipótese de cabimento encontra-se enraizada *apenas* no § 4.º do art. 4.º da Lei 8.437/1992 e, por isso, não se aplica às suspensões de segurança em mandado de segurança.

Segundo tal dispositivo, interposto o recurso de agravo inominado contra a decisão do presidente (concessiva ou não da suspensão) e tendo este agravo *mantido ou restabelecido a decisão que se pretendia suspender, caberá novo pedido de suspensão ao presidente do tribunal competente para conhecer de eventual recurso especial ou extraordinário.*

A interposição do segundo pedido de suspensão está condicionada ao resultado desfavorável do recurso de agravo interposto contra a decisão proferida pelo presidente do tribunal. Só depois de julgado o recurso de agravo (interposto pela pessoa jurídica de direito público interessada, quando o presidente negar a suspensão, ou interposto pelo autor da demanda, quando o presidente tiver concedido a suspensão) é que será utilizável o novo pedido de suspensão[15]. Portanto, deve haver

---

15. Esta regra é, portanto, diversa da prevista no art. 15, § 1.º, da Lei 12.016/2009. Como bem disse o Min. Edson Vidigal: "No particular, impende lembrar que, uma vez indeferido o primeiro pedido de suspensão pelo Vice-presidente do TJSC, para a admissão do novo ou do segundo pedido de suspensão, seria necessário o prévio julgamento do agravo interno aviado contra tal indeferimento, ou seja, a manifestação do colegiado da Corte de origem sobre o ato presidencial, para viabilizar o ajuizamento do pedido de suspensão perante este Superior Tribunal de Justiça, *ex vi* Lei 8.437/1992, art. 4.º" (AgRg na Suspensão de liminar 50 – SC (2003/0228496-7); "Incabível, no Superior Tribunal de Justiça, o pedido de suspensão de liminar concedida por Desembargador Relator em agravo de instrumento, se ainda não apreciado o agravo interno ou o próprio agravo pelo colegiado do Tribunal de origem (Leis n. 8.437/1992, art. 4.º, e § 5.º; e n. 8.038/1990, art. 25). Precedentes desta Corte e do Supremo Tribunal Federal" (AgRg na SLS 137/DF, Corte Especial, *DJ* 10.04.2006, p. 91). No mesmo sentido, com corriqueira clareza, Cássio Scarpinella Bueno. As novas regras da suspensão de liminar. *Aspectos polêmicos e atuais do mandado de segurança*, p. 194. No entanto, conforme salientado ao comentar a suspensão em mandado de segurança, cumpre observar que, a despeito da exigência de prévio exaurimento das instâncias ordinárias, essa, contudo, não parece mais ser condição de admissibilidade exigida pelos tribunais de cúpula, ante as recentes decisões a respeito do tema: "A Corte Especial já proclamou não ser necessário o prévio esgotamento de instância para que se possa ter acesso à excepcional medida de contracautela prevista na Lei n. 8.437/1992" (AgRg na SS 2246, rel. Min. Cesar Asfor Rocha, *DJe* 05.10.2009); "Nos processos de incidência da Lei n. 8.437, de 30.06.1992, o ajuizamento de novo pedido de

o esgotamento da instância de origem para se utilizar do pedido de suspensão de segurança[16-17].

É deveras importante ter um cuidado extremo ao ler a expressão "*prévio esgotamento da instancia de origem*", como colocada acima, para não se confundir com a posição sedimentada no STJ e STF de que não é necessário "*prévio esgotamento da instancia de origem para utilização da suspensão de segurança*"[18]. O que foi dito no texto refere-se à hipótese de *suspensão de liminar* já utilizada no tribunal de origem que tenha sido desafiada pelo recurso de agravo. Não admite a Lei 8437 a *suspensão per saltum da suspensão negada* como permite o §1º do art. 15 da Lei 12.016. No regime do §4º do art. 4º da Lei 8437 – e apenas neste regime – se há houve pedido de suspensão ao presidente do tribunal regional ou estadual, então, apenas do julgamento do agravo interno interposto contra tal decisão do presidente, ou que resultar a manutenção ou o restabelecimento da decisão que se pretende suspender, caberá novo pedido de suspensão ao Presidente do Tribunal competente para conhecer de eventual recurso especial ou extraordinário.

Os julgados do STF e do STJ – que prescindem do esgotamento das vias ordinárias – referem-se ao pedido de suspensão de segurança contra decisão liminar (monocrática) que defere tutela provisória contra o poder público com o risco de causar grave lesão. Trata-se, portanto, de situação diversa da tratada no §4º do art. 4º da Lei 8437/92.

> Em tempo, é preciso apontar as devidas críticas ao pedido de suspensão de segurança, especialmente depois das mutações que lhes foram feitas pela Medida Provisória 2.180-35.
>
> Primeiramente, é importante ressaltar que o dispositivo transforma o pedido de suspensão requerido ao presidente do tribunal (estadual ou federal) em simples ponto de passagem para um destino final que seria o STJ ou o STF. Essa parece ter sido a maneira encontrada pelo legislador para fazer com que situações de eficácia provisória e imediata (mandamental e executiva *lato sensu*) desfavoráveis ao poder público cheguem, sem maior dificuldade, aos presidentes dos tribunais superiores.

---

suspensão junto ao Superior Tribunal de Justiça, após negado o primeiro pelo Presidente do Tribunal *a quo*, não se condiciona à interposição ou ao julgamento de agravo interno na origem. Precedente: AgRg na SL n. 96-AM" (AgRg na SLS 370, rel. Min. Barros Monteiro, *DJ* 13.08.2007, p. 280).

16. Corretamente o Superior Tribunal de Justiça no Agravo regimental na Suspensão de Liminar 31 – SP (2003/0165357-5).

17. Como é inaplicável a regra do art. 15, § 1.º, da Lei 12.016/2009 para as hipóteses de cabimento regidas pela Lei 8.437/1992, então, a necessidade de esgotamento da instância de origem (art. 4.º, § 4.º, da Lei 8.437/1992) poderá causar prejuízo ao Poder Público, na medida em que terá de aguardar o julgamento do agravo regimental para ter a possibilidade de fazer um novo pedido de suspensão (agora ao presidente do STJ ou do STF). Assim, havendo agravo regimental da decisão do presidente que negou o pedido de suspensão, deverá, por razões óbvias, colocar o agravo para julgamento no Tribunal Pleno (órgão plenário) o mais rápido possível, sob pena de ser compelido judicialmente a fazê-lo. O mesmo raciocínio aplica-se quando o agravo regimental é interposto pelo particular.

18. Ver, por todos (SL 530 AgR, Relator(a): Dias Toffoli (Presidente), Tribunal Pleno, julgado em 17/09/2018, Processo Eletrônico DJE-219 Divulg 11/10/2018 Public 15/10/2018); (Agint NA SLS 2.430/DF, Rel. Ministro João Otávio de Noronha, Corte Especial, julgado em 26/02/2019, DJe 01/03/2019).

CAPÍTULO 04 • MÉRITO DO INCIDENTE DE SUSPENSÃO DE SEGURANÇA **103**

O mais interessante, embora criticável sob todos os aspectos, é o fato de que o dispositivo dá natureza *recursal*[19] ao pedido de suspensão (*recurso no incidente de suspensão*), natureza esta que antes inexistia. Isso porque simplesmente admite a interposição do *novo* pedido de suspensão com a finalidade de anular ou reformar a decisão que manteve ou restabeleceu a liminar concedida contra o Poder Público.

Decerto que se o julgamento deste novo pedido endereçado ao STJ ou STF for de procedência, é sinal de que a decisão *a quo* estaria errada e o presidente *ad quem* estaria corrigindo-a, já que as razões e fundamentos do *novo* pedido de suspensão seriam exatamente os mesmos.

Trata-se, portanto, de modificar a natureza do incidente para tratá-lo, nesta hipótese, como se fosse um *recurso* que pretende a *reforma* da decisão proferida no tribunal *a quo*. Um recurso *incrustado dentro do incidente de suspensão de segurança* que foi iniciado para suspender a eficácia de uma sentença ou de uma liminar.

Sob todas as formas é criticável o dispositivo, não só porque pretende modificar a natureza do instituto, mas principalmente porque cuida de criar um remédio de uma só via, que se presta apenas ao requerente do pedido de suspensão, já que só é cabível quando prejudicar a Fazenda Pública. Trata-se de mais um recurso, no sentido jurídico, para a pessoa jurídica de direito público. Por outro lado, faz do primeiro pedido de suspensão apenas um "trampolim" para que a matéria chegue aos tribunais de cúpula, que, sabe-se, estão mais distantes ainda da situação de fato que ensejou a utilização do primeiro incidente e, mais ainda, da própria lide demandada contra o poder público.

Para este *novo* pedido de suspensão (recurso), aplicam-se as mesmas regras procedimentais já mencionadas, como a interposição do recurso de agravo interno contra a decisão do presidente do STJ ou STF que tenha concedido ou denegado a medida.

Ao vincular o *novo* pedido de suspensão (recurso) ao inconformismo da decisão proferida no agravo interno que restabeleceu ou manteve a decisão em desfavor do Poder Público, o "legislador" não cometeu o mesmo equívoco de edições anteriores da MP 2.180-35/2001 em que permitia o *novo* pedido de suspensão diretamente da decisão do presidente, independentemente do eventual agravo contra esta mesma decisão, tal como consta no atual §1º do art. 15 da Lei 12016. Nesta hipótese (que constava na edição 17 da MP 1.984), admitia que pudessem ser utilizados os dois remédios (suspensão da suspensão para os tribunais de cúpula e agravo para o órgão especial ou plenário do próprio tribunal estadual ou federal) sendo que a finalidade e o objeto do recurso de agravo e da *suspensão da suspensão* seriam exatamente os mesmos, diferenciando-se um do outro pelo órgão competente para julgá-lo.

---

19. Nesse sentido, com acerto, Cassio Scarpinella Bueno. *O poder público...* cit., 2004, p. 58, inclusive quando ressalta no rodapé n. 37 de sua obra que esta *suspensão da suspensão* não confunde a sua natureza com a suspensão originária prevista no *caput* do art. 4.º da Lei 8.437/1992.

Essa coincidência – alertada no item 4.2.2.1.3, capítulo 04, pois ainda cabe em processos de mandado de segurança – é um convite para consequências desastrosas e impensadas pelo "legislador" da medida provisória, bastando imaginar hipótese em que fosse negado o pedido de suspensão da suspensão pelo presidente do tribunal (STJ ou STF) e, por outro lado, ser deferido o agravo pelo órgão especial ou plenário do tribunal, ou, por outro lado ainda, a hipótese de o presidente do STJ ou do STF ter negado o pedido de suspensão e o presidente do tribunal *a quo* reconsiderar a sua decisão quando da interposição do recurso de agravo. Ora, bem se vê que seriam decisões conflitantes, e o motivo desse conflito é, obviamente, o fato de que estes dois remédios, embora nominados diversamente, se destinariam ao mesmo fim: corrigir a decisão do presidente do tribunal que negou o pedido de suspensão. Como se sabe, não pode haver no sistema dois remédios para o mesmo fim, sob pena de ferir a isonomia e o princípio da preclusão.

> A situação de concomitância do recurso de agravo e do pedido de *suspensão da suspensão* em nada se assemelharia à outra situação envolvendo o agravo de instrumento interposto contra a liminar e o pedido de suspensão endereçado ao presidente do tribunal regional ou estadual. Isso porque, neste último caso, estamos diante de remédios distintos e com finalidades igualmente distintas. Neste caso, o agravo tem por finalidade anular ou reformar a liminar concedida, enquanto o pedido de suspensão, apenas de sustar os efeitos da liminar, sem a análise do erro ou desacerto da decisão do magistrado.

4.3 FUNDAMENTO DE FATO: A EXISTÊNCIA DE "RISCO DE GRAVE LESÃO À ORDEM, À SAÚDE, À SEGURANÇA E À ECONOMIA PÚBLICAS"

4.3.1 O juízo de convencimento: juízo político e demonstração do risco de grave lesão

Não há discricionariedade do juízo em conceder a medida de *suspensão da execução de decisão judicial*, ou seja, se foi demonstrado com provas o fato de que a decisão causará grave lesão ao interesse público, um só caminho e um resultado existirá para o órgão julgador: a procedência[20].

Nem se poderia argumentar com o fato de que existe certo grau de subjetivismo do juiz no convencimento[21] sobre a da demonstração da ocorrência do fato, nem o de que, na medida em que é ele juiz, que preencheria o conceito jurídico indeterminado *de grave lesão ao interesse público*, poderia assim denegar ou admitir a suspensão a

---

20. Sobre o tema da discricionariedade judicial ver Teresa Arruda Alvim Wambier. *O novo regime do agravo*, p. 196 e ss.; Sérgio Ferraz et alii. Da liminar em mandado de segurança, *Mandado de segurança*, p. 11 e ss.; Enrico Tullio Liebman. Do arbítrio à razão – Reflexões sobre a motivação das sentenças, *RePro* 30, p. 20; José Carlos Barbosa Moreira. Regras de experiência e conceitos jurídicos indeterminados, *Temas de direito processual*, 2. série, p. 61 e ss.; Karl Engisch. *Introdução ao pensamento jurídico*, p. 206 e ss.; Arruda Alvim. Anotações sobre a medida liminar em mandado de segurança, *RePro* 39, p. 18 e ss.; Carlos Alberto da Costa Dias. Liminares: poder discricionário ou vinculado, *RePro* 79, p. 233 e ss.

21. Nesse sentido, ver José Carlos Barbosa Moreira. Regras de experiência... cit., p. 65-69.

CAPÍTULO 04 • MÉRITO DO INCIDENTE DE SUSPENSÃO DE SEGURANÇA — **105**

partir do que foi demonstrado. Também aqui se rechaçam esses argumentos, porque o subjetivismo é limitado pela necessidade de motivação das decisões judiciais e porque não existe discricionariedade na interpretação de um conceito jurídico indeterminado.

> A competência outorgada ao Presidente do Tribunal para suspender a execução de medidas liminares e de sentenças não é exercível discricionariamente. Ao contrário, supõe a ocorrência de pressupostos específicos alinhados em lei e nesse aspecto o juízo que então se faz tem natureza eminentemente jurisdicional. É inegável, todavia, que os referidos pressupostos são normativamente formulados por cláusulas abertas, de conteúdo conceitual com elevado grau de indeterminação ('grave lesão à ordem, à saúde, à segurança, à economia públicas' e 'manifesto interesse público', *'flagrante ilegitimidade'*). Isso exige que a interpretação e a aplicação da norma se façam mediante preenchimento valorativo moldado às circunstâncias de cada caso. É nesse sentido que deve ser entendido o juízo político a que às vezes se alude no âmbito de pedidos de suspensão (Grifo nosso – REsp 831.495/PR, rel. Min. Teori Albino Zavascki, *DJU* 30.06.2006).

É tão somente sob esta perspectiva que devem ser interpretadas as reiteradas decisões do Superior Tribunal de Justiça ao afirmar que *"o pedido de suspensão ostenta juízo político"* ou que *"o juízo realizado para conceder a suspensão de liminar foi meramente político e não técnico-jurídico"*[22].

O "juízo político" é expressão usada para dizer que: (1) não se analisa o conteúdo da decisão cuja eficácia se suspende, e, mais ainda, (2) que se faz um sopesamento dos valores em jogo para saber qual deve prevalecer naquele caso concreto: a suspensão da eficácia da decisão ou a sua manutenção, desde que esteja presente em concreto o risco de grave lesão; (3) o preenchimento dos conceitos jurídicos indeterminados depende deste juízo de valor ante a existência de provas concretas da sua ocorrência.

> (...) 5. O juízo político é inerente ao julgamento das suspensões de segurança, diante do elevado grau de indeterminação do conceito de grave lesão à ordem, à saúde, à segurança, à economia públicas e de manifesto interesse público. Agravo interno improvido. (AgInt na SLS 2.815/TO, Rel. Ministro HUMBERTO MARTINS, CORTE ESPECIAL, julgado em 09/02/2021, DJe 11/02/2021).

> (...) 10. Estabelecidas essas premissas, entende-se que, apesar da inexata e infeliz terminologia jurisprudencial e doutrinária predominante, na Suspensão não se tem puramente juízo político. Jurisdição se exerce com fulcro em parâmetros e conteúdo valorativo preestabelecidos na legislação, o que, na lógica e no discurso jurídicos do Estado de Direito, implica juízo de legalidade e juízo de constitucionalidade e, com amparo neles, decisão jurisdicional.

> No coração do Estado de Direito, como a própria expressão indica, encontra-se o império das normas (regras e princípios) de Direito, regido só por elas - não mais nem menos que por elas. Por isso, mesmo no âmbito da Suspensão, devem ser rejeitados juízos estritamente políticos (de conveniência e oportunidade). A nenhum juiz, mesmo os integrantes das Cortes de grau mais elevado, deve ser dado afastar-se dos parâmetros da Constituição Federal e das leis. (...)[23].

---

22. AgRg no AREsp 755.464/BA, Rel. Ministro Herman Benjamin, Segunda Turma, julgado em 15/10/2015, DJe 17/11/2015.
23. (AgInt na SS 2.951/CE, Rel. Ministro Herman Benjamin, Rel. p/ Acórdão Ministro Herman Benjamin, Corte Especial, julgado em 04/03/2020, DJe 01/07/2021).

11. Mesmo compreendida como juízo de legalidade ou juízo de constitucionalidade, ainda assim a Suspensão de Liminar ou Segurança há de se utilizar com elevada prudência. Do contrário, inverte-se a ordem natural e democrática do sistema jurídico e do processo, em que aos juízes incumbe emitir juízos técnico-legais; e, aos outros Poderes, juízos políticos. Por isso, a Suspensão de Segurança é medida absolutamente excepcional, voltada a sobrestar execução ou cumprimento de liminar prejudicial à ordem, à saúde, à segurança e à economia públicas, não servindo como sucedâneo recursal.

"A competência outorgada ao Presidente do Tribunal para suspender a execução de medidas liminares e de sentenças não é exercível discricionariamente. Ao contrário, supõe a ocorrência de pressupostos específicos alinhados em lei, e nesse aspecto o juízo que então se faz tem natureza eminentemente jurisdicional. É inegável, todavia, que os referidos pressupostos são normativamente formulados por cláusulas abertas, de conteúdo conceitual com elevado grau de indeterminação ('grave lesão à ordem, à saúde, à segurança, à economia pública' e 'manifesto interesse público', 'flagrante ilegitimidade'). Isso exige que a interpretação e a aplicação da norma se façam mediante preenchimento valorativo moldado às circunstâncias de cada caso. É nesse sentido que deve ser entendido o juízo político a que às vezes se alude no âmbito de pedidos de suspensão" (Grifos nossos – REsp 831.495/PR, rel. Min. Teori Albino Zavascki, DJU 30.06.2006).

No tocante à limitação ao subjetivismo do convencimento do juiz acerca da ocorrência do fato que se pretende demonstrar, para se obter então a subsunção do fato à norma, e, assim, obter a tutela preventiva por via do incidente, observa-se que o princípio da limitação das decisões judiciais (art. 93, IX, da CF/88) exige que toda decisão judicial seja fundamentada, sob pena de nulidade, e, portanto, neste ponto é que deverá o juízo explicitar o porquê de seu convencimento ou não acerca do que foi demonstrado. A decisão sem fundamentação é nula de pleno direito, porque, dentre outros aspectos, não se coaduna com um Estado de Direito[24], na medida em que o juiz deve explicitar as razões de seu convencimento, para impedir decisões arbitrárias[25].

Exatamente porque a finalidade desse remédio processual é preventiva de uma potencial lesão, torna-se bem mais difícil a demonstração em concreto da necessidade da medida, porque, como o dano não ocorreu ainda, está-se diante de uma potencialidade de dano iminente, um risco que caminha para a grave lesão que, por isso mesmo, precisa ser estancada na sua gênese. Entretanto, não é por causa da dificuldade de demonstrar a potencialidade de lesão que se vai dispensar a sua comprovação. Em hipótese alguma a mera alegação supriria a sua demonstração *in concreto*.

Assim, quando a pessoa jurídica de direito público requer, por exemplo, a medida suspensiva da execução da liminar que impediu o repasse de verba municipal para o hospital do referido município e, por isso, causará grave lesão à saúde pública, já que tal hospital é o único que atende a toda comunidade daquela região, deve estar

---

24. Nesse sentido, ver Barbosa Moreira. A motivação das decisões judiciais como garantia inerente ao Estado de Direito, *Temas de direito processual civil*, 2.ª série, p. 87 e ss.
25. Sobre o tema, Rogério Lauria Tucci e José Rogério Cruz e Tucci. *Constituição e processo*, p. 75; Michele Taruffo. Il significato costituzionale dell'obbligo di motivazione. *Participação e processo*, p. 37-44.

CAPÍTULO 04 • MÉRITO DO INCIDENTE DE SUSPENSÃO DE SEGURANÇA **107**

provada, se possível de plano, a existência de potencialidade de lesão, de modo que se podem utilizar todos os meios de prova admitidos em direito (art. 409 do CPC), devendo juntar, se for o caso, planilha de gastos discriminados do hospital, como se faz a divisão desses gastos no setor de compra de materiais hospitalares, qual é a verba que o hospital recebe para gerir seu funcionamento etc., enfim, tudo quanto for necessário para que seja atestada a ocorrência de potencial lesão. Se não for assim, a mera alegação sem provas trará ao órgão julgador apenas dúvidas, e ele não poderá, *sponte sua*, sem a atestação da verdade, deferir a medida sem provas que sustentem o seu convencimento. Soma-se a essa exigência de demonstração cabal da potencialidade de grave lesão o fato de que normalmente estará mitigado para depois da concessão da medida o exercício do contraditório, de modo que este é mais um motivo para o juiz obter a maior certeza possível antes de dar pela procedência do incidente.

Coadunam-se com o exposto as certeiras colocações de Lúcia Valle Figueiredo:

> Assim, a suspensão de liminar outorgada na ação civil pública há de ser concedida com muita cautela. Por isso mesmo, não bastará apenas a alegação de ocorrência de qualquer das situações enumeradas na norma. Será mister, sem sombra de dúvida, a prova concreta, robusta, no caso *sub judice*. Não, como sói acontecer, a mera alegação de interesse público em perigo.
>
> É mister prove a pessoa jurídica de direito público qual o fato ou fatos estão a causar, ou podem causar ameaças a valores tão importantes. E, não apenas, enfatize-se, a alegação vã, desprovida de prova, desprovida de conteúdo, vaga, como se as palavras fossem mágicas.

E quanto a esta avaliação, não terá o presidente do tribunal qualquer competência discricionária, mas sim terá de verificar se está provado – e de forma contundente – que há ameaça à ordem, à saúde, à segurança ou à economia pública. A mera alegação não basta. É necessária a indicação exuberante com elementos factuais de prova que a lesão está por se verificar[26-27].

Ainda, é prática muito comum nos pedidos de suspensão de execução de decisão ao presidente do tribunal a alegação de que a pessoa jurídica de direito público passa por problemas financeiros, que a crise é geral, que a inadimplência dos tributos é constante e, por isso, se naquela situação não lhe fosse dada a suspensão da segurança, constituir-se-ia um agravamento da situação. Essas alegações não são, conforme se acredita, suficientes para permitir o deferimento da medida, pelo simples fato de

---

26. Lúcia Valle Figueiredo. Ação civil pública – Considerações sobre a discricionariedade na outorga e no pedido de suspensão de liminar, na concessão de efeito suspensivo aos recursos e na tutela antecipatória, *Ação civil pública*. Coord. Édis Milaré, p. 344.

27. Nesse sentido: "É princípio corrente em Direito que alegar e nada provar é o mesmo que nada alegar. A suspensão de execução de liminar é medida jurídica excepcional e, como tal, só excepcionalmente deverá ser deferida. Não deve ser transformada em instrumento político nem em indesejável prática de intromissão no poder e na liberdade de julgar do magistrado de primeiro grau" (Presidente do Egrégio TRF-2.ª Região, Rio de Janeiro, Des. Paulo Freitas Barata, ao decidir o pedido de suspensão da execução de liminar concedida em MS 90.000.732), citado por Pedro dos Santos Barcelos. Medidas liminares em mandado e segurança. Suspensão de execução de medida liminar. Suspensão de execução de sentença. Medidas cautelares, *RT* 663/42.

que se trata de alegações genéricas, não demonstrando a potencialidade concreta da lesão aos interesses tutelados na norma.

Por isso, exercer um "juízo político" como explicado alhures é diferente de utilização do instituto para fins políticos o que não é admissível. Se assim fosse, haveria abuso das prerrogativas processuais que são conferidas ao Poder Público. É apenas a prova concreta do risco de grave lesão que fará que o instituto da suspensão de segurança tenha legitimidade para ocupar uma nobre função de proteger os interesses coletivos. Aliás, é do material probatório que o Presidente do Tribunal retirará elementos e subsídios para uma decisão sólida e fundamentada. Recorde-se ainda que a existência do conceito jurídico indeterminado na apreciação de mérito do incidente (risco de grave lesão ao interesse público), obriga a que as provas trazidas sobre ditas matérias de fato trazidas pelo Poder Público sejam analisadas e esmiuçadas pelo Presidente, a fim de fundamentar a sua decisão. O risco de grave lesão que motiva e justifica o pedido de suspensão deve ser atual, imprevisível e iminente[28]. Ora, por tudo isso que se disse, percebe-se que o incidente de suspensão de execução de decisão requerido ao presidente do tribunal deve ser excepcionalíssimo, sob pena de apequenar o importantíssimo papel das "liminares" no resgate da efetividade da prestação da tutela jurisdicional.

> A necessidade de oitiva prévia da pessoa jurídica de direito público prevista em alguns diplomas (art. 12, § 2.º, da LACP e art. 2.º da LMC) não autoriza a alegação, para o juiz da causa, da defesa impeditiva do potencial risco de lesão ao interesse público, porque este fato impeditivo não se relaciona com o objeto da causa. Bem por isso, nos requisitos para a concessão da medida liminar não consta a exigência de que só deva conceder a medida quando, além do relevante fundamento e do perigo da demora, tenha, ainda, que se tratar de hipótese que não cause risco de grave lesão ao interesse público. Não apenas pelo fato de que tal defesa impeditiva extrapola o objeto cognitivo submetido ao magistrado, mas também porque não se pode criar um obstáculo, criando um requisito onde o legislador não pretendeu faze-lo. É bem verdade que essa foi uma tentativa da melancólica MP 1.570, que pretendeu incluir um § 4.º ao art. 1.º da LMC, o qual exigia que para a concessão de uma medida liminar o juiz levasse em consideração, como requisito negativo para a sua concessão, o fato de se causar grave lesão ao interesse público. Oportunamente, por seis votos a cinco, o STF decidiu pela inconstitucionalidade de tal dispositivo em decisão na ADIn proposta pelo Partido Liberal, que foi publicada no DJU no dia 24.04.1997. Ademais, se tal alegação (grave lesão ao interesse público) for apresentada pela pessoa jurídica de direito público ao magistrado de piso, nas 72 horas prévias à concessão da liminar, estará violando regra de competência para o Presidente do Tribunal conhecer dos mesmos argumentos e fundamentos que embasem eventual suspensão de segurança. É que esta defesa impeditiva é de competência originária do Presidente do Tribunal e se provoca por intermédio do incidente de suspensão de segurança.

---

28. "É necessário provar concretamente ameaça de grave lesão à ordem, à saúde, à segurança e à economia públicas, que o deferimento do pedido de suspensão evitaria. Simples alegações não bastam" (AgRg na SLS 827/SP, rel. Min. Humberto Gomes de Barros, *DJe* 07.08.2008); "Para a concessão da suspensão de liminar não basta a demonstração da plausibilidade do direito, sendo imprescindível a comprovação de efetivo risco de lesão a pelo menos um dos bens tutelados pela norma de regência: ordem, segurança, saúde e economia públicas. A medida extrema não pode ser utilizada como simples via processual de atalho para a modificação de decisão desfavorável ao ente público" (AgSL 29-SC; 2003/0188071-6, rel. Min. Edson Vidigal, *DJ* 07.06.2004).

CAPÍTULO 04 • MÉRITO DO INCIDENTE DE SUSPENSÃO DE SEGURANÇA **109**

Deve ser tão estreito o seu uso que, se assim não for, se houver uma banalização do instituto, se irá criar, decerto, um nocivo elemento desestimulador do magistrado para conceder as liminares, porque já saberia de antemão que elas seriam suspensas. Enfim, quer-se dizer que o uso indiscriminado do pedido de suspensão em situações em que ele não merece guarida agride não só a garantia de efetividade de prestação da tutela jurisdicional, mas influencia também na atividade quotidiana do magistrado, que "incluirá", indevidamente, dentre os requisitos para a concessão da medida, a potencialidade do risco de dano para o interesse público, tal qual acontece no *judicio de amparo* no ordenamento argentino.

4.3.2 O dano potencial decorrente do "efeito multiplicador"

A expressão "efeito multiplicador" é bastante comum nos julgados do STF e do STJ. Usa-se esta expressão para designar as situações em que o risco de grave lesão – normalmente à economia pública – não se revela de modo isolado naquele caso em que se pleiteia a suspensão de segurança, mas no *efeito multiplicador* que a liminar, cuja execução se pretende suspender, acarretará em decorrência da existência de casos semelhantes ou análogos que podem se valer daquele precedente. Enxerga-se além daquele caso concreto, porque ele é apenas um dentre múltiplas situações que podem (devem) advir caso seja mantida a execução da decisão que se quer suspender.

Essa característica da potencialidade de lesão ao interesse público não estar ali, isoladamente, naquele caso concreto, mas no efeito multiplicador que a execução pode causar, faz que nestas hipóteses o Poder Público esforce-se em demonstrar, com dados concretos e provas, o porquê de existir naquele caso concreto uma amostra desse efeito multiplicador; há que se demonstrar a similitude da hipótese em análise com as futuras que podem advir. Não bastam palavras, são precisos documentos que atestem tal circunstância.

> (...) 1. O deferimento do pedido de suspensão está condicionado à cabal demonstração de que a manutenção da decisão impugnada causa grave lesão a um dos bens tutelados pela legislação de regência. 2. O incidente da suspensão de liminar e de sentença, por não ser sucedâneo recursal, é inadequado para a apreciação do mérito da controvérsia. 3. O provimento de agravo interno requer a demonstração de motivos que afastem os fundamentos da decisão agravada. 4. A alegação genérica e desacompanhada da comprovação de potencial efeito multiplicador de acórdão é insuficiente para reformar a decisão que o manteve. 5. Agravo interno desprovido. (AgInt na SLS 2.539/GO, Rel. Ministro João Otávio de Noronha, Corte Especial, julgado em 12/11/2019, DJe 20/11/2019).

Imagine-se, por hipótese, uma decisão liminar em mandado de segurança de competência originária de tribunal local que determina a extensão de uma gratificação para determinado impetrante em razão do cargo que ele ocupa. Contra esta decisão, com base no art. 25 da Lei 8038, o Poder Público interpõe no STF um pedido de suspensão com provas que atestam que se todos os servidores públicos daquele cargo se utilizarem do mesmo remédio heroico e obtiverem a mesma liminar, haverá um efeito dominó nos gastos fazendários com potencial lesão à ordem econômica. Esse é o *efeito multiplicador* que densifica a hipótese de *risco de grave lesão* ao interesse público. Visto isoladamente, aquele mandado de segurança não traria maiores consequências à economia do ente público, mas se pensar na concreta possibilidade de que outros servidores lançarão do mesmo expediente para receber o mesmo benefício, torna-se concreta a hipótese da suspensão de segurança. Tudo isso depende de prova concreta por parte do ente público, o que pode ser feito mediante a projeção real das despesas, listando o número de servidores que ocupam o mesmo cargo.

> Ementa Agravo regimental na suspensão de liminar. Decisão originária em que se determinou a extensão da Gratificação de Desempenho Fazendário aos servidores inativos da carreira da Controladoria de Arrecadação Municipal. Lesão à ordem e à economia públicas evidenciada. Medida de contracautela deferida por esta Presidência. Ausência de fundamentos a infirmar a decisão agravada. Agravo regimental não provido. 1. Configurou-se risco à ordem e à economia públicas, na medida em que se impôs ao fundo de previdência municipal imediato impacto orçamentário decorrente de implementação de complemento da Gratificação de Desempenho Fazendário extensível aos aposentados e pensionistas. 2. Patente a possibilidade de concretização do chamado efeito multiplicador, consistente na possibilidade de outros inativos pleitearem a concessão do mesmo benefício. 3. Agravo regimental não provido. (SL 1183 AgR, Relator(a): Dias Toffoli (Presidente), Tribunal Pleno, julgado em 24/08/2020, Processo Eletrônico DJe-229 Divulg 16/09/2020 Public 17/09/2020).

O Superior Tribunal de Justiça considerou como violador da *ordem e economia públicas* a execução da decisão judicial que autorizou a "nomeação e posse de um aprovado em concurso público, no caso a agravante, preterindo os anteriormente aprovados". Segundo afirmou o Ministro, tal situação "*pode gerar o efeito multiplicador de outros interessados ingressarem com ações judiciais e igualmente obterem liminares burlando o respeito à ordem cronológica da lista de aprovados, inclusive oriunda de determinação judicial*"[29]. A hipótese não seria de "efeito multiplicador", acredita-se, porque não há um fato concreto vinculado àquele caso que justificaria a concessão da segurança sob tal fundamento. Entende-se que há o risco de grave lesão à ordem pública e até mesmo a *flagrante ilegitimidade* da decisão judicial (que se explica no tópico seguinte), mas não do *efeito multiplicador*.

> 9. A ponderação de que o caso concreto gera precedente grave não tem fundamento, pois não está indicada a existência de demandas judiciais semelhantes. Dessa forma, não há como constatar a configuração de efeito multiplicador, que também não se deduz. (...) (AgInt na SS 2.839/DF, Rel. Ministra Laurita Vaz, Corte Especial, julgado em 19/12/2018, DJe 07/03/2019).

Não há, obviamente, a presença do efeito multiplicador quando se concede tutela antecipada deferindo determinado servidor para acompanhar familiar em tratamento de saúde, porque se trata de caso isolado, de índole pessoal e específica, sem nenhuma correlação com outras hipóteses que com esta estejam conectadas.

---

29. (AgInt na SS 3.296/BA, Rel. Ministro Humberto Martins, Corte Especial, julgado em 22/06/2021, DJe 25/06/2021).

CAPÍTULO 04 • MÉRITO DO INCIDENTE DE SUSPENSÃO DE SEGURANÇA **111**

Ementas: 1. Embargos de declaração. Agravo regimental intempestivo. Não conhecimento. Erro de fato quanto à tempestividade. Embargos acolhidos. Agravo conhecido. Acolhem-se embargos de declaração quando verificado erro de fato quanto à tempestividade de recurso não conhecido. 2. SERVIDOR PÚBLICO. Remoção. Acompanhamento de irmão portador de paralisia cerebral. Tutela antecipada concedida. Pedido de suspensão rejeitado. Grave dano e efeito multiplicador não demonstrados. Agravo regimental improvido. Nega-se provimento a agravo regimental que não demonstra ocorrência de efeito multiplicador e grave dano aos interesses públicos, que não se presumem. (STA 446 MC-AgR-ED, Relator(a): Cezar Peluso (Presidente), Tribunal Pleno, julgado em 14/09/2011, Processo Eletrônico DJe-201 Divulg 18/10/2011 Public 19/10/2011).

Por outro lado, pareceu absolutamente ponderada e equilibrada a decisão do Ministro do STJ que afastou a tese do *"efeito multiplicador"* ao indeferir a *suspensão de segurança* que pretendia a suspensão da execução de decisão judicial era pontual e restrita aquele caso ao mencionar que:

> *a movimentação e a redução da carga de trabalho determinadas na decisão que se pretende suspender são pontuais e suas consequências podem ser absorvidas mediante alguma reordenação administrativa, sem interferir, excessivamente, na adequada gestão do órgão ministerial. Hipótese peculiar que não enseja efeito multiplicador, afastando o grave risco à segurança e à ordem públicas autorizadores da concessão da medida excepcional de contracautela[30].*

4.3.3 As expressões "Manifesto interesse público", "flagrante ilegitimidade", "evitar grave lesão à ordem, à saúde, à segurança e à economia públicas"

4.3.3.1 Introito

Como já foi observado ao longo deste livro, existem dois *regimes jurídicos diferentes* para a suspensão de segurança: uma para o mandado de segurança e outro para os demais casos (ação civil pública, tutela provisória, ação popular etc.). Para os processos de mandado de segurança, aplicam-se, prioritariamente, as regras dos arts. 15 da Lei 12.016 e o art. 25 da Lei 8.038, enquanto para os demais casos, aplica-se, basicamente[31], o artigo 4º da Lei 8.437.

Realmente seria melhor se apenas um texto legal tratasse de todas as hipóteses, o que certamente traria maior harmonia e segurança ao operador do direito. Como essa realidade não existe, é preciso lidar com as diferenças, ocasionais ou propositais, existentes nos dois regimes jurídicos.

Uma destas diferenças é que o regime jurídico da suspensão de segurança em processos de mandado de segurança descreve que tal remédio serve "para evitar grave lesão à ordem, à saúde, à segurança e à economia públicas" (art. 16 da Lei 12.016 e art. 25 da Lei 8.038), ao passo que para as demais hipóteses de cabimento que segue

---

30. (AgInt na SLS 2.728/RN, Rel. Ministro Humberto Martins, Corte Especial, julgado em 16/12/2020, DJe 11/02/2021).
31. "Basicamente" porque o art. 12, §1º da Lei de ação civil pública também cuida da suspensão de liminar, o lacônico texto do art. 16 da Lei de *Habeas data* (9.507) também trata do tema etc.

o regime jurídico do art. 4º da Lei 8.437, a lei menciona que tal remédio deve ser utilizado *"em caso de manifesto interesse público ou de flagrante ilegitimidade, e para evitar grave lesão à ordem, à saúde, à segurança e à economia públicas"*.

Como se observa, conquanto a *finalidade* seja exatamente a mesma em ambos os regimes jurídicos (*evitar grave lesão à ordem, à saúde, à segurança e à economia públicas*), há duas expressões no *caput* do artigo 4º da Lei 8.437 que não constam no regime do mandado de segurança: *flagrante ilegitimidade e manifesto interesse público.*

Passa-se em seguida ao enfrentamento da *finalidade* comum de ambos os regimes jurídicos, bem como do sentido que se deve emprestar às expressões flagrante ilegitimidade e manifesto interesse público do artigo 4º, caput da Lei 8.437.

4.3.3.2 A opção política de privilegiar a tutela do interesse público enquanto não se tornou definitiva a decisão contra o poder público

O pedido de suspensão de execução de liminar, sentença ou acórdão é um incidente que tem vida *temporária*, qual seja, sua sobrevivência e, portanto, duração só perduram enquanto durar o processo principal sobre o qual incidiu, já que dele é acessório, de modo que, quando se suspende a execução de uma liminar, por exemplo, esta suspensão não pode ultrapassar o período de vida de duração do próprio pronunciamento cuja eficácia ficou suspensa.

É preciso ter cuidado quando se diz *coloquialmente* que a decisão que concede a suspensão de segurança *sacrifica o direito particular em prol do interesse público*. É preciso cautela com a afirmação porque o cabimento do instituto pressupõe inexistência de definitividade, ou, se preferir, *provisoriedade* da execução da decisão que se quer suspender.

Tomando de exemplo uma "liminar", não se pode esquecer que ela é fruto de cognição sumária, porque o "material sobre o qual incide o exame do juiz é, em si mesmo, quase sempre, incompleto"[32], de modo que não só existe uma afirmação de direito, mas também esse direito afirmado, antecipado e provisoriamente entregue ao postulante foi objeto de uma cognição que não teve e não terá o mesmo substrato ou material de convencimento que o órgão jurisdicional terá quando da decisão final que alcançará a coisa julgada material.

O fato de esta última substituir a decisão provisória mantendo o seu posicionamento é mera possibilidade que poderá não ocorrer, caso no desenrolar do processo

---

32. "Diz-se 'exame sumário ou superficial', não por atividade menor do sujeito cognoscente (o juiz), senão que por carência objetiva de material. Por isso que se diz que atinentemente ao *fumus boni iuris* este deve ser 'plausível' ou 'verossímil', adjetivos esses que não expressam a marca da segurança, caracterizadora da certeza, de que deverá estar impregnada a sentença final do processo principal, porque proferida em face de uma instrução completa". Arruda Alvim. Mandado de segurança contra decisão que nega ou concede liminar em outro mandado de segurança, *RePro* 80, p. 55.

CAPÍTULO 04 • MÉRITO DO INCIDENTE DE SUSPENSÃO DE SEGURANÇA   **113**

aquelas condições que permitiram a obtenção provisória da liminar não justifiquem a manutenção de seus efeitos.

Com isso se quer dizer que não se "sacrifica" o interesse particular em prol do interesse público, senão apenas temporariamente a *afirmação* do direito particular em face da *afirmação* do direito do interesse público, porque, sendo confirmada ao final a existência do direito do particular, não haverá mais que se falar em suspensão de execução, porque, justamente, findo estará o próprio incidente junto com o processo.

Ademais, se o próprio legislador admitiu a existência, embora excepcional e estreitíssima, da figura da suspensão de execução de decisão liminar e sentença em mandado de segurança julgado por juiz monocrático e, ainda, nos casos de liminar ou acórdão proferido em sede de mandado de segurança de competência originária de tribunal, portanto, contra decisões, no mínimo, fulcradas em *fatos líquidos e certos*, provados documentalmente, é porque, entre a execução de uma decisão provisória e a afirmação comprovada de grave lesão aos interesses públicos, preferiu, por lógico, optar por este último, pelo menos até que a afirmação de direito no mandado de segurança e nas demais ações em que é admitido o incidente seja realmente comprovada ao final[33].

> I. Suspensão de segurança: compatibilidade com a Constituição. Verdadeiramente inconciliável com o Estado de Direito e a garantia constitucional da jurisdição seria o impedir a concessão ou permitir a cassação da segurança concedida, com base em motivos de conveniência política ou administrativa, ou seja, a superposição ao direito do cidadão das "razões de Estado"; não é o que sucede na suspensão de segurança, que susta apenas a execução provisória da decisão recorrível: assim como a liminar ou a execução provisória de decisão concessiva de mandado de segurança, quando recorrível, são modalidades criadas por lei de tutela cautelar do direito provável – mas ainda não definitivamente acertado – do impetrante, a suspensão dos seus efeitos, nas hipóteses excepcionais igualmente previstas em lei, é medida de contracautela com vistas a salvaguardar, contra o risco de grave lesão a interesses públicos privilegiados, o efeito útil do êxito provável do recurso da entidade estatal. II. Suspensão de segurança; delibação cabível e necessária do mérito do processo principal: precedente (AgSS 846, Pertence, DF 8.11.96). Sendo medida de natureza cautelar, não há regra nem princípio segundo os quais a suspensão da segurança devesse dispensar o pressuposto do fumus boni juris que, no particular, se substantiva na probabilidade de que, mediante o futuro provimento do recurso, venha a prevalecer a resistência oposta pela entidade estatal à pretensão do impetrante. III. Previdência social do Estado: contribuição do segurado: alíquota progressiva conforme a remuneração: arguição de inconstitucionalidade, que em ação direta, o STF reputou inconsistente: grave risco à viabilidade do sistema previdenciário local: suspensão de liminar deferida.
>
> (SS 1149 AgR, Relator(a): Sepúlveda Pertence, Tribunal Pleno, julgado em 03/04/1997, DJ 09-05-1997 PP-18138 Ement Vol-01868-01 PP-00103).

---

33. "(...) Seus efeitos são, portanto, *ex nunc*, uma vez que, *a priori*, os pressupostos autorizadores da medida anteriormente deferida não desapareceram, mas apenas deixaram de prevalecer diante do premente interesse público" (AgRg no MS 13505, 3.ª Seção, rel. Min. Napoleão Nunes Maia Filho, *DJe* 18.09.2008).

4.3.3.3 Para "evitar grave lesão à ordem, à saúde, à segurança e à economia públicas"

4.3.3.3.1 Ainda sobre o sopesamento de valores em jogo

Como foi exposto no item anterior, sob o ponto de vista do interesse que pretende tutelar, o incidente de suspensão de execução de decisão judicial constitui-se num remédio processual de invejável importância e nobreza. Só de imaginar que tal requerimento tem o condão de evitar que, por via de uma decisão judicial não definitiva, uma afirmação de direito cause grave lesão aos bens da coletividade, seria bastante para justificar o enaltecimento do instituto. A tutela é preventiva para evitar o dano iminente ou aquele que, já tendo iniciado, perpetua-se de forma contínua no tempo e precisa ser estancado.

Mesmo não tendo influência sobre o conteúdo da decisão, que permanece intacto, o incidente de suspensão, até por isso, cumpre bem o seu papel sob o ponto de vista do resultado prático que oferece ao requerente em face do custo processual que ele dispensa para tanto.

Sob o prisma do autor da demanda, certamente que a suspensão requerida e concedida pelo presidente é uma "ducha de água fria", porque lhe retira a esperada eficácia obtida numa liminar ou sentença em processos e técnicas que se caracterizam pelo fenômeno da urgência, tais como mandado de segurança, ação civil pública, ação cautelar, ação popular, tutela antecipada, *habeas data* etc. Como a suspensão da execução recai sobre um pronunciamento concedido com base no risco de lesão (*periculum in mora*), é bem provável que a decisão positiva do presidente neste incidente, ao mesmo tempo em que evita o dano à coletividade, *permite* o dano à afirmação de direito do autor. Inegavelmente alguém é sacrificado, pois se retira a eficácia de uma decisão provisória.

Não há dúvidas de que se trata de opção do sistema em privilegiar a afirmação do interesse público em detrimento da afirmação de direito do autor, normalmente, de dimensão menor do que aquele que é resguardado por esse incidente processual[34].

> (...) 2. *Obiter dictum*, o manejo de feito suspensivo é prerrogativa justificada pela supremacia do interesse público sobre o particular, cujo titular é a coletividade, e supõe a existência de grave lesão à ordem, à saúde, à segurança ou à economia públicas. É instituto que visa ao sobrestamento de decisões precárias ou ainda reformáveis que tenham efeitos imediatos e lesivos para o Estado. (EDcl na SLS 2.134/BA, Rel. Ministra Laurita Vaz, Corte Especial, julgado em 20/11/2017, DJe 27/11/2017).

Exatamente por isso, porque importa em negar a prestação imediata e efetiva do direito afirmado, é que se pensa que o incidente em tela não pode ser visto como

---

34. Sobre o tema, ver o que foi dito sobre o princípio da proporcionalidade, quando se comentou sobre a constitucionalidade do pedido de suspensão requerido ao presidente do tribunal.

CAPÍTULO 04 • MÉRITO DO INCIDENTE DE SUSPENSÃO DE SEGURANÇA **115**

remédio vulgar, sob risco de apequenar o inigualável papel das decisões judiciais proferidas em situações de urgência[35].

Destarte, conquanto não se exija a prestação de caução para se obter a suspensão da decisão, até mesmo pela qualidade do legitimado que a postula, pensa-se que não deve ser de todo esquecida a ideia de ressarcimento dos danos causados ao autor demandante[36], caso ao final se verifique que, embora vitorioso, ele teve seu direito prejudicado pela suspensão da execução da decisão judicial, concedida pelo presidente do tribunal[37].

Por tudo isso, acredita-se que o órgão julgador tem um importantíssimo papel no julgamento desse incidente, porque, por se tratar de medida excepcional, só deve ser concedida se estiverem devidas e cabalmente comprovadas as razões de convencimento da medida. Se não for assim, com certeza, o incidente perderá o seu caráter jurídico, para assumir papel estritamente político, e, nesse ponto, além desse mal, poderá influenciar negativamente o juízo de probabilidade das decisões liminares prolatadas pelo juízo *a quo*, que "incluirá", indevidamente, dentre os requisitos para a concessão da suspensão, o nocivo elemento inibidor da decisão política do órgão presidencial, que, decerto, suspenderá a eficácia da sua decisão para esta ou aquela hipótese[38].

Assim, embora não seja um incidente processual que paralise o andamento do processo, é inegável que os seus tentáculos estão diretamente com ele relacionados, porque estaria diminuindo a sua efetividade sob o ponto de vista de quem a reclama.

---

35. Nesse sentido: "Para a concessão de suspensão de segurança não basta a demonstração da plausibilidade do direito, sendo imprescindível a comprovação de efetivo risco de grave lesão a pelo menos um dos bens tutelados pela norma de regência: ordem, segurança, saúde e economia públicas" (STJ, AgRg na SS 1223, Corte Especial, rel. Min. Edson Vidigal, *DJ* 07.06.2004). No mesmo sentido, o Min. Sepúlveda Pertence aduz: "A plausibilidade das razões jurídicas (...) que se poderia admitir na espécie – é condição necessária, mas não suficiente a embasar a suspensão da execução provisória imediata do julgado: a ela há de somar-se a demonstração de que o cumprimento da ordem poderá acarretar lesões graves a valores públicos privilegiados pela lei, quais sejam a ordem, saúde, segurança e economia públicas" (SS 1.180-4/AL, *DJ* 23.04.1997, p. 14.616). Igualmente, o Min. Celso de Mello: "Impõe-se (...) ao presidente do tribunal, no exercício da atribuição monocrática que lhe foi legalmente deferida, que proceda, sempre, a uma *exegese estrita* dos poderes que lhe assistem, até mesmo em respeito à estatura superior que ostenta, em nosso sistema jurídico, o *writ mandamental*. A índole constitucional do mandado de segurança *determina* ao intérprete que *valorize* esse remédio processual, a fim de evitar que uma simples lei ordinária (Lei 12.016/2009, art. 15) venha permitir a adoção de medidas judiciais que contenham, inibam e paralisem os efeitos jurídicos desse relevantíssimo instrumento de proteção consagrado pela própria Constituição" (SS 1.203-2/DF, *DJ* 15.09.1997, p. 44.222).

36. Sobre a responsabilidade civil no processo civil, o excelente artigo de Donaldo Armelin. Responsabilidade objetiva no Código de Processo Civil, *Processo civil – Evolução – 20 anos de vigência*, coord. José Rogério Cruz e Tucci.

37. Apenas a título de observação, vale ressaltar que o sistema de responsabilidade processual por dano, decorrente da suspensão de segurança, serve para coibir o uso injustificado e os abusos que podem ser causados por seu uso indiscriminado. Isso porque, medida excepcional que é, deve ser devidamente ponderada por meio dos princípios da proporcionalidade e da razoabilidade.

38. Endossando as críticas aqui feitas, no mesmo sentido Elton Venturi ao criticar a competência originária criada para o Presidente do Tribunal e não para um dos membros do próprio tribunal. Op. cit., p. 159.

4.3.3.3.2 A finalidade de evitar grave lesão à ordem, à saúde, à segurança e à economia públicas

A leitura dos dispositivos que cuidam da hipótese de cabimento do pedido de suspensão de segurança não parece oferecer dificuldades teóricas no tocante à regra de prevalência do interesse público sobre o interesse privado. Também foi dito que essa prevalência deve ser demonstrada, mediante *provas cabais das questões de fato* que servem de suporte à formulação do pedido de suspensão de segurança.

Entretanto, se, por um lado, do ponto de vista teórico é perfeitamente compreensível a regra da supremacia do interesse público sobre o privado, derivada do regime jurídico de direito público que rege o Poder Público, de outra banda, não parece que a mesma facilidade encontra o operador do direito quando, na prática, precisa postular ou decidir o incidente. Não se pode perder de vista que a finalidade descrita na hipótese de incidência refere-se a situações de fato (impedir grave lesão à economia, à saúde, à ordem e à segurança públicas) que dependem de demonstrações concretas e devidamente provadas de que é necessária a medida excepcional da suspensão de segurança.

O fato de a expressão "grave lesão ao interesse público" (economia, segurança, saúde e ordem pública) corresponder àquelas situações que encerram conceitos jurídicos indeterminados, que são propositadamente criados pelo legislador, para permitir ao magistrado uma mobilidade para preenchê-lo, segundo as circunstâncias do caso concreto não retira, ante o contrário, o dever de demonstrar a sua ocorrência, com fatos devidamente provados. Assim, a demonstração fática e sua prova (do efetivo risco de grave lesão ao interesse público) são de importância fundamental para que o magistrado possa identificar se a situação tutelanda deve mesmo receber a proteção pelo instituto.

Nesse particular, o já mencionado acórdão do STJ: "A competência outorgada ao Presidente do Tribunal para suspender a execução de medidas liminares e de sentenças não é exercível discricionariamente. Ao contrário, supõe a ocorrência de pressupostos específicos alinhados em lei, e nesse aspecto o juízo que então se faz tem natureza eminentemente jurisdicional. É inegável, todavia, que os referidos pressupostos são normativamente formulados por cláusulas abertas, de conteúdo conceitual com elevado grau de indeterminação ('grave lesão à ordem, à saúde, à segurança, à economia pública' e 'manifesto interesse público', 'flagrante ilegitimidade'). Isso exige que a interpretação e a aplicação da norma se façam mediante preenchimento valorativo moldado às circunstâncias de cada caso. É nesse sentido que deve ser entendido o juízo político a que às vezes se alude no âmbito de pedidos de suspensão" (Grifos nossos – REsp 831.495/PR, rel. Min. Teori Albino Zavascki, DJU 30.06.2006).

Ementa: I. Suspensão de segurança: compatibilidade com a Constituição. Verdadeiramente inconciliável com o Estado de Direito e a garantia constitucional da jurisdição seria o impedir a concessão ou permitir a cassação da segurança concedida, com base em motivos de conveniência política ou administrativa, ou seja, a superposição ao direito do cidadão das "razões de Estado"; não é o que sucede na suspensão de segurança, que susta apenas a execução provisória da decisão recorrível: assim como a liminar ou a execução provisória de decisão concessiva de mandado de segurança, quando recorrível, são modalidades criadas por lei de tutela cautelar do direito provável – mas ainda

CAPÍTULO 04 • MÉRITO DO INCIDENTE DE SUSPENSÃO DE SEGURANÇA | **117**

não definitivamente acertado – do impetrante, a suspensão dos seus efeitos, nas hipóteses excepcionais igualmente previstas em lei, é medida de contracautela com vistas a salvaguardar, contra o risco de grave lesão a interesses públicos privilegiados, o efeito útil do êxito provável do recurso da entidade estatal. II. Suspensão de segurança; delibação cabível e necessária do mérito do processo principal: precedente (AgSS 846, Pertence, DF 8.11.96). Sendo medida de natureza cautelar, não há regra nem princípio segundo os quais a suspensão da segurança devesse dispensar o pressuposto do fumus boni juris que, no particular, se substantiva na probabilidade de que, mediante o futuro provimento do recurso, venha a prevalecer a resistência oposta pela entidade estatal à pretensão do impetrante. III. Previdência social do Estado: contribuição do segurado: alíquota progressiva conforme a remuneração: arguição de inconstitucionalidade, que em ação direta, o STF reputou inconsistente: grave risco à viabilidade do sistema previdenciário local: suspensão de liminar deferida. (SS 1149 AgR, Relator(a): Sepúlveda Pertence, Tribunal Pleno, julgado em 03/04/1997, DJ 09/05/1997 PP-18138 Ement vol-01868-01 PP-00103).

É claro que identificar quando existe uma iminência de grave lesão ou quando existe o interesse público (é necessário que exista o risco de grave lesão somado a pelo menos um dos bens jurídicos tutelados na norma – saúde, economia pública etc.) não será uma tarefa fácil diante do contexto que se apresenta ao Presidente do Tribunal.

Não só porque inexiste um conceito predeterminado (já que se trata de conceito vago) que facilite a sua verificação em concreto, mas também porque, de modo reprovável, o Poder Público vale-se do instituto para tutela exclusiva de interesse secundário, o que amplifica a dificuldade em proferir um julgamento justo e consentâneo com a realidade que se apresenta. Daí, insista-se, é que se torna imprescindível um rico e convincente material probatório para que esteja demonstrada a existência de provável lesão ao interesse público.

É evidente que, se é o princípio da supremacia do interesse público sobre o privado que constitui a *ratio essendi* desta prerrogativa do Poder Público, certamente haverá casos em que, de um lado, no polo ativo, existirá um autor individual que tutela seu próprio direito, em contraste com uma alegação do Poder Público, no polo passivo da demanda, que sustentará que a tutela imediata e provisória do interesse particular poderá causar risco de grave lesão ao interesse público.

Todavia, às vezes, no polo ativo poderá existir um autor que postula em nome da coletividade, figurando apenas como um *legítimo condutor ou portador de interesses difusos*, tal como acontece na ação civil pública (art. 5.º da Lei 7.347/85). Nesse caso, poder-se-á estar diante de um choque de valores em que o contraste (público *versus* privado) não estará evidente, e, por isso mesmo, será necessário que o Presidente do Tribunal exerça um juízo de ponderação e razoabilidade que permitam identificar onde se encontra, naquele caso concreto, o interesse público.

> Sobre a identificação do interesse público, pode-se dizer que, com a transformação do Estado de liberal para social, o interesse público deixou de ser aquilo que não era individual para ser aquilo que é do povo. Essa mudança de postura estatal (de omissiva a comissiva) fez com que diversos direitos relativos à entrega de qualidade de vida passassem a ser exigidos pela sociedade, impondo-se um dever ao Estado de prestá-los. Nesse ponto, o papel do Estado passou a ser

o de efetivar os interesses públicos primários (cujo titular é o povo), separando-os daqueles que correspondem ao seu interesse privado (secundário) e que só podem ser perseguidos quando não confrontem com o interesse primário. O conteúdo desses interesses primários, numa sociedade pluralista como a nossa, só se define no caso concreto, pela proteção desta ou daquela situação pelo ente político competente no exercício de sua função (Executivo, Legislativo e Judiciário). O fim almejado na adoção desta ou daquela posição pelo Estado deve ter por norte as regras e princípios constitucionais abstratamente considerados. Os direitos difusos seriam, portanto, esses interesses protegidos pelo Estado em cada caso concreto. Isso permite-nos antever a existência de "choques" de interesses difusos dentro de uma mesma comunidade, cabendo ao Estado, no exercício da função, proteger este ou aquele segundo os ditames constitucionais. Estes choques serão resolvidos pelo uso do princípio da proporcionalidade, que permite sobrepor, usando a máxima do sopesamento (mal maior e mal menor no caso concreto) qual deve ser o princípio utilizado pelo operador do direito, e, portanto, qual o interesse tutelado.

Mas não é só, pois mesmo que exista um interesse particular, privado, em contraste com um interesse reclamado pelo Poder Público pela via de suspensão de segurança, é necessário que este último reclame a tutela pelo interesse público primário, pois o secundário não diz respeito à coletividade e não é o protegido pelo remédio da suspensão de segurança. É importante que fique bem claro que o princípio da supremacia do interesse público sobre o interesse privado contempla a proteção do *interesse público primário*.

> (...) 1. A apreciação de provocação de interessado que alega fatos supervenientes capazes de alterar o suporte fático que ensejara a suspensão compete à presidência do tribunal que a deferiu ou ao órgão colegiado que a referendou, dado o conhecimento não exauriente típico dos incidentes de suspensão, que visam à substancial proteção de direitos relacionados com o interesse público primário (...) 2. A interferência do Poder Judiciário em regras de elevada especificidade técnica do setor elétrico por meio de liminar configura grave lesão à ordem pública. (...) (AgInt na PET no ARE no RE nos EDcl no AgRg na PET na SLS 1.911/DF, Rel. Ministro JOÃO OTÁVIO DE NORONHA, CORTE ESPECIAL, julgado em 11/12/2018, DJe 14/12/2018).

> (...) 1. Há legitimidade ativa das pessoas jurídicas de direito privado prestadoras de serviço público (empresas públicas, sociedades de economia mista, concessionárias e permissionárias de serviço público) para a propositura de pedido de suspensão, quando na defesa do interesse público primário. Precedentes: AgRg no AREsp 784.604/MG, Rel. Ministro Gurgel de Faria, Primeira Turma, DJe 25/5/2016; AgRg no AREsp 50.887/AM, Rel. Ministro Herman Benjamin, Segunda Turma, DJe 12/2/2016.

Na análise jurisprudencial, podem-se encontrar várias e várias situações que exemplificam o que foi exposto, ou seja, os conflitos entre supostos interesses públicos (segurança, economia, saúde e ordem públicas) ou de aparente conflito entre um interesse privado e um interesse secundário da administração pública.

Assim, por exemplo, na demanda civil pública ajuizada pelo Ministério Público e obtida liminar para determinar ao Município a paralisação da música alta (acima de 70 decibéis) e do funcionamento dos quiosques noturnos, uma vez que a degradação do meio ambiente estava diminuindo a qualidade de vida da população sob todos os aspectos (poluição sonora, sujeira na praia, aumento do número de ratos e

CAPÍTULO 04 • MÉRITO DO INCIDENTE DE SUSPENSÃO DE SEGURANÇA | **119**

doenças, marginalidade etc.), o Município, então, requereu a suspensão da execução, argumentando que se deveria assim evitar grave lesão à ordem econômica, porque o potencial turístico poderia ser afetado e, com isso, comprometer a arrecadação municipal e desenvolvimento daquela região. Nesse caso, está-se diante de alegações das partes que colocam em sentido contrário interesses da coletividade.

Parece, entretanto, que não há que falar em contraposição de interesses coletivos, mas simplesmente na *priorização de interesses enquanto não se tem o trânsito em julgado da demanda*. Ademais, apenas diante das provas, argumentos e fundamentos, postos à sua apreciação que o Presidente do Tribunal decidirá em qual situação está presente a tutela do interesse público, na medida em que suspenderá ou não a execução da liminar, dependendo da existência ou não do risco de grave lesão ao interesse público, sempre de acordo com o caso concreto.

De igual modo, por exemplo, na ação civil pública que determina, liminarmente, o emprego de verba pública para construção de uma rede de esgoto em local diverso do que teria sido pré-determinado pelo Município e este requer a suspensão de segurança, para evitar grave lesão à ordem administrativa, bem como à saúde pública, fundamentando-se na discricionariedade de suas decisões na elaboração das políticas públicas. Aqui, mais uma vez, o Judiciário será obrigado a sopesar valores e ponderar neste caso concreto a quem assiste razão e, portanto, onde existe o interesse público que mereça tutela. Repita-se, portanto, que, em hipóteses concretas, o órgão jurisdicional deve sopesar, pelo princípio da proporcionalidade[39], o que é mais necessário para aquele momento, o que possui dimensão e imediatidade mais importantes e relevantes. Exatamente por isso não é possível a simples alegação de que irá ferir a economia e a ordem públicas, porque, se tais condições não forem suficientemente provadas, então não restam dúvidas de que nem sequer será necessário o exame do princípio da proporcionalidade neste caso.

Portanto, o viés econômico, da saúde, da economia e da ordem pública servem para densificar o preenchimento do *interesse público protegido pelo dispositivo*. A *grave lesão à economia pública*, por exemplo, refere-se ao impacto negativo sobre as contas (gastos, finanças, despesas) públicas considerando, neste quesito, a realidade normal ou típica do ente público num considerável período de avaliação.

Logo, quando a execução provisória de uma decisão judicial deferida contra o poder público representar, por ela mesma ou pelo seu evidente efeito multiplicador de demandas iguais, uma *grave* (observe o adjetivo) e *negativa impactação na eco-*

---

39. Sobre o princípio da proporcionalidade, ver Karl Larenz. *Metodologia da ciência do direito*, p. 535 e ss.; em situação semelhante, no tocante ao princípio da proporcionalidade, comentando sobre a suspensão da execução pela via recursal, assim diz Marinoni: "Na análise do conflito entre o direito à tempestividade da tutela jurisdicional (direito à execução imediata) e o direito à cognição definitiva (direito à suspensão da execução imediata), devem ser consideradas a probabilidade de êxito do recurso e a relação entre o dano que pode ser imposto ao réu pela execução imediata e o dano que pode ser gerado ao autor pela ausência dessa execução". *Tutela antecipatória, julgamento antecipado e execução imediata da sentença*, p. 208.

nomia do ente público, comprometendo o seu regular exercício financeiro, é que se pode falar em "grave lesão à economia pública". Não há como fugir das provas que atestem a situação financeira passada, atual e futura, com números reais do potencial lesivo às finanças públicas.

Da mesma forma, tomando por conceito de "saúde pública" o conjunto de técnicas, processos, políticas e medidas executadas direta ou indiretamente pelo Estado que visem à garantia e proporcionem o *completo bem-estar físico, mental e social e não apenas como a ausência de infecções ou enfermidades*[40], certamente será preciso que se demonstre de forma cabal que a execução provisória da decisão judicial deferida contra o poder público implicará em *grave lesão à saúde pública*, porque os métodos, ou a política, ou os instrumentos ou técnicas ofertadas à sua população ficarão gravemente impactados e comprometidos. Assim, não se configura presente o risco de grave lesão à saúde pública pela simples alegação (conjectura, suposição) do poder público de que "*o retorno do servidor implicaria lesão à saúde pública, pois, uma vez reintegrado, atuará de forma negligente no desempenho de suas atividades*"[41]. Por sua vez, entendeu-se como presente a "grave lesão à saúde pública" na hipótese em que a decisão cuja eficácia se pretende suspender determina a "*subtração de valor que pode inviabilizar o funcionamento das unidades de saúde por ela administrada*"[42]. No mesmo sentido quando a decisão exequenda determina a "*paralisação das atividades de coleta de resíduos sólidos domiciliares e de limpeza e manutenção dos logradouros*"[43].

A expressão "ordem pública", que categoriza uma das situações de proteção do incidente de suspensão de segurança, não é de fácil delimitação[44] e, inclusive, para muitos, engloba a existência de um estado ou condições de *segurança, tranquilidade* e *salubridade* pública[45]. Trata-se de *conceito jurídico indeterminado*[46] que normalmente é preenchido quando estão presentes, dentro de uma normalidade[47], as condições ou o estado de respeito às instituições, aos poderes constituídos, ao cumprimento dos direitos fundamentais, aos direitos petrificados na carga magna (art. 60, § 4º da CF/88, I – a forma federativa de Estado; II – o voto direto, secreto, universal e periódico; III – a separação dos Poderes; IV – os direitos e garantias individuais).

---

40. Organização das Nações Unidas. *Official Records Of The World Health Orgamzation*, Disponível em: https://apps.who.int/iris/bitstream/handle/10665/85573/Official_record2_eng.pdf;jsessionid=70D11F48FE5E-5A8888E3FDB8F72426A8?sequence=1. Acesso em: 20 jul. 2021.

41. (AgInt na SLS 2.207/RN, Rel. Ministra Laurita Vaz, Corte Especial, julgado em 15/03/2017, DJe 04/04/2017).

42. (AgInt na SLS 2.286/SP, Rel. Ministra Laurita Vaz, Corte Especial, julgado em 29/11/2017, DJe 05/12/2017).

43. (AgRg na SLS 2.043/RJ, Rel. Ministro Francisco Falcão, Corte Especial, julgado em 16/09/2015, DJe 05/10/2015).

44. Diogo de Figueiredo Moreira Neto. Revisão doutrinária dos conceitos de ordem pública e segurança pública. *Revista de Informação Legislativa*, Brasília, ano 25, n. 97, p. 133-154, jan./mar. 1988, p. 134.

45. LAZZARINI, Álvaro. *Estudo de Direito Administrativo*. 2. ed. São Paulo: Ed. RT, 1999, p. 52.

46. LAZZARINI, Álvaro. A ordem constitucional de 1988 e a ordem pública. *Revista de Informação Legislativa*. Brasília, ano 29, n. 115, p. 275-294, jul./set. 1992, p. 292.

47. Ordem do latim (latim *ordo, inis*, ordem, disposição, arranjo), boa administração, regularidade, disciplina, organização, estado de normalidade. "ordem". In: *Dicionário Priberam da Língua Portuguesa* [em linha], 2008-2021, https://dicionario.priberam.org/ordem Acesso em 11 ago. 2021.

CAPÍTULO 04 • MÉRITO DO INCIDENTE DE SUSPENSÃO DE SEGURANÇA

O Decreto 88.777/83 aprova o regulamento para as polícias militares e corpos de bombeiros militares, e, tal regulamento define no art. 2.º, 21 o que seja ordem pública:

(...)

21) Ordem Pública. Conjunto de regras formais, que emanam do ordenamento jurídico da Nação, tendo por escopo regular as relações sociais de todos os níveis, do interesse público, estabelecendo um clima de convivência harmoniosa e pacífica, fiscalizado pelo poder de polícia, e constituindo uma situação ou condição que conduza ao bem comum.

Nesta linha, sempre que a execução provisória da decisão deferida em desfavor do poder público atentar contra a estabilidade ou condições de exercício de tais direitos e valores constitucionais, causando - ou em vias de causar - *desordem pública*, certamente que *in re ipsa* é a existência de *grave lesão* ao interesse público, sendo necessária a concessão da suspensão de segurança. Observe-se que todas as vezes que uma decisão judicial provisória tem capacidade de comprometer os serviços públicos (água, esgoto, iluminação, internet, transporte etc.) de forma grave e atingindo parcela considerável da população local, proporcionando um caos social e administrativo, deve haver a presença de requisitos para a concessão da medida de suspensão de segurança.

Um exemplo de *grave lesão à ordem pública* ocorre quando a decisão judicial impede o exercício normal dos demais poderes constituídos, como ocorre em situações em que a ordem judicial afasta – fora dos estritos limites da lei – agente político, mandatário de cargo eletivo, regularmente eleito pelo sufrágio universal. Nesta situação, não se trata apenas de "um mandato eletivo", mas da própria democracia representativa que legitima os representantes eleitos do legislativo e do executivo.

Agravos internos na suspensão de liminar e de sentença. Ajuizamento por agente político. Legitimidade. Afastamento de vereador licenciado já ocupante de cargo no poder executivo municipal. Ação de improbidade administrativa. Afastamento por período excessivo. Inexistência de justificativas. Grave dano à ordem pública. (...) 2. O afastamento de vereador por prazo superior a 2 anos não se justifica diante da ausência de provas suficientes de que o retorno ao exercício do cargo representaria risco à instrução da ação de improbidade administrativa. AgInt na SLS 2.698/SP, Rel. Ministro Humberto Martins, Corte Especial, julgado em 01/02/2021, DJe 04/05/2021).

Da mesma maneira, quando se disse acima, quando a decisão judicial usurpa a função legislativa, agredindo a esfera de atuação de outra esfera de poder:

(...) Como já dito na decisão ora agravada, a grave lesão à ordem pública, na acepção administrativa, está configurada, porquanto a decisão liminar proferida pelo Tribunal de origem assume caráter legislativo, isto é, de maneira geral e abstrata, sem a demonstração concreta e específica do alegado desequilíbrio econômico-financeiro no caso em exame, e estipula a garantia de "ajuda emergencial" em forma de valores a serem pagos pelo Poder Público às empresas concessionárias. Ademais, o Judiciário não pode converter-se em administrador positivo e determinar uma série de medidas, a exemplo das contempladas na decisão liminar do TJPR, especialmente nas circunstâncias atuais, sob pena de lesão à ordem público-administrativa. (...) (AgInt na SLS 2.730/PR, Rel. Ministro Humberto Martins, Corte Especial, julgado em 16/12/2020, DJe 18/12/2020).

Também há lesão à ordem pública administrativa (potencial causador de desordem pública) quando os serviços públicos se apresentam comprometidos pela decisão judicial que determina ao afastamento imediato e liminar de servidores públicos, deixando à mingua o serviço público que estava sendo prestado.

> Ementa: Agravo regimental na suspensão de liminar. Estado do rio de janeiro. Lei estadual n. 7.786/2017: reestruturação do sistema de cálculo do ITCMD. Ação direta de inconstitucionalidade estadual. Medida cautelar deferida: alegação de inobservância do princípio da anterioridade nonagesimal. Requerimento de suspensão: cabimento excepcional. Risco de lesão à ordem e à economia públicas: caracterização. Suspensão de liminar deferida. Impossibilidade de análise nesta via processual de questões afetas à alegada inconstitucionalidade material da lei estadual impugnada na origem. Ausência de argumentos ou fatos novos capazes de infirmar a decisão recorrida. Agravo regimental ao qual se nega provimento.
>
> (SI 1145 Agr, relator(a): Cármen Lúcia (Presidente), Tribunal Pleno, julgado em 10/09/2018, Processo Eletrônico DJe-202 Divulg 24/09/2018 Public 25/09/2018).

Por sua vez, a "segurança pública" é inegavelmente um direito fundamental previsto nos arts. 5°, *caput* e 6° *caput*, bem como no artigo 144 da CF/88; direito este que permite, assegura, garante a fruição de outros direitos reconhecidos no ordenamento jurídico[48].

Segundo o artigo 144 da CF/88:

> Art. 144. A segurança pública, dever do Estado, direito e responsabilidade de todos, é exercida para a preservação da ordem pública e da incolumidade das pessoas e do patrimônio, através dos seguintes órgãos:
>
> I – Polícia federal;
>
> II – Polícia rodoviária federal;
>
> III – Polícia ferroviária federal;
>
> IV – Polícias civis;
>
> V – Polícias militares e corpos de bombeiros militares.
>
> VI – Polícias penais federal, estaduais e distrital.

Neste passo, sempre que forem preenchidos os ditames do art. 144 da CF/88 pela situação concreta trazida ao Presidente do Tribunal, com prova cabal da *grave lesão à segurança pública*, deve ser deferida a medida de suspensão de segurança. Assim, quando é deferida medida liminar em ação civil pública que impede a continuidade da atividade de mineração pelo risco de rompimento da barragem haverá que se evitar a grave lesão à segurança pública.

> (...) 1. Documentos elaborados pela Agência Nacional de Mineração que indicam fatos suficientes para colocar em xeque a possibilidade de pleno funcionamento de barragem, gerando incertezas sobre a segurança pública, são suficientes para a ratificação de decisão do tribunal local que determinou o sobrestamento da utilização da barragem.

---

48. SOUZA, Antônio Francisco de. *A polícia no Estado de Direito*. São Paulo: Saraiva, 2009, p. 300.

CAPÍTULO 04 • MÉRITO DO INCIDENTE DE SUSPENSÃO DE SEGURANÇA **123**

2. Retificação de voto para dar provimento ao agravo interno e reconsiderar a decisão liminar a fim de indeferir o pedido de suspensão.

(AgInt na SLS 2.515/MG, Rel. Ministro João Otávio de Noronha, Corte Especial, julgado em 22/04/2021, DJe 17/05/2021).

Haverá riso de grave lesão à segurança pública ensejador do pedido de suspensão de segurança quando decisão judicial autorizar a *"prestação de serviços de transporte de passageiros sem autorização da agência reguladora põe em risco a segurança dos passageiros, configurando lesão à segurança pública"*[49].

4.3.3.4 As expressões "flagrante ilegitimidade" e o "manifesto interesse público" constantes apenas do art. 4º da Lei 8.437

Diz-se mais acima que, embora a *finalidade* da suspensão de segurança em mandado de segurança e nos demais casos regidos pelo art. 4º da Lei 8437 seja exatamente a mesma (*evitar grave lesão à ordem, à saúde, à segurança e à economia públicas*), há duas expressões no *caput* deste dispositivo que não estão na redação da suspensão de segurança aplicável aos processos de mandado de segurança: *flagrante ilegitimidade e manifesto interesse público*.

As expressões "em caso de flagrante ilegitimidade ou de manifesto interesse público", constantes do art. 4º da Lei 8437, configuram duas hipóteses diferentes, posto que separadas pela conjunção alternativa "ou".

A expressão "no caso de flagrante ilegitimidade" refere-se ao ato decisório cuja decisão se pretende suspender. Seria uma espécie de "decisão teratológica", "absurda", daquelas que são inaceitáveis, porque chocam ao mais neófito operador do direito e, ainda, *causam grave lesão ao interesse público*. Dificilmente uma decisão deste tipo não é ofensiva à ordem pública, o que, portanto, já estaria absorvida pelas finalidades do instituto.

> (...) a flagrante ilegitimidade a que se refere o artigo 4º da Lei 8.437/1992 relaciona-se, na verdade, com a legitimidade ou não da decisão judicial cujos efeitos se pretende suspender (...)".
> (AgRg na SLS 1.297/RJ, Rel. Ministro Ari Pargendler, Corte Especial, julgado em 15/12/2010, DJe 14/03/2011).

Conforme se entende, não andou bem a lei ao colocar como motivo ensejador da suspensão da execução da decisão judicial a "flagrante ilegitimidade". Para deixar mais claro o entendimento, repete-se o texto do art. 4.º, *caput*, da Lei 8.437/92:

> Compete ao presidente do tribunal, ao qual couber o conhecimento do respectivo recurso, suspender, em despacho fundamentado, a execução da liminar nas ações movidas contra o Poder Público ou seus agentes, a requerimento do Ministério Público ou da pessoa jurídica de direito público interessada, em caso de manifesto interesse público ou de *flagrante ilegitimidade*, e para evitar grave lesão à ordem, à saúde, à segurança e à economia públicas.

---

49. (AgInt na SLS 2.129/BA, Rel. Ministra Laurita Vaz, Corte Especial, julgado em 05/10/2016, DJe 21/10/2016).

Pelo dispositivo citado acima, havendo "flagrante ilegitimidade" e para evitar grave lesão ao interesse ali tutelado, haverá fundamento para suspender a execução da decisão.

Entendida a expressão em seu teor literal, significaria, por exemplo, que a liminar concedida em ação civil pública precisaria ter sua eficácia suspensa, porque concedida em favor de autor flagrantemente ilegítimo. Obviamente que a expressão nada tem a ver com a condição da ação da "legitimidade" para postular o incidente, como acertadamente já decidiu o STJ.

> Suspensão de Antecipação de Tutela – "Flagrante Ilegitimidade" – Sentido do termo no art. 4º da Lei 8.437/92. A "flagrante ilegitimidade" cogitada no Art. 4º da Lei 8.437/92 não é condição da ação, porque se refere, no contexto do dispositivo, à execução da liminar nas ações movidas contra o Poder Público ou seus agentes. (AgRg na SLS 827/SP, Rel. Ministro Humberto Gomes de Barros, Corte Especial, julgado em 04/06/2008, DJe 07/08/2008).

Não deve se pensar desta forma, pois a suspensão de segurança não pode funcionar como um sucedâneo recursal. Ora, se assim fosse, ou seja, se é *flagrantemente ilegítima* a parte que obteve a liminar, então é conclusão lógica que não se tinha legitimidade para agir, nem sequer poderia ter obtido a decisão a seu favor, caso em que, sendo flagrante a inexistência dessa condição da ação, deveria ter sido indeferida a petição inicial nos moldes do que determina o art. 330 do CPC. Assim, parece que, por coerência, se fosse o caso então de exigir a ilegitimidade (antijuridicidade da decisão) como motivo para suspensão e, mais ainda, o presidente pudesse, portanto, penetrar na legalidade/ilegalidade da decisão, ter-se-ia que admitir o absurdo de o presidente do tribunal, em lugar de suspender a eficácia da medida, então extinguir o processo sem resolução do mérito, porque reconheceu a flagrante ilegitimidade![50]

Por outro lado, mesmo sabendo que o texto legal adjetiva de "flagrantemente ilegítima" a decisão judicial, nem aqui foi feliz o legislador, porque admite como pressuposto da medida a *incorreção* da decisão cuja eficácia se pretende suspender porque ofende gravemente o interesse público.

De toda forma, a expressão "flagrantemente ilegítima" presente no art. 4º, *caput* da Lei 8.437, que seja capaz de prejudicar gravemente o interesse público é absolutamente inútil, assim como a que menciona "no caso de manifesto interesse público". Veja-se o porquê desta afirmação, relembrando que o citado dispositivo exigiu para a suspensão da execução da liminar os seguintes requisitos:

> a) em caso de manifesto interesse público e para evitar grave lesão à ordem, à saúde, à segurança e à economia públicas;
>
> ou

---

50. Equivocada a utilização da expressão para reconhecer a "flagrante ilegitimidade" do requerente da medida como fez o STF na SL 555 Relator(a): Min. Presidente; Decisão proferida pelo(a): Min. Ayres Britto; Julgamento: 25/06/2012; Publicação: 28/06/2012.

CAPÍTULO 04 • MÉRITO DO INCIDENTE DE SUSPENSÃO DE SEGURANÇA **125**

b) em caso de flagrante ilegitimidade e para evitar grave lesão à ordem, à saúde, à segurança e à economia públicas.

Dessa forma, percebe-se que, por via da exigência contida na letra *a*, se é para evitar grave lesão aos bens ali mencionados, então tem que existir o manifesto interesse público na medida, não se podendo admitir que seja suspensa a execução da liminar para evitar grave lesão à saúde, à segurança, à economia e à ordem públicas, e, em contrapartida, não exista manifesto interesse público. Seria ilógico não pensar dessa forma, já que, se o que se vai tutelar é o interesse público, então é justamente isso que motivará o incidente. Não é necessário que se prove o "manifesto interesse público", porque justamente o que se pretende evitar é a "lesão ao interesse público". Logo, há manifesto interesse público sempre que se evite lesão ao interesse público.

Sendo assim, cai no vazio a hipótese da letra *b*, uma vez que, existindo flagrante ilegitimidade, mas não o risco de lesão aos bens ali tutelados, não será deferida a suspensão; em contrapartida, se não existir a "flagrante ilegitimidade", mas houver o risco de lesão àqueles bens, deverá ser suspensa a execução da decisão.

Assim como o legislador cometeu deslizes técnicos ao usar a expressão *despacho fundamentado* e ao mencionar adiante *ações movidas contra o poder público*, causou defeito técnico ao dispositivo, ao inserir como motivo para obtenção da suspensão da execução a inócua expressão *flagrante ilegitimidade*, sendo que, neste último caso, como se viu, não só por razões processuais não se pode admiti-la, mas também por total inocuidade do dispositivo, já que, tendo ou não a *flagrante ilegitimidade*, o que determinará a suspensão é o interesse público, que é a única causa bastante para a suspensão da execução da decisão. A presença pura e simples da flagrante ilegitimidade é causa insuficiente para a obtenção da suspensão, ao passo que a existência de interesse público é bastante para tal.

Ademais, como dito, ainda que a expressão adjetive o ato judicial cuja execução se quer suspender, também aqui não é lícito admitir que a suspensão de segurança seja remédio para apontar o erro ou acerto da referida decisão. É absolutamente irrelevante – e assim que tem que ser – se a decisão é ou não é *absurda*. A *ordem pública judicial*[51] não é tutelada pela suspensão de segurança que dada as suas peculiaridades "*não se examina a juridicidade da decisão impugnada, nem se pretende, em juízo de probabilidade e verossimilhança, invalidá-la ou reformá-la, mas apenas suspender seus efeitos*"[52].

---

51. Entende-se equivocada a decisão do STF do Min. Maurício Correa que deu enorme amplitude ao conceito de ordem pública para nele incluir a ordem jurídica processual. Se assim for, a suspensão de segurança tem papel de recurso e não de incidente. "(...) 10. Conclui-se que estão presentes os pressupostos necessários à suspensão da segurança. Como se sabe, é iterativa a jurisprudência do Tribunal no sentido de que, em casos como o destes autos, a liminar concedida constitui ameaça de grave lesão à ordem pública, enquanto nessa se compreende "a ordem jurídico-constitucional, jurídico-administrativa e jurídico-processual" (Pet (AgR) 2066/SSP, Pleno, Marco Aurélio, DJ de 28/02/2003).

52. SL 1263 / SP – São Paulo; Suspensão de Liminar; Relator(a): Min. Presidente; Decisão proferida pelo(a): Min. Dias Toffoli; Julgamento: 16/12/2019; Publicação: 19/12/2019.

4.4 O PEDIDO NA SUSPENSÃO DE SEGURANÇA

4.4.1 O que significa suspender a execução

Uma das tarefas mais difíceis do ser humano é a utilização da linguagem. Até para dizer que não quer se comunicar o indivíduo precisa se comunicar. No nosso dia a dia, não são raras as vezes em que, por descuido do vernáculo, se é mal compreendido, e, por causa disso, é preciso suportar as "sanções" dessa falha na linguagem. Uma dessas falhas é não conseguir expressar o real sentido existente entre um signo e seu significado.

O mesmo se passa no Direito, como em qualquer ciência humana. Mormente no direito processual, uma ciência altamente conceitual, o rigorismo na conceituação dos institutos não é uma simples exigência, mas sim uma verdadeira necessidade para o jurista, já que o desbordamento de um conceito pode não só descaracterizar um instituto, mas, principalmente, caracterizá-lo como outro diverso. Feitas essas considerações preliminares, já salientadas bem no início deste trabalho, pode-se então desenvolver o assunto deste tópico.

Qualquer um que resolver estabelecer um paralelo entre o art. 12, § 1.º, da Lei 7.347/85, art. 25 da Lei 8.038/90, art. 15 da Lei 12.016/2009, art. 4.º da Lei 8.437/92 etc. perceberá que todos eles, guardando *essas e aquelas* diferenças, cuidam do mesmo tipo de incidente processual. Entretanto, salta aos olhos do leitor mais estudioso, com certeza, o fato de que, em todas elas, a expressão *"suspensão de execução"* (acrescida do vocábulo liminar, sentença ou decisão, dependendo da hipótese) sempre foi utilizada de modo idêntico.

Aparentemente, não há qualquer problema na expressão, que permite entender, perfeitamente, que a decisão positiva do presidente suspenderá a execução da decisão causadora de grave lesão ao interesse coletivo, seja ela uma liminar, seja ela uma sentença ou quiçá uma decisão colegiada.

Parece que o ponto de partida para explicar qual o significado da expressão "suspensão da execução" passa, primeiro, pela premissa maior de saber qual é o pronunciamento que causa risco de grave lesão ao interesse coletivo. De antemão, duas certezas: a de que o *pronunciamento é decisório* e de que tal decisão seja prolatada numa *demanda movida contra o Poder Público*.

> Descarta-se de imediato a possibilidade de que a suspensão de segurança sirva para retirar a eficácia de uma decisão de improcedência, porque nenhuma eficácia executiva ela conterá, especialmente considerando que a ação tenha sido proposta pelo Poder Público.

4.4.2 Pronunciamento decisório numa demanda movida contra o Poder Público

A afirmação que intitula este tópico pode até parecer ser dotada de uma obviedade fora dos limites, mas na prática se verifica um tremendo desacerto no manuseio da suspensão de segurança. É importante que se tenha em mente que tal instituto

CAPÍTULO 04 • MÉRITO DO INCIDENTE DE SUSPENSÃO DE SEGURANÇA **127**

existe como prerrogativa processual do Poder Público, com a finalidade de salvaguardar o interesse público *enquanto não se decide*, de forma *definitiva*, se o direito está com o particular ou com o já citado Poder Público.

Tal instituto foi criado como meio processual para que o Poder Público, na condição de réu, possa dele valer-se para impedir que uma decisão judicial, provisoriamente executada, tenha eficácia que cause risco de lesão a determinado interesse público. Por isso, a finalidade do instituto é amordaçar a eficácia executiva de uma decisão proferida contra o Poder Público, para que se mantenha de pé e intacta uma situação jurídica anterior ao processo.

Exatamente por isso é que se exige que o Poder Público só possa lançar mão do instituto quando figure na posição de réu numa demanda contra si proposta, e, nesta condição, tenha contra si um título provisório com eficácia imediata que poderá causar grave lesão a interesses maiores da sociedade.

Aliás, tanto o texto do art. 15, *caput*, da Lei 12.016/2009, quanto o art. 4.º da Lei 8.437/92 são claríssimos ao evidenciar que o instituto tem razão de ser nas situações em que o Poder Público, na condição de sujeito passivo da demanda, corre o risco de sofrer grave prejuízo em razão da execução de uma decisão judicial mandamental. O art. 4.º, *caput,* da Lei 8.437/92 é claro neste sentido, pois, de forma expressa, fala em *"ações movidas contra o Poder Público"*.

Por sua vez, conquanto o art. 15 da Lei 12.016/2009 não contenha dita expressão, a única exegese que se pode extrair é a de que a liminar ou a sentença concessiva da segurança em favor do impetrado pode ter a sua execução impedida pelo pedido de *suspensão de segurança,* requerido pelo sujeito que ocupa o polo passivo da demanda, qual seja, a pessoa jurídica de direito público.

Apenas na condição de impetrado, réu, requerido etc. que a pessoa jurídica de direito público poderá lançar mão da suspensão de segurança nas hipóteses previstas em lei. Por isso, qualquer tentativa de valer-se da suspensão de segurança, quando o Poder Público ocupe o polo ativo de uma demanda, é desvirtuamento escancarado e inidôneo de burlar o sistema processual e aquilo que prevê a lei.

Importante que se diga isso, porque, na prática, por desconhecimento ou não, o fato é que muitas suspensões de segurança têm sido utilizadas para retirar a eficácia de uma decisão, com o intuito de fazer prevalecer outra decisão anterior, como se tal fosse possível. Assim, *v.g.*,[53] ajuizada ação civil pública pelo *parquet* e nela concedida a liminar para suspender o ato legislativo municipal que aumentou os proventos dos servidores municipais, tem-se que, se houver a interposição do agravo de instrumento e nele for concedido o efeito suspensivo da liminar, não haverá a possibilidade de utilizar a suspensão de segurança com vistas a obter a suspensão do efeito ativo concedido no agravo, a fim de fazer retornar a eficácia da liminar antes concedida.

---

53. O exemplo é extraído do caso concreto contido na SS AgSL8/AM 2003/0052742-4 – STJ (*DJ* 16/08/2004).

Na verdade, a impossibilidade de utilizar a suspensão de segurança se faz em razão dos seguintes fundamentos: a) não existe decisão judicial que esteja esbulhando o interesse público e causando risco de grave lesão, já que é o ato legislativo que impôs o aumento dos proventos; b) a finalidade da suspensão pleiteada pelo *parquet* ao Presidente do Tribunal foi a de retirar o efeito substitutivo (art. 1.008 do CPC) de uma decisão judicial, e não propriamente o de retirar a sua eficácia executiva, pois o que se executa no caso não é dita decisão, dada no agravo de instrumento, mas o ato legislativo que aumentou os proventos; c) nesse caso, como autor da ação, o Poder Público (Ministério Público) faz uso da suspensão de segurança, e, por isso mesmo, não preenche a exigência do *caput* da Lei 8.437/92.

Em outro exemplo,[54] tem-se que, na execução fiscal ajuizada pelo Município, foram opostos embargos do executado, julgados improcedentes ao fim, caso em que o juiz de primeiro grau concedeu alvará para levantamento, pelo Município, da quantia depositada para garantia do juízo. Dessa decisão do juiz de primeiro grau, foi interposto agravo de instrumento, no qual foi dado o efeito suspensivo pelo Relator. Assim, o Poder Público utilizou o pedido de suspensão de segurança para sustar os efeitos desta última decisão, com a finalidade de ressuscitar a decisão anterior, que deferira a liberação da quantia depositada. Mais uma vez, vê-se aqui uma série de equívocos que impedem que tal incidente seja mesmo julgado pelo mérito. É que na condição de autor da execução fiscal não há nenhuma decisão judicial cuja execução coloque em risco a economia pública. Aqui, quer o Poder público retirar a eficácia substitutiva da decisão, algo que só é permitido pelo recurso. Mais ainda, justifica-se esse incidente quando uma decisão judicial, em favor de um particular, cria uma situação de risco de dano ao poder público que seja decorrente da sua execução.

Por tudo isso, verifica-se que a premissa para o cabimento do instituto é que o Poder Público pleiteie a medida de suspensão de segurança quando, ocupando a condição de réu na demanda contra si proposta, tenha contra si uma decisão, cuja eficácia cause um risco de grave lesão ao interesse público. Não sendo réu (ação de cognição) e não havendo execução provisória (eficácia imediata) da decisão, nem se poderia pensar em utilizar o instituto.

4.4.3 A "execução" do pronunciamento decisório, cuja eficácia se pretende suspender

Um provimento judicial pode ser caracterizado por três elementos básicos: forma, conteúdo e efeitos que produz ou que possa (tenha aptidão para) produzir.

Ainda que a forma possa ser livre (instrumentalidade das formas), todo provimento possui uma forma, pois é o que lhe dá os contornos. Também, todo provimento tem que ter possuir uma essência, que é o conteúdo (decisório, instrutório,

---

54. AgRg na Suspensão de Liminar 39 – SC (2003/018807-6).

CAPÍTULO 04 • MÉRITO DO INCIDENTE DE SUSPENSÃO DE SEGURANÇA **129**

homologatório etc.). Todavia, como são feitos e produzidos dentro de um processo, tais provimentos são preparados para que tenham efeitos programados e desejados, quando o conteúdo e a forma estão adequados. Assim, é claro e evidente que forma não é a mesma coisa que conteúdo e efeitos de um provimento judicial.

Tomando em análise uma decisão judicial executiva, tem-se que ela possui um conteúdo específico e um efeito esperado ou programado (eficácia). Dessa maneira, quando se ataca uma decisão por via de um recurso, pretende-se que o seu conteúdo seja revisto e, assim, reformado ou anulado, e há casos em que o legislador prevê que a mera recorribilidade já é motivo para impedir que a decisão produza efeitos, caso em que a interposição do recurso prolongará o estado de ineficácia já previsto pelo legislador (recurso com efeito suspensivo). Todavia, há casos em que o legislador prevê a eficácia imediata da decisão, ainda que ela seja impugnada por recurso (diz-se, nesse caso, que o recurso não tem efeito suspensivo).

De tal modo, o pedido de suspensão de segurança não é um recurso, porque não procura atacar o *conteúdo* da decisão, visando à sua reforma ou à anulação. Na verdade, pretende obstar que a decisão produza *efeitos*, porque ditos efeitos podem, no específico caso concreto da suspensão de segurança, *causar grave lesão ao interesse público*.

Claro que, se já tiver sido interposto recurso que prolongue o estado de ineficácia estabelecido pela própria lei, por certo falecerá a necessidade da suspensão de segurança, mas há muitos casos em que o recurso não é dotado, *ex legge*, de tal virtude (suspender a eficácia da decisão) e, especialmente, para esses casos é que se mostra oportuna a utilização do instituto. Assim, impedir a eficácia para evitar grave lesão ao interesse público é bem diferente de atacar o conteúdo da decisão.

Por isso, partindo da premissa de que é a "execução" de um provimento decisório que será suspensa, resta descobrir qual tipo de provimento jurisdicional pode manifestar-se no referido pronunciamento decisório, não sem antes identificar em que sentido a palavra *execução* foi tomada nos textos que cuidam desse incidente.

Segundo Affonso Fraga[55], em clássica obra sobre a execução das sentenças, verifica-se que:

> a palavra execução, assim como as suas congêneres neo-latinas 'exécution' em francez, 'esecuzióne' em italiano, 'ejecution' em hespanhol, deriva do substantivo appellativo latino 'exsecutio' que, por sua vez, vem de 'exsequi', verbo depoente formado da particula de origem desconhecida 'ex' fóra, além de, adiante de, e de 'sequi' seguir, infinito do verbo 'sequor'; e tal como resulta da origem etymológica, exprime na linguagem humana o ato de seguir adiante, de dar seguimento, de completar ou ir até o fim.

> Além dessa accepção que lhe é propria, ella, sem perder a sua estructura primitiva, soffreu, como tantos outros vocábulos variáveis sob relações de forma e de significação, modificações accidentaes em matéria processual, a idea derivada dos seus elementos radicaes 'ir até o fim, completar' permanece inalterável.

---

55. Affonso Fraga. *Theoria e pratica na execução das sentenças*, p. 13-14.

De facto, em direito, a execução, quer se desdobre na téla judiciaria, posteriormente á acção, como de ordinario ocorre, quer simultaneamente, como nos casos em que lhe empresta a forma a fhases, apresenta-se sempre como o ultimo esforço do direito para chegar á sua reintegração, como a fhase coercitiva e derradeira da mesma acção ou o epilogo de toda luta travada no pretorio (...).

Ora, porque a função jurisdicional, em alguns casos, não traz a satisfação do direito "declarado" (na acepção mais lata do termo) é que surge, então, a tutela jurisdicional executiva, entendida esta, em seu clássico conceito[56], como sendo a atividade substitutiva realizada pelo Estado, que possui a finalidade realizar o comando sancionatório da sentença condenatória (ou do título executivo extrajudicial), independentemente da vontade do obrigado, justo para alcançar o resultado prático determinado pela regra jurídica. Este é o conceito de *execução forçada*, umbilicalmente ligado ao *processo de execução* e, também por isso, ligado à *sentença condenatória*.

Mas será que este foi o conceito do vocábulo "execução" nos textos legais que cuidam desse incidente? Parece que não! Primeiro, porque o incidente de suspensão está relacionado com tutelas cognitivas em sentido amplo, e segundo, porque se fosse entendido como "execução forçada", além do óbice *retro*, ter-se-ia que admitir que este incidente serviria apenas para os provimentos de natureza condenatória, em geral os únicos que são aptos à formação de título executivo judicial[57].

Face ao exposto, então, pensa-se que a palavra "execução" foi utilizada sem apego à técnica, no seu sentido mais *lato* possível e sob uma perspectiva de satisfação do que o provimento jurisdicional contém[58]. Nesse diapasão, *de lege ferenda*, melhor que o legislador tivesse utilizado a palavra *eficácia*, porque é justamente a suspensão da produção de efeitos da decisão judicial que pretende o requerimento formulado ao presidente do tribunal.

Portanto, partindo da premissa de que o referido vocábulo foi utilizado em sentido *latíssimo*, pode-se agora admitir que também os provimentos judiciais

---

56. Enrico Tullio Liebman. *Processo de execução*. 2. ed. São Paulo: Saraiva, 1963, p. 4.
57. Vem ratificar o exposto a opinião de José Frederico Marques quanto ao efeito suspensivo do recurso, ao dizer: "Já comungamos a opinião de ilustres processualistas de que o efeito suspensivo 'importa apenas em sustação da executoriedade da sentença' (cf. José Frederico Marques. *O júri no direito brasileiro*, 1954, p. 195), arrimados principalmente em lição de Seabra Fagundes (*Dos recursos ordinários em matéria civil*, 1946, p. 186). Hoje, porém, entende-se certa a segunda lição de Pontes de Miranda: 'Essa alusão ao efeito executivo da sentença... restringe, sem razão, o definido. O efeito suspensivo não atinge somente as sentenças de condenação. Sentenças mandamentais, constitutivas e declarativas também são atingidas em sua força ou em seus efeitos pelo efeito suspensivo que tenha a apelação' (op. cit., vol. V, p. 145)" (José Frederico Marques. *Instituições de direito processual civil*, vol. IV, p. 81, nota de rodapé n. 99).
58. Ratificando o que foi dito no texto, socorre-se do pioneiro e brilhante estudo desenvolvido por Cassio Scarpinella Bueno, que tratou, de modo sistematizado, da execução provisória. O referido jurista deixa bem claro, inclusive com farta indicação bibliográfica estrangeira, que a execução provisória não se restringe aos provimentos condenatórios, "transferindo e estendendo" o prisma de estudo e visão deste instituto para os arts. 520 e 521 do CPC (relação das ações sujeitas a execução provisória e ausência de efeito suspensivo) (*Tutela antecipada e execução provisória*, p. 164).

CAPÍTULO 04 • MÉRITO DO INCIDENTE DE SUSPENSÃO DE SEGURANÇA   131

declaratórios e constitutivos, além, é claro, dos condenatórios, podem ter a sua execução[59] (*rectius*: eficácia = produção de efeitos) suspensa[60].

Nesse sentido, Cassio Scarpinella Bueno, quando relata que:

> (...) a *realização* dessas tutelas antecipadas são provas contundentes – e de direito positivo – de que a 'execução provisória', hoje, não pode ser uma característica própria ou imanente das sentenças condenatórias. Mais do que nunca o estudo da 'execução imprópria' deverá despertar o interesse daqueles que trabalham na ciência processual[61].

Enfim, superada a dificuldade relativa ao conceito do vocábulo *execução*, pode-se então identificar qual a natureza jurídica do provimento jurisdicional que terá a sua execução suspensa. Na verdade, acredita-se que a decisão judicial pode ter cunho declaratório, constitutivo ou condenatório, lembrando sempre que ela seja proferida em demanda proposta contra o Poder Público. Dessa forma, não só se adota a teoria tripartida das ações, mas, principalmente, admite-se que, em sentido *lato*, os provimentos declaratórios e constitutivos, em geral, porque bastantes em si, não exigem "qualquer necessidade de determinado comportamento, por parte do vencido, para a satisfação do vencedor"[62]. Nesse sentido de *satisfação da tutela jurisdicional* é que se encartam, pois, no genérico conceito de *execução*[63] [64].

Quanto à classificação dos provimentos, que acrescentam aos já citados o *mandamental* e o *executivo lato sensu*, longe de polemizar o tema, adota-se o alvitre da classificação tripartida, pelo fato de entender que o provimento mandamental e o

---

59. Como já observara Angelo Bonsignori, há que se ter cuidado com a generalização do termo execução, visto que o processo seria formado por várias execuções, em virtude de que todo provimento do juiz comportaria uma execução. Citado por Cândido Rangel Dinamarco. *Execução civil*, p. 100.

60. Seria o que a doutrina denomina de execução imprópria, e que Dinamarco assim comenta: "Finalmente, amplia-se também o significado do vocábulo execução quando vem empregado para designar todos os casos de realização do que a sentença contém. Assim, não só a execução forçada é execução, como também o seriam todos os atos de cumprimento do dispositivo de sentenças constitutivas ou meramente declaratórias. Essas atividades, ordinariamente consistentes em mera documentação como no registro de sentença declaratória de paternidade ou anulatória de escritura, não se inserem no contexto da execução forçada nem constituem objeto do presente estudo. A boa doutrina designa-as como execução imprópria". Mais adiante, prossegue o autor: "Nesses casos, o funcionário age em função da relação de serviço público que o liga ao juiz, com o fito de dar publicidade ao ato levado a registro, sem que se caracterize a sua atividade, a invasão de uma esfera jurídica, que é característica coessencial à execução". *Execução civil*, p. 102.; A respeito ver "o que significa executar" em: Marcelo Abelha Rodrigues. *Execução por quantia certa contra devedor solvente*. São Paulo: Foco, 2021, p. 7.

61. Cassio Scarpinella Bueno. *Tutela antecipada e execução provisória*, p. 173-174. Sobre o tema, ver ainda José Carlos Barbosa Moreira. *O novo processo civil brasileiro*, p. 120; Flávio Luiz Yarshell. Antecipação de tutela específica nas obrigações de declaração de vontade, no sistema do CPC. *Aspectos polêmicos da antecipação da tutela*. Coord. Teresa Arruda Alvim Wambier, p. 179.

62. José Carlos Barbosa Moreira. *Tendências na execução...* cit., p. 216.

63. Cândido Rangel Dinamarco. *Execução civil*, p. 103.

64. Flávio Luiz Yarshell. Tutela jurisdicional específica..., p. 29.

executivo *lato sensu* são assim chamados não pelo seu conteúdo[65], mas sim por ser simples técnica de efetivação de uma norma jurídica concreta[66].

De tal modo, técnica mandamental e executiva *lato sensu* são métodos (técnicas) de efetivar provimentos que imponham uma prestação ao vencido (art. 139, IV do CPC) e, por isso, unidas ou não, poderão ser aplicadas, até de ofício, contra o executado ou requerido.

Sabendo que "suspender a execução" se refere a sustar a eficácia da decisão (a produção de efeitos), não há dificuldade em admitir que essa decisão pode ter natureza declaratória, constitutiva ou condenatória, com *efetivação* por meio de medidas indutivas, coercitivas, sub-rogatórias com a amplitude que lhe outorga o artigo 139, IV e 771 do CPC[67].

> (...) 1. O deferimento do pedido de suspensão está condicionado à cabal demonstração de que a manutenção da decisão impugnada causa efetiva lesão ao interesse público.
>
> 2. A suspensão de liminar e de sentença é medida excepcional que não tem natureza jurídica de recurso, razão pela qual não propicia a devolução do conhecimento da matéria para eventual reforma. (...) (AgInt na SLS 2.917/DF, Rel. Ministro Humberto Martins, Corte Especial, julgado em 10/08/2021, DJe 13/08/2021).
>
> (...) 1. O pleito suspensivo é providência extraordinária destinada a afastar grave lesão à ordem, à saúde, à economia e à segurança públicas, de forma que o elemento central que justifica seu deferimento é a ocorrência do dano. (...) (AgInt nos EDcl na SLS 2.814/SP, Rel. Ministro HUMBERTO MARTINS, CORTE ESPECIAL, julgado em 22/06/2021, DJe 25/06/2021).
>
> (...) 1. Nos termos do art. 4º da Lei n. 8.347/1992, a suspensão de liminar e de sentença tem seu cabimento restrito às ações movidas contra o Poder Público ou seus agentes, a requerimento do Ministério Público ou da pessoa jurídica interessada, em caso de manifesto interesse público ou de flagrante ilegitimidade, e para evitar lesão à ordem, à saúde, à segurança e à economia públicas.
>
> 2. O risco de lesão ao bem jurídico deve ser grave e iminente, competindo ao requerente da medida demonstrar, de forma clara e precisa, essa característica do ato jurisdicional objeto do pedido de suspensão. Precedente da Corte Especial. (...) 5. Os estreitos limites cognitivos da suspensão

---

65. Para Goldschmidt, o conteúdo da ação mandamental é o próprio mandamento consistente na sentença. Segundo este autor, a sentença mandamental não é declaratória porque é suscetível de execução, não possui somente uma virtualidade constitutiva, e também não é mero título executivo que o caracterizasse como sentença condenatória. James Goldschmidt. *Derecho procesal civil*, p. 124.

66. Alfredo Buzaid. *Mandado de segurança*, p. 36; Cleide Previtalli. Ação mandamental, *RePro* 19, p. 49-50; no mesmo sentido, ver por todos José Frederico Marques. *Manual de direito processual civil*, vol. II, p. 55 e ss.; "Sem embargo da alta autoridade de que provém, não tem vingado, entre nós, a classificação quíntupla das ações e sentenças. A razão fundamental disso é atribuível, acredita-se, à circunstância de que as sentenças mandamentais, assim como as executórias, participam, de um e de outro modo, da natureza das espécies arroladas na divisão tripartite, ou melhor, reduzem-se às mesmas características dos três tipos fundamentais." Tomás Pará Filho. Estudos sobre a sentença constitutiva, p. 36.

67. "A possibilidade de suspensão da eficácia de tutela liminar, por ato do Presidente do Tribunal ao qual couber o conhecimento do respectivo recurso, é medida excepcional, com finalidade bastante específica: paralisar, suspender ou neutralizar os efeitos daquela medida. Tal instituto não tem natureza recursal, tanto que seu cabimento pode ocorrer simultaneamente com o agravo de instrumento, contra a mesma decisão, sem afetar o princípio processual da unirrecorribilidade" (STJ, AgRg no MS 13505, 3.ª Seção, rel. Min. Napoleão Nunes Maia Filho, *DJe* 18.09.2008).

CAPÍTULO 04 • MÉRITO DO INCIDENTE DE SUSPENSÃO DE SEGURANÇA **133**

de liminar e de sentença não permitem demasiado aprofundamento no mérito da controvérsia instalada na origem, que deve ser resolvida pelas vias processuais adequadas. (...) (AgInt na SLS 2.781/AL, Rel. Ministro Jorge Mussi, Corte Especial, julgado em 23/03/2021, DJe 26/03/2021).

Observe-se, contudo, que, por se tratar de um *incidente processual*, só se admite o pedido de suspensão de segurança enquanto *não exista trânsito em julgado* sobre a decisão cuja eficácia se pretende suspender, tal qual explicado no capítulo 03, item 4.2 acima.

Isso porque o instituto em tela pretende, pelo menos momentaneamente, sacrificar o interesse privado em prol do interesse público, até que dito interesse não seja declarado definitivamente em favor do autor com o selo da imutabilidade da coisa julgada. Por isso, *só em processos de sentença (cognição) é que se admite o remédio*. No processo de execução ou no cumprimento de sentença dos processos sincréticos, não sendo provisória a execução, não se admitirá a suspensão de segurança (ver Capítulo 03, item 3.4).

Outro aspecto de curial importância, também relacionado ao uso desregrado do incidente de suspensão de segurança, ocorre em hipóteses nas quais o Poder Público pretende utilizá-lo para suspender a eficácia substitutiva de uma decisão, permitindo que a anterior sobressaia, tal como ocorre quando pretende suspender a eficácia da sentença de improcedência, esperando, assim, reaver a eficácia de uma liminar que lhe tenha sido favorável.

De tal forma, por exemplo, numa ação popular em que a pessoa jurídica de direito público figure como autor (adira ao polo ativo), e apesar de concedida a liminar, a sentença é de improcedência. Aqui, reitere-se, não poderá fazer o pedido de suspensão da sentença, porque figura o Poder Público no polo ativo e retirar a eficácia substitutiva de uma decisão não é função do pedido de suspensão de segurança.

4.4.4 Prazo para requerimento do pedido de suspensão

Se for realizada uma busca nos dispositivos legais que cuidaram do incidente de suspensão de execução de decisão judicial requerida ao presidente do tribunal competente, ver-se-á que nenhum deles se referiu a prazo para que o legitimado exercesse a medida excepcional. Todavia, parece que, se o instituto se presta a uma tutela preventiva (de grave lesão ao interesse público), que exige urgência e rapidez, é de bom alvitre que o legitimado utilize a medida o mais rápido possível, não só para evitar que a eficácia da decisão surta efeitos deletérios aos bens da coletividade, mas também para servir de parâmetro da demonstração do *periculum in mora* que está ínsito ao requerimento do incidente.

Isso se ratifica pelo fato de que, se a medida já está sendo executada (*rectius*: produzindo efeitos), a prevenção será apenas daquilo que ainda não foi atingido, de modo que o legitimado deverá, então, demonstrar nas suas alegações, satisfatoriamente, a manutenção do interesse processual na medida e, *de lege ferenda*, sugerir-se-ia que demonstrasse o porquê de até então não ter sido utilizado o instituto, caso o pedido de suspensão seja feito em data muito posterior à execução da medida. Claro que deve demonstrar também a existência da grave lesão e por que a suspensão da execução seria preventiva do interesse público.

Para Pedro dos Santos Barcelos, a execução da decisão é o limite para se requerer a suspensão:

> A lei silenciou sobre o prazo que a pessoa jurídica de direito público tem para requerer ao presidente do tribunal a suspensão da execução da liminar ou da sentença. Em consequência desse silêncio, entende-se que a qualquer momento pode ser formulado o pedido, desde que seja feito antes da efetiva execução do ato[68].

Concorda-se com o referido autor apenas naqueles casos em que a execução é imediata e a sua eficácia é irreversível, porque, nesse caso, esgotada a execução e produzidos os efeitos, nada mais haverá que se suspender. Todavia, nada impede possa haver suspensão da execução em curso e, portanto, já tenha iniciado a produção de efeitos[69].

> 1. A implementação do termo final ao qual estão adstritos os efeitos da decisão agravada esvaziam o objeto do recurso contra ela interposto. 2. Agravo interno prejudicado. (AgInt na SLS 2.485/SP, Rel. Ministro João Otávio de Noronha, Corte Especial, julgado em 21/05/2019, DJe 24/05/2019).

O início da execução (sua produção de efeitos) não é o termo *ad quem* para o requerimento, senão apenas quando nada mais exista para ser executado, porque todos os efeitos já foram produzidos. A prevenção pode estar em se evitar que a continuidade da execução continue a causar graves danos ao interesse público.

É óbvio que nessas situações, em que se utiliza tal remédio para suspender a execução já iniciada, será muito mais difícil para o legitimado justificar o interesse no incidente, na medida em que teria demorado tanto tempo para utilizar um instrumento que prima pela urgência e lepidez. Todavia, superado isso com a demonstração do dano e da potencialidade de agressão ao interesse público, caso continue a execução da decisão judicial, e vencido o juízo de admissibilidade, obterá a decisão favorável pelo presidente do tribunal.

4.4.5 Limites objetivos do incidente

Todos os textos legais que cuidam do tema são claros quando mencionam que o instituto em estudo tem por objeto a suspensão de execução do pronunciamento, cuja razão e motivo para tal é o de evitar a grave lesão ao interesse público. Trata-se de defesa impeditiva da eficácia da decisão contra o poder público, mas que não é

---

68. Op. cit., p. 43.
69. Nesse sentido, Ellen Gracie Northfleet. Op. cit., p. 172. "(...) A lei não coloca limites temporais à possibilidade de endereçar-se o requerimento de suspensão e é mesmo possível que a potencialidade de risco surja em momento posterior ao da prolação da liminar ou sentença atacadas (...)".

CAPÍTULO 04 • MÉRITO DO INCIDENTE DE SUSPENSÃO DE SEGURANÇA **135**

ofertada ao próprio juiz da causa, porque extrapola o objeto cognitivo da demanda proposta contra o poder público.

Não se trata de um *periculum in mora inverso* ou um *requisito negativo a ser apreciado pelo próprio juiz da causa*, simplesmente porque o que fundamenta o pedido de suspensão é um fato impeditivo não relacionado com o objeto da demanda proposta contra o ente público.

Dessa forma, a única preocupação do órgão é aferir se está presente o risco de dano diante da execução da decisão proferida. Pretender modificar, cassar ou adulterar a decisão cuja execução se pretende suspender configuraria um verdadeiro transbordamento da competência que foi entregue ao presidente do tribunal. Seria admitir natureza recursal ao instituto, e, por que não dizer, extravasar o limite do pedido que admite ser feito por intermédio desse instituto.

Vale pontuar que o mérito do instituto, qual seja, o seu objeto de julgamento, não coincide com o da causa principal, não sendo lícito, pois, que o órgão jurisdicional competente para apreciar o instituto em tela possa pretender funcionar como órgão de duplo grau de jurisdição para reformar a decisão recorrida[70]. Seria, portanto, usurpação da competência do tribunal de fazê-lo e do direito da parte de ter um recurso contra a decisão que seja apreciada por um órgão jurisdicional colegiado do tribunal.

> (...) 4. Os argumentos apresentados pela requerente ultrapassam os limites da via suspensiva, necessitando examinar o acerto ou desacerto do decisum e, por conseguinte, o próprio mérito da demanda. Nesse contexto, é pacífica a jurisprudência do STJ no sentido de que o instituto da suspensão de segurança, por não ser sucedâneo recursal, é inadequado para a apreciação do mérito da controvérsia.
>
> Agravo interno improvido. (AgInt na SLS 2.786/SE, Rel. Ministro Humberto Martins, Corte Especial, julgado em 09/03/2021, DJe 11/03/2021)
>
> (...) 2. O instituto da suspensão de segurança, por não ser sucedâneo recursal, é inadequado para a apreciação do mérito da controvérsia. 3. Mantém-se a decisão agravada cujos fundamentos não foram infirmados. 4. Agravo interno desprovido. (AgInt na SS 3.082/CE, Rel. Ministro JOÃO OTÁVIO DE NORONHA, CORTE ESPECIAL, julgado em 10/03/2020, DJe 12/03/2020).

O que justifica, pois, a suspensão da execução da decisão não é a sua injuridicidade[71], ainda que tal possa ocorrer, porque, repete-se e repisa-se, o objeto de

---

70. A jurisprudência do STJ e do STF é uníssona neste sentido.
71. No tocante à mencionada injuridicidade: "A legalidade da decisão que considerou nula a mencionada questão é tema a ser dirimido na via recursal, sendo incabível a sua análise em sede de suspensão de liminar e de sentença, cujo escopo é evitar grave lesão à ordem, à saúde, à segurança e à economia públicas. Agravo regimental improvido" (AgRg na SLS 907/CE, Corte Especial, rel. Min. Cesar Asfor Rocha, *DJe* 04.08.2009); "Inviável no âmbito da suspensão de segurança o controle da legalidade da decisão que se pretende suspender, análise que compete ao órgão recursal. Agravo regimental improvido" (AgRg na SS 1.851/PI, Corte Especial, rel. Min. Cesar Asfor Rocha, *DJe* 04.08.2009); "O singelo argumento de que a ordem jurídica foi ofendida não autoriza a suspensão de decisão judicial" (AgRg na SS 1.830/PR, Corte Especial, rel. Min. Humberto Gomes de Barros, *DJe* 07.08.2008), "'A expedita via da suspensão de se-

julgamento desse incidente é verificar se há o risco potencial de grave lesão entre a decisão proferida e os interesses públicos tutelados pelo incidente.

A injuridicidade mencionada no texto e em todo o trabalho deve ser entendida no sentido de que o pedido de suspensão não estaria sendo utilizado para corrigir uma decisão errada, ou simplesmente (ainda que não fosse para corrigi-la) porque a decisão teria sido equivocada sob o ponto de vista jurídico. Essa é a nossa intenção quando falamos que não é a injuridicidade da decisão que motiva a suspensão. Assim, enquanto a verificação da potencialidade da lesão ao interesse público não consistir um requisito negativo para a concessão das liminares ou provimentos que possam ser desafiados pelos pedidos de suspensão (como acontece na ação de amparo na Argentina), não poderemos falar que o incidente de suspensão requerido ao presidente seja para sustar a eficácia de medida injúrica, até porque, por exemplo, não terá sido equivocada a decisão do juiz que concedeu a liminar, cuja execução teria sido suspensa, mas que, ao final, teria sido confirmada pela sentença definitiva que tenha transitado em julgado. Lembre-se que estamos cuidando de afirmações de interesses, e, mais ainda, não podemos falar em injuridicidade de uma decisão que ofende um interesse público, se esse mesmo interesse não deveria ser levado em consideração para concessão da medida. De outra parte, não nos parece incorreto dizer que razões jurídicas possam sustentar a aplicação da máxima do sopesamento (suspensão da execução da decisão) pelo presidente do tribunal. Uma coisa é suspender porque a decisão a quo teria sido errada, e outra é suspender porque razões de proteção do interesse público (jurídicas, portanto,) exigem que ocorra a imediata suspensão da execução da medida prolatada pelo juiz a quo.

Não fosse assim, o presidente do tribunal, ao conceder ou não a suspensão da execução de uma liminar com base na sua injuridicidade, por exemplo, estaria de certa forma corrigindo, por via transversa, a convicção do juiz que, com base num juízo de probabilidade, entendeu ser caso de conceder a medida, talvez até mesmo com material cognitivo superior ao que possuía o presidente do tribunal, quando no julgamento do incidente.

De outra parte, seria mais ilógico ainda tal entendimento quando se estivesse diante de uma decisão proferida por tribunal em casos de sua competência originária. Estar-se-ia dizendo que o presidente do tribunal competente, órgão jurisdicional monocrático, estaria revendo a decisão proferida por um órgão colegiado. Por isso, é com inteiro acerto o posicionamento do hoje extinto TACivSP, que assim se manifestou:

O requerente somente pode fundar seu pedido de suspensão dos efeitos da liminar concedida em mandado de segurança nas causas enumeradas na Lei 4.348/64, art. 4.°, sendo vedado ao presidente do tribunal o reexame das razões de decidir do provimento judicial que deferiu essa liminar. O pedido deve ser apenas de suspensão dos efeitos da liminar, que não pode ser revogada ou modificada, sob pena de julgamento *ultra petita*[72].

---

gurança não é própria para a apreciação de lesão à ordem jurídica. É inadmissível, ante a sistemática de distribuição de competências do Judiciário brasileiro, a Presidência arvorar-se em instância revisora das decisões emanadas dos Tribunais de Justiça e dos Tribunais Regionais Federais' (AgRg na SS 1.302/PA, rel. Min. Nilson Naves). O pedido de suspensão de liminar não prescinde da demonstração inequívoca dos requisitos para a sua concessão. Lesão à ordem pública que não restou demonstrada. Agravo improvido" (AgRg na SLS 269/CE, Corte Especial, rel. Min. Barros Monteiro, *DJ* 11/09/2006, p. 203).

72. 1.° TACivSP, Pleno, SS 48.203-1-AgRg, voto do Juiz Donaldo Armelin: "Em processo de suspensão de segurança, para deferi-la ou indeferi-la, o presidente do tribunal – a que compete o exame de eventual re-

CAPÍTULO 04 • MÉRITO DO INCIDENTE DE SUSPENSÃO DE SEGURANÇA   **137**

As razões que justificam o pedido de suspensão de execução de pronunciamento judicial não se associam à juridicidade ou antijuridicidade da decisão prolatada, isto é, não são consequência de uma suposta legalidade ou ilegalidade do pronunciamento cuja eficácia se pretende suspender.

> Ocorre que a ordem jurídica não está entre os valores tutelados pelo art. 4.º da Lei 4.348/64, devendo, portanto, sua ofensa ser perquirida nas vias próprias e não mediante o emprego desta via excepcional, conforme já assinalado na decisão agravada. Frise-se que há diferença entre declarar-se violadas as normas que regulamentam os pedidos de suspensão de liminares ou sentenças proferidas contra o Poder Público e verificar-se a potencialidade lesiva da decisão impugnada. Para o primeiro caso, a alegação será formulada em recurso próprio, previsto no ordenamento processual. Para o último, caberá o pedido de suspensão (AgRg na Suspensão de Segurança 1.718/DF).

Bem pelo contrário, as razões e motivos da suspensão são para evitar grave lesão à ordem, à saúde e à economia públicas, independentemente do acerto ou desacerto da decisão que terá sua eficácia suspensa. O objeto da demanda proposta contra o poder público foge ao objeto de tutela da suspensão de segurança. A licitude ou ilicitude da decisão deverão ser atacadas pela via própria recursal que terá o condão, pois, de apreciar as razões jurídicas da decisão, para só então reformá-la ou cassá-la[73].

Portanto, tecnicamente falando, a decisão permanece intacta, inalterada e imune ao pedido de suspensão de execução que se volta contra um efeito seu e não propriamente contra o seu conteúdo, que deverá, oportunamente, e pela via legal, ser desafiado pelo remédio próprio. Se existe ou não o direito do postulante na demanda que deu origem ao pedido de suspensão não cabe ao presidente do tribunal dizer no julgamento do incidente, já que não possui competência para tanto, além de que, se assim o fizesse, extrapolaria os limites do pedido formulado. Em outras

---

curso contra a decisão concessiva – não examina as questões processuais ou de mérito da causa em que foi proferida. Limita-se a verificar a ocorrência dos pressupostos dos arts. 4.º da Lei 4.348/64, 297 do RISTF e 25 da Lei 8.038/90" (*RTJ* 147/512); no mesmo sentido, dizem Nery e Nery: "Não se trata de recurso, mas de pedido de competência originária do presidente do tribunal, visando *tão somente a suspensão provisória dos efeitos da liminar*, uma vez verificadas as circunstâncias mencionadas no dispositivo comentado. É vedado ao órgão destinatário do pedido de suspensão o exame do mérito do MS, bem como lhe é defeso proferir decisão revogando ou modificando a liminar. Caso assim proceda essa decisão, é nula porque *ultra petita* e contrária à norma legal autorizadora da medida". Op. cit., p. 1.818; no mesmo sentido, Arruda Alvim diz: "A Lei 4.348/64 refere-se a que a suspensão colima evitar 'grave lesão à ordem, à saúde, à segurança e à economia públicas', o que nada tem a ver com a legalidade/ilegalidade intrínseca do ato administrativo e, por isso mesmo, nada tem a ver com uma juridicidade da decisão que haja concedido medida liminar". Arruda Alvim. Mandado de segurança contra decisão que nega ou concede liminar em outro mandado de segurança, *RePro* 80, p. 47, nota 4.

73. "Processual civil. Agravo regimental. Suspensão de segurança. Limites cognitivos. Lei 4.348/64, art. 4.º. 1. Em pedido de suspensão de liminar não se consentem disquisições quanto ao fundo da controvérsia objeto da demanda, a envolver adiantamento de juízo sobre o mérito da impetração, circunscrevendo-se os limites cognitivos à verificação de qualquer das hipóteses elencadas no art. 4.º da Lei 4.348/64; 2. Agravo regimental improvido" (AgRg na SS 524-0-PE, Corte Especial, rel. Min. Bueno de Souza, unânime, *DJ* 08.04.1997). Em igual sentido no AgRg na SS 523-0-RS, Corte Especial, rel. Min. Bueno de Souza, unânime, *DJ* 14.04.1997. Do mesmo modo que nas notas anteriores, é imperiosa a observação de que, atualmente, o art. 4.º da ora revogada Lei 4.348/64 equivale ao art. 15 da Lei 12.016/2009.

palavras, estaria funcionando, sem poder sê-lo, como órgão revisor da decisão do juiz, suprimindo uma instância do jurisdicionado.

Como já mencionado ao longo deste trabalho, acredita-se, portanto, como a maioria[74] dos autores e da jurisprudência, que não cabe ao presidente do tribunal a análise da antijuridicidade da decisão que será suspensa, porque senão isso importaria em adentrar na análise e convencimento acerca do mérito da causa em que foi dada a decisão que se pretende suspender, havendo diversos óbices mencionados ao longo deste tópico. Claro que isso não elide o dever constitucional de fundamentação da decisão que suspende a execução, da utilização estreitíssima do instituto em tela e apenas nas situações em que *in concreto* se verifiquem as hipóteses de cabimento da medida.

Obviamente que o fato de o deferimento da medida de suspensão de segurança não depender de análise do acerto ou desacerto da medida e ser irrelevante para o Presidente do Tribunal se tal medida é ou não fruto de uma decisão maculada por erro *in procedendo* ou *in judicando*, isso não quer dizer que o Presidente do Tribunal não tenha que estudar o caso concreto para entender a situação jurídica trazida e, assim, verificar se justifica-se o risco de grave lesão ao interesse público.

O pedido de suspensão de segurança deve conter uma narrativa fática que traga o contexto explicativo da decisão cuja eficácia se pretende suspender, além. é claro, dos fundamentos de fato e de direito que autorizam a suspensão da eficácia da decisão.

Logo, para demonstrar que a *eficácia da decisão* é potencialmente causadora da grave lesão, é necessário que se demonstre em que contexto tal decisão foi proferida, sobre qual causa se trata, sobre os motivos que levaram à decisão que se pretende suspender etc. Não há esta assepsia e incomunicabilidade do pedido de suspensão de segurança com os elementos da causa em que foi proferida a decisão que se pretende suspender.

> (...) 2. O Supremo Tribunal Federal e o Superior Tribunal de Justiça possuem entendimento pacificado de que a decisão que examina o pedido de suspensão de liminar não pode afastar-se integralmente do mérito da ação originária. Permite-se um juízo mínimo de delibação sobre a questão de fundo da demanda, para verificar a plausibilidade do direito, evitando-se tornar a via processual do pedido suspensivo campo para manutenção de decisões ilegítimas. (AgInt na SS 2.923/AP, Rel. Ministra Laurita Vaz, Corte Especial, julgado em 04/04/2018, DJe 17/04/2018).
>
> 1. Nos termos do art. 4º da Lei n. 8.347/1992, a suspensão de liminar e de sentença tem seu cabimento restrito às ações movidas contra o Poder Público ou seus agentes, a requerimento do Ministério Público ou da pessoa jurídica interessada, em caso de manifesto interesse público ou de flagrante ilegitimidade, e para evitar lesão à ordem, à saúde, à segurança e à economia públicas. 2. O risco de lesão ao bem jurídico deve ser grave e iminente, competindo ao requerente da medida demonstrar, de forma clara e precisa, essa característica do ato jurisdicional objeto do pedido de suspensão. Precedente da Corte Especial. (...) 5. Os estreitos limites cognitivos

---

74. Ver, por todos, Arruda Alvim. Revogação da medida liminar em mandado de segurança, *RePro* 11, p. 377, e Lúcia Valle Figueiredo. *Do mandado de segurança* cit., p. 160.

da suspensão de liminar e de sentença não permitem demasiado aprofundamento no mérito da controvérsia instalada na origem, que deve ser resolvida pelas vias processuais adequadas. Precedentes da Corte Especial.

6. Agravo interno desprovido.

(AgInt na SLS 2.781/AL, Rel. Ministro Jorge Mussi, Corte Especial, julgado em 23/03/2021, DJe 26/03/2021).

O que precisa ficar sedimentado é que a decisão em si, cuja eficácia será suspensa, não será "julgada", nem "anulada nem reformada", mas parece claro que, para que o Presidente do Tribunal forme a sua convicção sobre o risco da grave lesão, é preciso que estude o contexto da causa, dos interesses em jogo, do impacto que a decisão judicial pode causar, considerando os direitos envolvidos no caso concreto etc., sob pena de ser uma decisão sem a concretude e a legitimidade necessária que obrigatoriamente deve estar presente na suspensão de segurança, cuja análise de mérito depende do preenchimento de conceitos jurídicos indeterminados.

4.4.6 A decisão que suspende a execução

4.4.6.1 *Natureza do pronunciamento que suspende a execução da decisão*

Quando se pretende descobrir qual a natureza jurídica do pronunciamento do juiz que suspende a execução da decisão, está-se, em outras palavras, querendo identificar em que categoria do direito processual se encartaria tal provimento. Ora, "como o direito é uma ciência formada por uma série de institutos, os quais podem ser agrupados em categorias jurídicas mais amplas, numa relação de espécie e gênero"[75], então se procuram nos parágrafos seguintes a que tipo de grupo ou categoria pertence o provimento do juiz que suspende a execução da decisão judicial.

Como se vê adiante, o órgão jurisdicional competente só concederá a medida se, inicialmente, o pedido formulado for admitido, e, posteriormente, não for improcedente. Isso quer dizer que esse "momento" de conceder ou não conceder a medida só existirá caso todos os requisitos e pressupostos de admissibilidade do requerimento de suspensão de execução estejam, concorrentemente, presentes. Isso porque, se ausente um dos requisitos de admissibilidade, o presidente do tribunal não terá outra escolha senão a de indeferir o requerimento de suspensão sem sequer ter apreciado o seu mérito, qual seja, o objeto do julgamento.

Inicialmente, vale dizer que a manifestação do presidente do tribunal depende de provocação. Sem o requerimento por petição escrita do legitimado, não será possível a apreciação e julgamento, sendo terminantemente vedada a possibilidade de realizar a suspensão *ex officio*. Assim, feito o requerimento de suspensão, o pronunciamento a ser dado pelo presidente do tribunal é uma decisão monocrática em

---

75. Alexandre Freitas Câmara. *Lições de direito processual civil*, vol. I, p. 135.

sede de tribunal, de natureza interlocutória, já que resolveu uma questão incidente no curso do processo sem extingui-lo.

Todavia, essa decisão que suspende a execução da decisão judicial tem que ter uma eficácia tal (aptidão para produzir efeitos ou produção de efeitos) que seja capaz de fazer cessar, temporariamente, a execução da decisão que causa grave lesão ao interesse público.

Descartando a hipótese de que se constitua num *despacho,* como mencionam alguns dispositivos legais que cuidam do tema (art. 4.º da Lei 8.437/92), e preferindo a terminologia adotada pelo art. 12, § 1.º, da Lei 7.347/85, não restam dúvidas quanto à natureza *decisória* do pronunciamento e, mais ainda, quanto à sua tipificação como *interlocutória,* já que os próprios textos mencionam o cabimento do recurso de agravo em hipóteses que serão comentadas adiante.

Antes de identificar qual a eficácia da tutela jurisdicional dispensada pelo órgão competente no julgamento do incidente de suspensão de execução de decisão judicial, resta, primeiro, lembrar que a função da suspensão de segurança é preponderantemente *preventiva de dano, inibitório de prejuízo,* daí porque comumente, em tom coloquial, fala-se em *medida de contracautela*[76]. Não parece que a preventividade esteja relacionada com a asseguração do processo no qual "caiu" o incidente. Isso porque o motivo da decisão que susta a eficácia da outra decisão não é a legalidade ou ilegalidade dessa última, isto é, não se quer tutelar o fim útil do processo, porque o que está em jogo não é o mesmo interesse público a ser protegido pelo incidente. Não existe essa relação de instrumentalidade (referibilidade) entre a suspensão da eficácia da decisão e a tutela jurisdicional pleiteada pelo demandante.

No caso em tela, ao se prevenir o interesse público da grave lesão, embora vise acautelar (prevenir) um direito, não se estará permitindo assegurar o fim útil do processo no qual caiu o incidente de suspensão de execução, até porque o legitimado para requerer a medida de sustação de eficácia da decisão é, justamente, o adversário (ou até terceiro) daquele que necessitou do processo para amparar e satisfazer a sua afirmação de direito. Assim, não há uma relação direta ou biunívoca entre o bem tutelado pela medida suspensiva e o bem da vida discutido no processo sobre o qual caiu o incidente.

De tal modo, por exemplo, quando se pleiteia a suspensão da execução da decisão liminar que reintegrou a posse de bem imóvel a particular que era utilizado pelo hospital municipal, conquanto sua finalidade seja *preventiva do dano* resultante do eventual caos imediato da saúde pública municipal (já que aquele era o único

---

76. (...) 3. A suspensão de liminar e de sentença é medida excepcional de contracautela cuja finalidade é evitar grave lesão à ordem, à saúde, à segurança ou à economia públicas. 4. Comprovada a grave lesão à ordem e à economia públicas provocada por decisão liminar que interfere na gestão, na organização e no custeio de políticas públicas, invadindo a competência do Poder Executivo, é manifesto o interesse público em suspendê-la. (AgInt no PExt na SLS 2.714/SE, Rel. Ministro Humberto Martins, Corte Especial, julgado em 10/08/2021, DJe 13/08/2021).

CAPÍTULO 04 • MÉRITO DO INCIDENTE DE SUSPENSÃO DE SEGURANÇA **141**

hospital da cidade); o que se pretende é evitar o dano coletivo, mas isso nada tem que ver com a natureza cautelar de assegurar o resultado do fim útil do processo no qual se instaurou a demanda de reintegração.

> Cautelaridade (*rectius* = asseguração) existiria, sim, se fosse tomada medida para resguardar o interesse do demandante e não do demandado, a menos que se considere tal medida como *cautelar*, para evitar o potencial e grave dano causado pelo processo ao interesse coletivo, antes que se tenha a certeza da afirmação de direito do autor. Aí, nesse caso, haveria uma "cautelaridade" em sentido inverso, para assegurar o fim útil do processo sob o ponto de vista do demandado, que, ao resistir, espera uma declaração de inexistência do direito afirmado pelo autor da demanda.

Não há *referibilidade* entre a lide principal e a lide contida no incidente de suspensão de segurança (somenos se imaginar-se que o Poder Público tem direito a uma tutela de improcedência da ação intentada contra si e, com isso, vise assegurar o fim útil da declaração negativa da sentença de improcedência), para que se sustente a natureza de cautelar genuína do pedido de suspensão. Não se nega – antes o contrário – que o instituto possui natureza urgente e preventiva, mas de direito material. Por maior que seja a aproximação entre as medidas cautelares e satisfativas, pelo menos por enquanto, *lege lata* (art. 273, § 7.º do CPC), o sistema processual faz a distinção ontológica e teleológica entre um e outro, admitindo uma fungibilidade formal ou no máximo regressiva entre tais modalidades de técnicas de urgência. Fosse realmente uma medida cautelar, ou uma ação cautelar, em sentido estrito, seria inexplicável sustentar, por exemplo, a regra da Súmula 626 do STF acerca da eterna duração da suspensão concedida, ainda que a liminar tenha sido substituída pela sentença.

> Não há direito cautelar autônomo ao processo principal, no sentido de que, reconhecida a inexistência do direito material, ainda assim permaneceria de pé a tutela cautelar. Ora, com que fumus? Qual a probabilidade de direito para manter a cautelar, se no processo principal se reconheceu a inexistência do direito alegado em grau sumário na demanda cautelar? De outra banda, observe-se que se o fumus boni iuris que embasa o pedido de suspensão for diverso daquele contido na lide principal (no caso imaginando a tutela jurisdicional da improcedência em prol do Poder Público), de tal forma que justifique a manutenção da suspensão de segurança, mesmo que a liminar seja absorvida e reconhecida na sentença, então, concessa venia, é porque, embora urgente e preventivo, o instituto não é cautelar.

Portanto, para evitar maiores confusões, prefere-se denominar *preventiva* a resposta jurisdicional que acata o pedido de sustação da eficácia da decisão.

Todavia, restaria verificar se trata-se de atividade de conhecimento ou de execução. Se entender-se a palavra *execução* em seu sentido estrito e técnico, como instituição de realização de uma sanção[77], partindo, pois, de sua essência para

---

77. Nesse sentido, ver Enrico Tulio Liebman. *Processo de execução*, p. 19 e ss. Adota-se por sanção, para fins caracterizadores do processo de execução, o conceito mais técnico empregado por Liebman, qual seja, o complexo de meios utilizados pelo Estado para, independentemente da vontade do réu, invadir a sua órbita privada e retirar-lhe o bem que satisfaça o direito do autor.

identificar a atividade do processo executivo, de execução forçada[78], segundo os procedimentos executórios previstos no processo de execução do CPC, então se descarta de plano a ideia de que a decisão proferida pelo presidente do tribunal guarda natureza executiva.

Se, todavia, associar-se o conceito de execução não por meio da sua essência, mas sim por intermédio de sua finalidade, aliás, como em toda atividade jurisdicional, como bem lembra Flávio Luiz Yarshell[79], então não há como deixar de admitir que a tutela prestada pela decisão do presidente do tribunal no incidente de suspensão de execução de decisão possua eficácia executiva em sentido latíssimo, como visto em tópico anterior, já comentado.

Partindo, pois, da premissa de que se trata de uma atividade de conhecimento do órgão jurisdicional, resta identificar se tal provimento assume natureza declaratória, constitutiva ou condenatória[80].

A sentença declaratória tem por finalidade trazer uma certeza jurídica. A tutela jurisdicional de mera declaração de certeza, a que alude Carnelutti[81], corresponde àquelas situações em que:

> "a existência de la relación declarada por el juez es independiente de esa su declaración", no exato sentido de que a relação jurídica existe ou inexiste depois da dita declaración, tal como antes existia. Isso significa dizer que se declara a certeza da existência ou inexistência de uma relação jurídica e aí se esgota a função jurisdicional[82].

Já a sentença constitutiva, como toda e qualquer sentença, expressa uma declaração de que existe o direito de alterar a situação jurídica demandada em juízo, porém, neste caso, em si está conjugada, também, a criação de uma situação jurídica nova, portanto, distinta da anterior. É por isso que se diz que tal sentença cria, modifica ou extingue uma situação jurídica preexistente.

---

78. Nesse sentido, apontando a dependência do processo de execução com uma sentença de prestação, ver Monteleone: "(...) è, invero, inconcetibile per materiale impossiblità portare ad esecuzione una sentenza che non contegna statuizione condenatorie, e cioè statuzioni che impongono una successiva attivtà di adeguamento della realtà di fatto ai dettami della sentenza". Girolamo Monteleone. Rencenti sviluppi nella dottrina dell'esecuzione forzata, *Studi in onere de Tito Carnacini*, vol. III, t. 2, p. 1.984; sobre o conceito estrito de execução, visto como execução forçada ver ainda: Enrico Allorio. Esecuzione forzata (diritto processuale civile), *Nuovissimo digesto italiano*, VI, p. 724; Pasquale Castoro. *Il processo di esecuzione nel suo aspetto pratico* (ristampa della quarta edizione con appendice di aggiornamento); Cândido Rangel Dinamarco. *Execução civil*, p. 115.
79. Tutela jurisdicional específica nas obrigações de declaração de vontade, p. 27 e ss.
80. Prefere-se encartar as "sentenças mandamentais" dentro dos modos de cumprimento daqueles provimentos colocados no texto; as "sentenças executivas *lato sensu*", dentro das condenatórias que prescindem de um processo de execução em separado, e as "dispositivas" dentro das constitutivas, porque modificam uma situação jurídica preexistente.
81. Francesco Carnelutti. *Instituciones de derecho procesal civil*, vol. 1, p. 70.
82. Idem, p. 71; ver ainda Salvatore Satta. *Manual de derecho procesal civil*, vol. I, p. 203; Giuseppe Chiovenda. Azioni e sentenze di mero accertamento, *Rivista di Diritto Processuale Civile*, 1933. vol. I, p. 3; João Baptista Lopes. *Ação declaratória*, p. 143-144.

CAPÍTULO 04 • MÉRITO DO INCIDENTE DE SUSPENSÃO DE SEGURANÇA — 143

A sentença condenatória é bem explicada por Liebman:

> Dêsse modo, a sentença condenatória tem duplo conteúdo e dupla função: em primeiro lugar, declara o direito existente – e nisso ela não difere de tôdas as outras sentenças (função declaratória); em segundo lugar, faz vigorar para o caso concreto as fôrças coativas latentes para a ordem jurídica, mediante aplicação da sanção adequada ao caso examinado – e nisto reside a sua função específica, que a diferencia das outras sentenças (função sancionadora). Este segundo elemento, a formulação expressa ou implícita da regra sancionadora concreta, é propriamente a novidade produzida pela sentença condenatória. Novidade necessária, porque é ela que torna possível a atividade dos órgãos judiciários para satisfazer coativamente o direito do credor[83].

Diante disso, verifica-se que, sob o ponto de vista da efetividade da tutela jurisdicional, tanto as sentenças constitutivas quanto as sentenças meramente declaratórias são muito mais eficazes[84] que as sentenças condenatórias, já que, uma vez alcançada a coisa julgada, exaurem em si qualquer atividade jurisdicional posterior. Seria como se lhes entregasse, em sentido lato, um caráter executivo ínsito ao próprio provimento.

De tal maneira, o que há de comum entre a sentença constitutiva e a declaratória é justamente o fato de que "não lhes sobrevive qualquer necessidade de determinado comportamento por parte do vencido, para satisfação do vencedor. Não surge aí a questão de se saber o que há de fazer quando o vencido porventura não se mostra disposto a comportar-se daquela particular maneira"[85].

No mesmo sentido posiciona-se Buzaid, quando assevera que ambas (sentenças constitutiva e declaratória):

> se exaurem com o ato de sentença de mérito. São, portanto, desprovidas do ato de execução. Isso não exclui que possam produzir alguns efeitos práticos, como servir de base para obter transcrição de imóvel (Código Civil, art. 550 [refere-se ao CC/1916]) ou cancelamento de inscrição hipotecária. Esta é uma execução sui generis, porque não recai sobre a pessoa do réu, mas sobre o funcionário público. A relação que se forma aqui é uma relação de serviço público entre o juiz e o funcionário, sem nenhum reflexo sobre a pessoa do litigante vencido, que apenas deve suportar as consequências emanadas da sentença[86].

Foi justamente partindo deste raciocínio, qual seja, o de que a sentença constitutiva possui uma "força executiva" que lhe é ínsita, que Celso Neves, em monumental monografia sobre o tema da coisa julgada, asseverou que a sentença constitutiva apresenta uma duplicidade de funções, cognitiva e executiva:

---

83. Liebman. *Manual de direito processual civil*, vol. I, p. 39-40.
84. "Dessa forma, a insuficiência apontada da sentença condenatória postula que o ordenamento predisponha os meios jurídicos necessários a que se possa atingir o resultado material igual ou equivalente à prestação que essa sentença impõe ao réu, em reparação ao direito lesionado do autor, na hipótese de o mesmo réu não realizar, espontaneamente, a prestação devida. Tais meios correspondem, precisamente, à tutela executiva prestada através do processo de execução". Marcelo Lima Guerra. *Execução forçada*, p. 22.
85. José Carlos Barbosa Moreira. *Tendências na execução de sentenças...* cit., p. 38-39.
86. Alfredo Buzaid. *Da ação declaratória no direito brasileiro*, p. 89-90.

Se tudo isso ocorre – como é certo – nas sentenças constitutivas, então a atividade jurisdicional apresenta aí uma duplicidade de funções, logicamente sucessivas: primeiro, a específica da cognição, pela qual se decide a relação controvertida; depois, a peculiar ao processo de execução, que realiza os efeitos jurídicos pretendidos, como consequência da declaração[87].

Desenvolvidas essas brevíssimas considerações acerca desse tema tão instigante que é a natureza do provimento jurisdicional, cuja grandiosidade é incabível neste trabalho, pode-se agora identificar a natureza jurídica da decisão que suspende a execução da decisão para evitar grave lesão aos bens da coletividade.

Como se vê, não é o legislador que cria a situação de perigo de grave dano aos bens da coletividade, mas apenas atesta a certeza da sua ocorrência. Ou existe ou não existe o risco de lesão, e, nesse sentido, poder-se-ia pensar que a decisão teria natureza declaratória, sendo que a suspensão da decisão seria, simplesmente, uma consequência da existência da grave lesão, num típico caso de execução imprópria.

Todavia, não é assim que se passa, já que o que caracteriza uma sentença como condenatória, declaratória ou constitutiva é o pedido imediato, qual seja, a prestação jurisdicional invocada e esperada na sentença. Portanto, o "mérito", objeto de julgamento do incidente, de seu pedido é a suspensão da execução da decisão, sendo que isso será deferido ou não, se estiver presente o risco de grave lesão ao interesse público. Dessa forma, vê-se que a presença concreta do grave risco de lesão é o motivo suficiente para que seja deferido o pedido de suspensão de execução da decisão, alcançando a finalidade preventiva.

Por isso mesmo, valendo-se dos conceitos retromencionados, não se admite que o pedido de suspensão de execução tenha natureza condenatória, justamente porque não há sanção a ser cumprida. Também, pensa-se não se tratar de provimento de cunho declaratório, porque não declara a certeza jurídica de algo que preexiste, de modo que nos resta a natureza constitutiva, que, parece, está adequada à situação[88].

Quando o presidente suspende a execução da decisão, cria uma situação jurídica nova, porque antes dela tinha a situação jurídica de exequibilidade da decisão, coisa que, depois da suspensão, não mais tem, pelo fato de que esta lhe retirou, temporariamente, a sua eficácia executiva, criando, pois, situação jurídica diversa da anterior[89].

Coaduna-se com o exposto o fato de que, assim que se dá a decisão suspensiva, nada mais se precisa fazer, uma vez que o novo estado jurídico está criado. Os eventuais ofícios que serão remetidos pelo presidente do tribunal às partes e ao juízo que prolatou a decisão cuja execução foi suspensa não têm cunho mandamental, porque nada há para o juízo *a quo* cumprir, ou seja, não se espera dele a realização de

---

87. Celso Neves. *Coisa julgada civil*, p. 460.
88. Acolhendo a posição defendida na primeira edição ver Elton Venturi. Op. cit., p. 245. No mesmo sentido a jurisprudência do STJ, *v. g.* Ag. REDclSTA 85/RJ, rel. Min. Edson Vidigal, *DJ* 09/02/2005.
89. O pedido de suspensão de segurança é feito pelo réu e qualifica-se como um incidente processual, provocado por uma defesa impeditiva, cuja finalidade é "impedir" a eficácia da medida contra si deferida.

CAPÍTULO 04 • MÉRITO DO INCIDENTE DE SUSPENSÃO DE SEGURANÇA **145**

nenhum ato material sensível para se obter a suspensão da execução, porque ela já existe. Trata-se, pois, de mera ciência da decisão prolatada pelo órgão presidencial.

Entretanto, caso a execução seja promovida em desrespeito à decisão do presidente do tribunal, aí sim, parece, ele vai emitir uma ordem, sob pena de crime de desobediência, de cumprimento da decisão por ele prolatada. Nesse caso, a *mandamentalidade* é apenas técnica para dar efetividade prática à decisão já proferida (art. 139, IV do CPC).

4.4.6.2 *Prazo de duração da suspensão da execução da decisão judicial*

4.4.6.2.1 *Introito*

Este é um tópico da maior relevância no estudo do incidente que constitui o objeto deste trabalho. Mais do que relevante, o estudo relativo à duração do prazo é deveras instigante em razão de existirem duas regras as quais dão a ideia de que, uma vez suspensa a segurança, a sustação da eficácia da decisão durará até o trânsito em julgado da demanda, o que, diga-se, de antemão, mostra-se ilógico e absurdo.

Inicialmente, por causa do art. 25, § 3.º, da Lei 8.038/90[90], e posteriormente por causa do art. 4.º, § 9.º, da Lei 8.437/92 (este acrescentado pela MP 2.180-35), é comum pensar que a suspensão da execução obtida no incidente poderia perdurar, inadvertidamente, desde a sua concessão até o trânsito em julgado da decisão no processo. Entretanto, a situação não é bem essa, como será visto a seguir. *"Vigorar até o trânsito em julgado"* não significa manter a eficácia da suspensão inicialmente concedida *ad eternum* como apressadamente sugere a compreensão do § 3.º do art. 25 da Lei 8.038/90.

Antes de adentrar no tema, é preciso lembrar que decisão interlocutória não se confunde com sentença que, por sua vez não se confunde com acórdão (ainda mais se considerar o proferido na decisão do recurso de apelação), conforme se procura explicitar em tópico anterior deste trabalho. Mais do que uma diferença conceitual ou de competência, a verdade é que, sob o ponto de vista da cognição e da impugnação, há um enorme distanciamento entre cada uma dessas figuras, que guardam entre si o tronco comum de poderem ser chamadas de decisões judiciais.

Se o momento dessas decisões é invariavelmente distinto, não podendo, regra geral, conviver num mesmo processo, ao mesmo tempo, a existência de liminar com uma sentença e com um acórdão, pertinentes ao mesmo objeto de julgamento; então, não há a menor possibilidade de se fazer uma afirmação peremptória de que a suspensão de uma liminar perdurará até o trânsito em julgado da decisão final. Como se vê adiante, a expressão está diretamente relacionada com a cadeia procedimental recursal da decisão cuja suspensão da eficácia foi deferida.

---

90. Art. 25, § 3.º: "A suspensão de segurança vigorará enquanto pender o recurso, ficando sem efeito, se a decisão concessiva for mantida pelo Superior Tribunal de Justiça ou transitar em julgado".

Para isso, utiliza-se do critério lógico: se não há vigência da liminar, por qualquer motivo, não mais existe interesse na medida suspensiva da sua execução. Aliás, fazendo a análise em sentido inverso, pergunta-se: como pode o deferimento do incidente valer para sustar a eficácia de uma decisão que ainda não existe? A suspensão da execução da liminar não pode servir ou perdurar depois da sentença, não só porque esta não existe ainda, mas porque nem sequer se sabe se ela confirmará a liminar. Também em sentido inverso, pergunta-se: poderia uma suspensão de execução de sentença servir para suspender a execução de liminar que não existe mais?

Ora, se o pedido de suspensão de execução é de liminar, por que então valer para suspender a execução da sentença? Não fosse assim, não teria o menor sentido que o legislador especificasse como objeto do incidente de suspensão de execução de *liminar, sentença ou acórdão* (nos processos de competência originária dos tribunais), como faz questão de dizer ao longo dos dispositivos legais que cuidam do tema em tela.

Assim, acredita-se que só se pode falar em eficácia da suspensão da execução concedida enquanto existirem as seguintes situações: a) existir decisão (ter vigência) cuja eficácia foi suspensa, e b) ainda existir (ter vigência) a decisão suspensiva concedida pelo presidente do tribunal.

4.4.6.2.2 *Vigência da decisão cuja eficácia foi suspensa no incidente*

Se por qualquer motivo a liminar deixar de existir (revogada, cassada, modificada ou substituída), não haverá mais eficácia (dela) para ser suspensa. Nesse caso, o prazo de duração da suspensão concedida pelo presidente do tribunal competente teria durado até esse momento. Esticá-lo para além da existência da decisão cuja execução foi suspensa seria, a um só tempo, aumentar os limites objetivos do pedido de suspensão de execução da *liminar* concedida (que não se limitaria à suspensão da liminar); entender que decisão interlocutória e sentença seriam pronunciamentos idênticos; e permitir que a suspensão de liminar valesse para um ato e momento que ainda não teria ocorrido e, quando ocorresse, poderia revogar a liminar concedida.

Em outras palavras, seria, pois, permitir que a suspensão da execução servisse à sentença, embora requerida para suspender a eficácia da liminar. Se é liminar não é sentença. Se assim não fosse, não haveria que se falar em efeito substitutivo do segundo provimento pelo primeiro, o que nos traria um enorme problema no tocante à descoberta do momento em que se teria formado o trânsito em julgado de uma decisão.

Acentua-se o exposto se imaginar-se que seja concedida uma tutela antecipada parcial dos efeitos pretendidos pelo autor, e, para sustar a execução dessa decisão, exista o requerimento formulado ao presidente do tribunal competente sob alegação de grave lesão ao interesse público. Concedida a suspensão da execução da liminar, o que fazer com relação à posterior sentença que concede *in totum* o que

CAPÍTULO 04 • MÉRITO DO INCIDENTE DE SUSPENSÃO DE SEGURANÇA **147**

o autor pleiteou? Seria possível novo pedido de suspensão de execução de decisão requerido ao presidente do tribunal, dessa vez para sustar a eficácia da sentença? Como admitir que a suspensão da eficácia da liminar valeria para a sustação da eficácia da sentença se o objeto desta, e, portanto, da sua execução seria mais amplo que o da primeira?

Assim, quer-se dizer que, se o pedido de suspensão de execução é de uma sentença, decerto que não poderá servir para que se prolongue para depois de um acórdão que julga um recurso de apelação. Trata-se de realidades distintas que não podem ser baralhadas por quem faz uso do dispositivo legal.

Ratificando essas ideias preliminares, verifica-se que, se o pedido foi de suspensão de execução de uma liminar concedida, não se pode pretender que a decisão positiva do presidente do tribunal se perpetue para além da existência da liminar, e, portanto, para além daquilo para o qual foi criado e devidamente utilizado[91-92].

Se por qualquer motivo deixar de existir a liminar concedida, ou ter perdido a sua eficácia (como no caso do MS e das medidas cautelares), o incidente terá, como se diz na linguagem forense, *perdido o seu objeto*, que na verdade corresponde a típico caso de perda superveniente do interesse de agir, recaindo o ônus para o legitimado postular novamente a medida nos casos em que a lei admite, só que dessa vez com novo objeto: suspender a execução da *sentença*.

Da mesma forma, se por qualquer razão não for obtida a suspensão da execução da decisão liminar, nada impede seja agora feito novo pedido tendo por conteúdo um novo suporte jurídico (agora a sustação da eficácia da sentença), que não dispensará, por óbvio, um juízo de admissibilidade e posterior juízo de mérito pelo presidente do tribunal competente[93].

Por outro lado, se a causa posta em juízo é de competência originária de tribunal, então tanto da decisão liminar de seu relator quanto do acórdão que decide a lide, e a cada qual, no seu oportuno momento, será possível o incidente. Lembre-se de que a suspensão obtida (STJ ou STF) não poderá ir além da existência da liminar. Valem aqui, *mutatis mutandis*, as mesmas considerações formuladas para a liminar e a sentença, como foi dito retro.

---

91. Nesse sentido, Cassio Scarpinella Bueno: "(...) a duração da suspensão somente poderá ser, com relação à liminar, até o julgamento final do *writ* e, com relação à sentença, até julgamento final do recurso dela interposto. Pensamento diverso (mesmo antes das recentes reformas do Código de Processo civil) seria tornar todo o segmento processual após a concessão da liminar ou todo o segmento recursal que seguisse à concessão da segurança inócuo (isto é, totalmente desprovido de eficácia), o que não podemos admitir". *O poder público...* cit., 2004, p. 214.

92. No mesmo sentido ver Ana Luísa Celino Coutinho. *Mandado de segurança...*, p. 126.

93. Exceção a essa regra ocorre com o pedido de suspensão no mandado de segurança, sobre o que o art. 25 da Lei 8.038/90 fala, expressamente, em suspensão da execução da liminar ou decisão concessiva (portanto, acórdão) em única ou *última instância*. Não obstante a expressa previsão legal, suspeita-se da constitucionalidade de tal hipótese, porque reduz a pó toda a força do remédio mais heroico do ordenamento processual.

Longe de contrariar o exposto, a norma do art. 25, § 3.º, da Lei 8.038/90, repetida no art. 297, § 3.º, do RISTF e no art. 271, § 3.º, do RISTJ vem abraçar o entendimento acima exposto. Assim, o citado artigo assevera que:

> Art. 25. (...) § 3.º A suspensão da segurança vigorará enquanto pender o recurso, ficando sem efeito, se a decisão concessiva for mantida pelo Superior Tribunal de Justiça ou transitar em julgado.

Embora referente à suspensão de segurança (em processos de mandado de segurança) e apenas ao STJ, a norma tem servido de parâmetro para o sofisma de que a liminar vigorará até o trânsito em julgado, indistintamente. Ora, já houve oportunidade de comentar que essa lei regula procedimentos em sede de tribunais de cúpula, motivo pelo qual faz sentido a afirmação do referido § 3.º apenas para tais casos.

Assim, no processo de mandado de segurança de competência originária de tribunal estadual ou federal, será possível a suspensão da execução da decisão judicial requerida ao presidente do STJ ou do STF (respeitando-se a competência de cada um), *caso exista recurso excepcional endereçado ao respectivo órgão*, cujo presidente será competente para apreciar e julgar o incidente de suspensão de execução a ele endereçado.

Não sendo desafiado por recurso, *o trânsito em julgado terá ocorrido no próprio tribunal a quo*, motivo pelo qual já não mais seria possível falar em incidente. Mais ainda: se houver recurso e for requerido o incidente ao presidente do tribunal competente, a duração da medida fica condicionada ao provimento do recurso, já que, se a decisão do órgão for no sentido de confirmar o acórdão cuja execução foi suspensa, o art. 25, § 3.º, por coerência, bem diz que cessará a eficácia da medida suspensiva. Nem precisaria dizer que essa cessação de eficácia da decisão suspensiva da execução ocorreria porque, *in casu*, o acórdão teria sido substituído pela decisão prolatada pelo tribunal de cúpula, e não será possível suspender a execução dessa decisão.

Destarte, quando se diz que a decisão concessiva do presidente do STJ e do STF durará até o trânsito em julgado, nada se está dizendo além do óbvio, uma vez que, se é um incidente, portanto, acessório, termina com o trânsito em julgado da decisão sobre a causa na qual ele incidiu. Assim, não só neste caso, mas em qualquer incidente, diz-se que a sua vida acaba quando acaba o processo sobre o qual incide, da mesma forma como se diz que vive quando já existe processo sobre o qual possa incidir.

Na verdade, o que pretendeu dizer[94] o dispositivo foi que, sendo os tribunais de cúpula a última instância no nosso ordenamento jurídico, pode-se afirmar que

---

94. No mesmo sentido, foi certeira a colocação de Cassio Scarpinella Bueno: "Destarte, o art. 25, § 3.º, da Lei 8.038/90, pelo qual 'a suspensão da segurança vigorará enquanto pender o recurso, ficando sem efeito, se a decisão concessiva for mantida pelo Superior Tribunal de Justiça ou transitar em julgado', somente pode ser interpretado no sentido de que o dispositivo trata da suspensão do acórdão concessivo da ordem (daí o emprego do termo 'transitar em julgado'), ou, quando menos, ler este mesmo termo no sentido de preclusão, relativo ao julgamento do agravo interposto perante o tribunal local. Bastaria, para tanto, ler

o limite temporal para a eficácia da decisão suspensiva da execução do acórdão se condiciona: *a)* à inexistência do trânsito em julgado (motivo pelo qual se exige um recurso pendente que tenha adiado a formação da preclusão máxima); *b)* até que o referido recurso excepcional (especial ou extraordinário) seja julgado pelo respectivo órgão.

> Agravo interno na suspensão de liminar e de sentença. Acórdão do TRF1 anulando sentença de primeiro grau e determinando reinstrução do feito. Não interposição de recurso pelas partes. Impossibilidade de conhecimento do pedido de contracautela pelo STJ.
>
> 1. Compete ao presidente do tribunal ao qual couber o conhecimento do respectivo recurso suspender, em despacho fundamentado, a execução da liminar nas ações movidas contra o Poder Público nos termos estabelecidos pelo art. 4° da Lei n. 8.437/1992. 2. Indefere-se pedido de suspensão quando for inadmissível futuro recurso ao tribunal superior para o qual tenha estabelecido a competência da matéria. 3. Prejudicado o pedido de suspensão de liminar proferida em acórdão transitado em julgado sem que tivessem sido interpostos novos recursos. Agravo interno improvido. (AgInt no AgInt na SLS 2.625/DF, Rel. Ministro Humberto Martins, Corte Especial, julgado em 22/06/2021, DJe 25/06/2021).

Neste último caso, pouco interessa que a decisão seja concessiva ou não, como pretende dizer o citado dispositivo, já que, se for concessiva e substituir a anterior, confirmando o teor do acórdão recorrido, se tratará de nova decisão, cuja execução não pode ser objeto de pedido do incidente de suspensão. Por outro lado, se o recurso for provido, anulando ou substituindo o acórdão recorrido, não terá mais sentido a execução de uma decisão que não mais existe e que, por isso mesmo, não pode produzir efeitos.

É preciso ir além na explicação. Lembre-se do texto do art. 4°, § 9.° da Lei 8.437 e da Súmula 626 do STF:

> Art. 4° da Lei 8.437:
>
> § 9°. A suspensão deferida pelo Presidente do Tribunal vigorará até o trânsito em julgado da decisão de mérito na ação principal.
>
> Súmula 626 STF:
>
> A suspensão da liminar em mandado de segurança, salvo determinação em contrário da decisão que a deferir, vigorará até o trânsito em julgado da decisão definitiva de concessão da segurança ou, havendo recurso, até a sua manutenção pelo Supremo Tribunal Federal, desde que o objeto da liminar deferida coincida, total ou parcialmente, com o da impetração.

Como se observa no §4° acima, a suspensão deferida pelo Presidente do Tribunal "vigorará até o trânsito em julgado da decisão de mérito na ação principal", no o que foi "corroborado" pela Súmula 626 do STF. Poder-se-ia imaginar que, nos casos da Lei 8.437/92 (e nesse particular o § 9.° não se aplica à Lei 12.016/2009), que, uma vez

---

'suspensão de segurança' como excludente da suspensão da liminar, regulando o parágrafo do dispositivo uma regra específica com relação ao *caput* do mesmo. O que não podemos admitir é que este dispositivo tenha acabado por tratar indistintamente as evidentes diferenças de exercício de cognição judicial para a concessão da liminar ou da decisão final". Cassio Scarpinella Bueno. *O poder público...* cit., 2004, p. 216-217.

concedida a suspensão da liminar, mesmo que já houvesse sentença ou acórdão nesse mesmo processo, estaria mantida a eficácia da suspensão inicialmente concedida.

Como se disse, tal interpretação é absurda e contraria as regras mais comezinhas de direito processual. Uma interpretação diversa dessa, no sentido de que teria vigência eterna (até o trânsito em julgado da decisão de mérito da causa), seria transformar a suspensão de segurança em um remédio acima do bem e do mal, demonstrando que o poder do Presidente do Tribunal de suspender a eficácia de uma decisão permanece de pé, intacto, mesmo que a antiga decisão já tivesse sido substituída por outras, até mesmo colegiadas, do tribunal *a quo*.

Ora, certamente não se poderia crer que o legislador imaginasse que a suspensão da liminar do Presidente pudesse estar de pé, mesmo depois de proferida sentença ou acórdão no sentido de confirmar o entendimento do juiz *a quo*.

Acredita-se que o que pretende a lei é algo muito simples, a saber, que uma decisão do presidente do tribunal não seja cassada por um juízo de competência hierárquica inferior, v. g., quando obtida a suspensão da liminar perante o presidente do STJ (num caso do art. 15, § 1.º, da Lei 12.016/2009); sobrevindo a sentença (que substitui a liminar), a perda da eficácia da suspensão não é imediata, porque o Presidente do STJ deve ser provocado e informado, dentro do incidente, que a medida liminar foi substituída pela sentença, e, por isso, o incidente no qual o presidente do STJ teria dado a suspensão teria perdido o seu objeto. É ônus daquele em favor de quem foi dada a liminar (ou sentença, ou acórdão), cuja eficácia foi suspensa, provocar, no âmbito do incidente de suspensão de segurança a revogação da medida suspensiva concedida pelo Presidente do Tribunal, sob o argumento de que a decisão anterior foi substituída (confirmada) por outra; em contraditório poderá o Poder Público aduzir a necessidade de manutenção da medida de suspensão de segurança pela manutenção da situação de fato que ensejou a concessão da medida excepcional. Isso evitaria que uma decisão inferior "passasse por cima" de uma decisão proferida pelo órgão hierarquicamente superior, sem que este último órgão julgador tivesse revogado a sua própria decisão[95].

---

95. No mesmo sentido o Superior Tribunal de Justiça, ao afirmar que: "O § 3.º do art. 25 da Lei 8.038/90 nada mais é do que um esclarecimento a respeito da suspensão da sentença concessiva – e não da liminar –, para a eventualidade de que, ainda que tenha proferido o Superior Tribunal de Justiça decisão para suspender a execução da sentença, se o recurso for provido ou se a sentença transitar em julgado, não subsistirá a suspensão. A natureza da decisão e a gravidade dos fundamentos invocados para a suspensão de uma decisão provisória é muito mais singela do que aquela que visa a impedir a execução de uma sentença que julgou procedente uma demanda" (REsp 184144/CE – 1998/0056667-8, rel. Min. Franciulli Netto, *DJ* 28.10.2003). Em sentido contrário, também em julgados do Superior Tribunal de Justiça, não é esta a posição que tem sido adotada, já que se observam casos em que há expressa manifestação da Corte Especial no sentido de que, "não tendo se operado o trânsito em julgado da decisão que apreciou o mérito da questão na instância ordinária, não há que se falar em perda de eficácia de suspensão já deferida" (AgRg na Sta 29/DF; AgRg na Suspensão de Tutela Antecipada 2003/0154832-1, Min. Edson Vidigal, *DJ* 06.12.2004). No mesmo sentido, ver ainda AgRg no AgRg 2004/0066257-2, rel. Min. Edson Vidigal, *DJ* 09.02.2005.

CAPÍTULO 04 • MÉRITO DO INCIDENTE DE SUSPENSÃO DE SEGURANÇA **151**

Por isso mesmo que, *v.g.*, obtida suspensão de tutela antecipada junto ao Presidente do STJ (art. 4.º, § 4.º, da Lei 8.437/92), ao proferir-se sentença na causa principal, não mais deverá perdurar a suspensão proferida pelo já referido STJ, porque não existe mais o provimento liminar que foi substituído pela sentença.

Todavia, essa revogação de eficácia só poderá ser feita pelo próprio STJ, na pessoa do seu presidente, que será devidamente provocado nos autos da suspensão de segurança, cabendo ao interessado a solicitação da revogação da eficácia, tendo em vista a perda do objeto cuja eficácia teria sido suspensa[96].

Se não for provocado, e se porventura for desconsiderada a suspensão de segurança, poderá a pessoa jurídica de direito público aviar pedido de reclamação para o próprio STJ, no sentido de que seja concedida liminar para preservação da autoridade de seus julgados. Repita-se e frise-se: não pode um órgão inferior revogar a decisão de um órgão superior, e, por isso, só assim deve ser entendida a *ultratividade* da suspensão de segurança contida na Súmula 626 do STF, bem como no § 9.º da Lei 8.437/92[97]. Não há nada de especial, e nenhuma teratologia precisa ser admitida, senão apenas o fato de que a revogação da medida, por razões de competência, deve se dar pelo mesmo órgão que concedeu a medida[98-99].

---

96. Esse parece ser o entendimento (só o próprio Tribunal que concedeu a medida é que poderá ratificá-la ou não), quando afirma: "O pedido de desistência restou indeferido, pois, a teor do § 3.º do art. 25 da Lei 8.038/90, o deferimento do pedido de suspensão mantém seus efeitos até o trânsito em julgado da decisão concessiva ou até sua ratificação pelo Superior Tribunal; dessa forma, a concessão da segurança pelo Juízo da Comarca de Timbó não produz efeitos imediatos" (STJ, AgRg na SS 1021-SC, Câmara Especial, rel. Min. Nilson Naves, *DJ* 26.05.2003).

97. "Agravo regimental. Lei 8.437/92. Suspensão de tutela antecipada. Sentença na ação subjacente. Perda de objeto da contracautela. Necessidade de novo pedido de suspensão em face da sentença. Súmula 626 do STF. Inaplicabilidade quanto à decisão suspensiva proferida por Presidente de Tribunal de segunda instância. 1. *A decisão antecipatória de tutela é absorvida pela sentença superveniente*, razão pela qual o prazo de sustentação da suspensão concedida pelo presidente do tribunal competente teria *durado até esse momento*. 2. Para a eventual sustação dos efeitos da sentença proferida, impõe-se a *formulação de um novo pedido de suspensão para o Presidente do Tribunal competente*, desde que se protraia no tempo a grave ameaça de lesão à ordem, à saúde, à segurança e à economia públicas, tal como prevê a legislação de regência. 3. Da leitura do § 2.º do art. 4.º da Lei 4.348/64, observa-se que o § 9.º do art. 4.º da Lei 8.437/92, não fora estendido ao processo de mandado de segurança. No entanto, houve por bem o C. Supremo Tribunal Federal em estender essa *ultratividade* à suspensão da liminar em mandado de segurança, a qual vigorará até o trânsito em julgado da decisão definitiva, salvo se a decisão deferitória do pedido de suspensão houver determinado em sentido contrário. 4. *A Súmula 626 do STF somente se aplica quando a suspensão de segurança for, originariamente, deferida por Tribunal Superior.* Consequentemente, inaplicável tal enunciado em se tratando de suspensão prolatada por tribunal de segunda instância. 5. Agravo regimental a que se nega provimento para o fim de manter a decisão que decidiu pela perda de objeto do pedido de suspensão dos efeitos de tutela concessiva, ante a superveniência de sentença que a absorveu" (Grifos nossos – TRF 3.ª Reg., SS 2630, *DJU* 24.01.2008). Deve-se observar que o acórdão, quando se refere ao art. 4.º da Lei 4.348/64, diante de sua revogação, deve-se entender que o faz em relação ao art. 15 da Lei 12.016/2009.

98. Nesse sentido do cabimento, a Reclamação 1.141-BA (2002/0040885-7), rel. Min. Nilson Naves, *DJ* 22.09.2003.

99. Nesse sentido parece acertada a posição defendida por Elton Venturi, admitindo a revogação da medida no âmbito do Tribunal que a concedeu. Op. cit., p. 240.

Observe-se que a própria hipótese de cabimento da suspensão de segurança, prevista no § 5.º do art. 4.º da Lei 8.437/92 (suspensão do acórdão que negou provimento ao agravo de instrumento da fazenda interposto contra a liminar), é um exemplo concreto de que o próprio legislador não considera a tal *ultratividade ad aeternum* da suspensão de liminar. Isso porque tal medida prevista no citado dispositivo considera – nos parâmetros do art. 512 do CPC – que o acórdão que julga improcedente o agravo de instrumento da fazenda pública substitui a liminar desafiada por este mesmo agravo, daí porque é cabível a suspensão contra o acórdão.

Não fosse assim, ter-se-ia que admitir a atípica e esdrúxula situação de *duplicidades de suspensões de segurança em curso perante presidentes de tribunais diversos* (TJ/TRF e STJ/STF), já que poderia, *v. g.*, o Poder Público requerer a suspensão da liminar perante o Presidente do TJ e, paulatinamente, poderia também requerer a suspensão para o Presidente do STJ dos efeitos do acórdão que julgou improcedente o agravo de instrumento antes interposto contra a mesma liminar proferida em primeiro grau. Assim, haveria uma duplicidade de estados de pendência de dois incidentes processuais suspensivos? Claro que não, simplesmente porque o primeiro pedido de suspensão *perdeu o objeto*, já que a execução a ser suspensa é a dos efeitos do acórdão, e o caminho será a utilização do art. 4.º, § 5.º, da Lei 8.437/92. Eis, aí, *lege lata*, mais um motivo para se rejeitar a ideia de que a suspensão de uma liminar prevalece para sempre (trânsito em julgado). Não é essa a interpretação do dispositivo, tal como já exposto no texto.

Por tudo isso, entende-se que os requisitos para que esteja presente a eficácia da decisão suspensiva pelo presidente do tribunal, em qualquer caso, são a eficácia e a existência da decisão, cuja execução se pretende suspender, e a existência de decisão suspensiva pelo presidente do tribunal. Não existente alguma dessas situações e se já tiver sido concedida a suspensão, deverá ser solicitada a revogação da medida perante o próprio órgão que a concedeu, com direito ao contraditório, obviamente, para o próprio Poder Público. Claro que, somado a esses requisitos, está o corolário lógico de que exista processo pendente para que qualquer incidente possa existir.

Capítulo 05
PROCEDIMENTO DO INCIDENTE DE REQUERIMENTO DE SUSPENSÃO DE EXECUÇÃO DE DECISÃO JUDICIAL

5.1 GENERALIDADES

Consoante já houve oportunidade de destacar na primeira parte deste trabalho, há incidentes (como o que constitui objeto deste estudo) que possuem um procedimento destacado do principal, à parte, não sendo uma simples dilatação do procedimento principal.

Em se tratando de requerimento de suspensão de execução de decisão judicial ao presidente do tribunal, nos casos em que a lei admite, não há, num sentido literal das normas que cuidam do tema[1], um procedimento típico que nos permita fazer dele uma uniformidade, o que, *de lege ferenda*, seria até recomendável. Todavia, se procurar-se fazer sempre uma interpretação literal, por certo se encontrarão deslizes cometidos pelo legislador, tais deslizes, levados em sentido técnico, impediriam a própria aplicação do instituto, como já se demonstrou anteriormente ao cuidar da evolução legislativa do instituto processual que constitui objeto desta obra.

Também o aspecto lógico, verdadeiro princípio informativo e axiomático do processo civil, não permite que se aceite, por exemplo, que no requerimento de suspensão de execução de decisão liminar em ação civil pública seja, de um lado, facultado ao presidente ouvir o *parquet* antes de pronunciar-se sobre a medida (art. 4.º da Lei 8.437/92)[2] e, de outro lado, não se admita tal medida procedimental se a suspensão for em sede de mandado de segurança (art. 15 da Lei 12.016/2009). Não há sentido lógico para não se admitir tal prerrogativa ao presidente do tribunal nos dois casos, já que, em ambos, existe interesse público em jogo, obrigando a intervenção do MP pela regra do art. 127 da CF/88, combinado com o art. 178, I do CPC.

Assim, exatamente por causa desses aspectos, comenta-se sobre o procedimento do pedido de suspensão de execução de decisão requerido ao presidente do tribunal, traçan-

---

1. Art. 12, § 1.º, da Lei 7.347/85; art. 25 da Lei 8.038/90; art. 15 da Lei 12.016/2009; art. 4.º da Lei 8.437/92 etc.
2. Art. 4.º da Lei 8.437/92: "§ 2.º O Presidente do Tribunal poderá ouvir o autor e o Ministério Público, em setenta e duas horas".

do, sempre que possível, uma regra uniforme para ele, fazendo as ressalvas necessárias, quando a lei não tiver previsto determinada sequência ou ato processual comentado.

5.2 PETIÇÃO INICIAL

É por petição inicial que se desencadeia o incidente. Sem requerimento da parte legitimada, não será possível a sua instauração, que depende, pois, de iniciativa da parte, como corolário lógico do princípio dispositivo. Todos os textos legais que cuidam do tema são repetitivos quando dizem que o incidente depende de *requerimento*, o que leva a crer que deva ser de forma escrita, endereçado ao órgão competente (presidente do tribunal), devendo constar a narração dos fatos e fundamentos jurídicos, além de conter o próprio pedido de suspensão.

Também parece que, não sendo eletrônico o procedimento, a cópia da decisão que se pretende impugnar é documento necessário na instauração do incidente, porque sem ela não há como fazer que o órgão judicial saiba qual o tipo de decisão que comporta o incidente, quais os motivos que levaram o juiz a emitir aquela decisão, se a competência realmente lhe pertence etc. (art. 320 do CPC). E também por essas razões, deve estar acostado à petição inicial do postulante. Todas as provas que atestam a situação de grave lesão devem ser trazidas no bojo da petição já que este é um incidente de cognição sumária e limitada à prova documental.

Como não possui um momento para dilação probatória, senão por intermédio da prova documental em que o momento da prova (apresentação, deferimento e produção) é um só, deve o requerente juntar todos os documentos que sejam importantes para o convencimento do presidente do tribunal acerca da concessão da medida postulada.

> Pedido de suspensão de medida liminar. Desapropriação. Construção de avenida paralisada. Lesão à ordem e à economia públicas. Não pode haver investimento público sem retorno, e inexistindo dilação probatória no âmbito do pedido de suspensão, prevalece a versão da autoridade pública, segundo a qual a construção do trecho disputado da avenida foi feita com recursos públicos. Agravo regimental não provido. (AgRg na SLS 1.478/PR, Rel. Ministro Ari Pargendler, Corte Especial, julgado em 14/06/2012, DJe 29/06/2012).

> (...) 6. Não foram apresentados argumentos robustos que pudessem infirmar a política pública distrital desenhada para combate à pandemia de Covid-19, sobretudo tendo em vista que a suspensão de liminar e de sentença não configura o ambiente processual adequado para realização de instrução probatória, que poderia culminar numa conclusão diversa da defendida pela parte requerente. 7. A parte agravante não apontou situações específicas ou dados concretos que efetivamente pudessem demonstrar que o comando judicial atual não deve prevalecer com relação ao reconhecimento de violação dos bens jurídicos tutelados pela legislação de regência. Agravos internos improvidos. (AgInt na SLS 2.917/DF, Rel. Ministro Humberto Martins, Corte Especial, julgado em 10/08/2021, DJe 13/08/2021).

Oferecida a petição inicial, o juiz pode tomar as seguintes atitudes ao recebê-la: *a)* determinar a emenda da petição inicial; *b)* indeferi-la de plano; *c)* ouvir o autor

CAPÍTULO 05 • INCIDENTE DE REQUERIMENTO DE SUSPENSÃO DE EXECUÇÃO DE DECISÃO JUDICIAL

e o Ministério Público em 5 dias; *d)* deferir de imediato a medida, o que se conclui por aplicação subsidiária do art. 319 e ss. do CPC.

5.3 EMENDA DA PETIÇÃO INICIAL

Verificando que a petição inicial não está em termos porque lhe falta, por exemplo, a cópia da decisão cuja execução se pretende suspender, poderá o presidente do tribunal determinar que o requerente supra essa irregularidade no prazo que lhe assinar, tal qual determina o art. 321 do CPC, aplicado subsidiariamente ao caso. Entretanto, o maior cuidado deve ter o órgão judicial competente nessa análise, para não permitir a emenda da petição inicial em casos em que tal medida não admitiria tal comportamento.

É o caso, por exemplo, da petição que vem acompanhada dos documentos essenciais e dos seus requisitos formais, mas à qual o requerente não junta provas suficientes para demonstrar a existência da grave lesão ao interesse público. Este caso, acredita-se, é uma situação que enseja o julgamento de plano, pelo mérito, porque é manifestamente improcedente o requerimento formulado.

Ao contrário, se, porventura, o presidente do tribunal determinasse que o requerente completasse a petição com novos documentos que não teriam sido acostados de plano, estaria, decerto, quebrando o preceito dispositivo, que só deve atuar quando provocado (art. 141 do CPC), regra de que só deve mandar produzir as diligências probatórias de modo subsidiário, justamente para o juiz não fazer o papel que seria da parte (art. 370).

5.4 INDEFERIMENTO

Outro caminho a ser utilizado pelo órgão competente é o indeferimento da petição inicial do requerente. Todavia, esse indeferimento pode dar-se porque o pedido formulado é manifestamente *improcedente* ou *inadmissível*. No primeiro caso, percebe-se, pela expressão utilizada, que o indeferimento se refere ao mérito do incidente (improcedência liminar do pedido, art. 332 do CPC).

Isso significa dizer que o presidente do tribunal, de plano, apreciará e negará o requerimento formulado pelo requerente, quando, por exemplo, se convencer da inexistência do direito à suspensão da execução da decisão, porque as provas carreadas na petição inicial são suficientes para o seu convencimento de que a eficácia da decisão não pode ser sustada, já que o interesse público estaria sendo tutelado pela execução da liminar concedida.

> (...) 1. O pleito suspensivo é providência extraordinária destinada a afastar grave lesão à ordem, à saúde, à economia e à segurança públicas, de forma que o elemento central que justifica seu deferimento é a ocorrência do dano. 2. A anulação dos atos administrativos e da licitação não

constitui, por si só, demonstrativo de ofensa a interesse público, ainda mais quando a municipalidade noticia a adoção de providências para o serviço funerário, conforme mencionado pela própria requerente. 3. Ausência de demonstração de que a anulação da licitação e a retomada do objeto da concessão pelo município resultam em risco de dano grave, de difícil ou impossível reparação, elemento necessário à concessão do efeito suspensivo pretendido. Agravo interno improvido. (AgInt nos EDcl na SLS 2.814/SP, Rel. Ministro Humberto Martins, Corte Especial, julgado em 22/06/2021, DJe 25/06/2021).

(...) 2. O risco de lesão ao bem jurídico deve ser grave e iminente, competindo ao requerente da medida demonstrar, de forma clara e precisa, essa característica do ato jurisdicional objeto do pedido de suspensão. Precedente da Corte Especial. 3. A tutela provisória deferida no âmbito do Tribunal de Justiça do Estado de Alagoas não colocou sob risco iminente a adequada prestação do serviço público de coleta e de transporte de resíduos sólidos urbanos e demais serviços próprios do sistema de limpeza no município de Maceió/AL. 4. Além de devidamente fundamentada, com referência a possíveis ilegalidades encontradas na proposta apresentada pela vencedora da Concorrência Pública n. 001/2019, a decisão objeto deste procedimento suspensivo consignou expressamente que a sociedade empresária signatária da segunda melhor proposta obtida pelo certame ostenta condições favoráveis à adjudicação, contratação e imediata execução do objeto licitado, não havendo, pois, risco de ineficiência ou de descontinuidade do serviço público municipal de limpeza urbana. 5. Os estreitos limites cognitivos da suspensão de liminar e de sentença não permitem demasiado aprofundamento no mérito da controvérsia instalada na origem, que deve ser resolvida pelas vias processuais adequadas. Precedentes da Corte Especial. 6. Agravo interno desprovido. (AgInt na SLS 2.781/AL, Rel. Ministro Jorge Mussi, Corte Especial, julgado em 23/03/2021, DJe 26/03/2021)[3].

De outra parte, haverá o indeferimento de plano quando o presidente do tribunal verificar que o requerimento formulado é manifestamente inadmissível, porque não preenche os requisitos de admissibilidade, como o da competência, da legitimidade, do interesse etc., como explicado alhures, quando se tratou da admissibilidade do incidente. Também será caso de indeferimento liminar quando o requerente não cumprir a determinação de emenda da petição inicial no prazo assinado pelo órgão julgador, também por subsidiária aplicação do art. 321 do CPC.

5.5 DEFERIMENTO

Também o presidente do tribunal poderá *deferir liminarmente* a medida suspensiva e, neste caso, importa dizer que fez o juízo de admissibilidade positivo do

---

3. (AgInt na SLS 2.733/MA, Rel. Ministro Humberto Martins, Corte Especial, julgado em 09/03/2021, DJe 11/03/2021); "(...) 3. Indispensável para a comprovação de grave lesão o demonstrativo analítico do colapso nas contas, ou seja, a possibilidade de o cumprimento imediato da decisão inviabilizar as funções estatais, o que efetivamente não ficou demonstrado, limitando-se as alegações a suscitar as dificuldades para implementação do decisum. 4. Inviável o exame do acerto ou do desacerto da decisão cujos efeitos a parte busca sustar, sob pena de transformação do pedido de suspensão em sucedâneo recursal e de indevida análise de argumentos jurídicos que atacam especificamente os fundamentos da decisão recorrida. 5. Nos moldes traçados pela municipalidade, o acolhimento da tese de que inexiste ilegalidade no decreto, porquanto editado nos moldes estabelecidos da lei complementar, demandaria incursão na legislação local, o que escapa do campo de competência do STJ e inviabiliza a concessão da liminar. Agravo interno improvido. (AgInt na SLS 2.793/MT, Rel. Ministro Humberto Martins, Corte Especial, julgado em 16/12/2020, DJe 18/12/2020).

CAPÍTULO 05 • INCIDENTE DE REQUERIMENTO DE SUSPENSÃO DE EXECUÇÃO DE DECISÃO JUDICIAL **157**

incidente, já que deferir o pedido significa julgá-lo procedente, realizar o exame do mérito e, se assim foi, é lógico que o requerente ultrapassou os requisitos de admissibilidade do incidente.

Entretanto, é importante que se ressalve que o presidente do tribunal deve ter fundadas razões para o deferimento de plano, como em qualquer caso, por ser medida que sustará a eficácia de uma decisão naturalmente dada com base no risco de ineficácia do provimento final (por exemplo, uma liminar em mandado de segurança).

E a fundamentação é necessária para o deferimento da medida, não só porque não teve ainda a oportunidade de ouvir o parecer do Ministério Público nem de ouvir a parte contrária, mas também, como já foi explicado, porque sustará a eficácia de uma decisão normalmente dada com caráter de urgência, que, em alguns casos, foi fruto de uma cognição sobre um fato *líquido e certo* demonstrado pelo autor da demanda, ou quiçá para a tutela de interesses difusos. Em especial, os conceitos jurídicos indeterminados de "grave lesão à ordem, saúde, economia e segurança públicos" devem ser preenchidos, e fundamentos, sempre com base nos fatos que integram o caso.

O mesmo cuidado se mostra presente quando o pedido de suspensão de execução se refere a uma liminar concedida em ação civil pública, porque, nesse caso, dada a chance de que o interesse tutelado seja difuso, é possível que a preservação da eficácia da decisão seja de maior interesse público que a sua suspensão o que deve ser feito num "juízo político" de sopesamento dos interesses contrapostos.

Assim, pontua-se, o deferimento de plano deveria ser regra excepcional restrita apenas aos casos em que o *periculum in mora* (risco de grave lesão ao interesse público) fosse tão sensível e proeminente que, somado à demonstração da existência desse mesmo risco de lesão, o órgão jurisdicional não pudesse aguardar "um só minuto" para conceder a medida. Em outras palavras: que o tempo e a necessidade da medida requerida de sustação da eficácia não lhe permitam aguardar o parecer do *parquet* e a oportunidade de manifestação do autor da demanda.

Entretanto, o deferimento de plano não esgota a atividade do presidente do tribunal, já que deverá mandar ouvir o membro do *parquet* em cinco dias acerca do incidente. Não fosse assim, se o presidente do tribunal deferisse a medida e esta não fosse desafiada pelo recurso de agravo, haveria, inapelavelmente, um incidente de procedimento à parte, no qual estaria envolvida a tutela do interesse público sem que o Ministério Público tivesse participado como fiscal da ordem jurídica. É óbvio que essa participação exigida pela Constituição (art. 127 da CF/88) e pela lei (art. 178, I do CPC) só não deveria ocorrer se quem requeresse a medida fosse o próprio Ministério Público. Quanto ao autor da demanda, não haveria necessidade de se lhe entregar prazo para contestar, porque poderá utilizar-se do recurso de agravo contra a medida que agride seus interesses.

5.6 RECEBIMENTO DA PETIÇÃO INICIAL

Conquanto o art. 15 da Lei 12.016/2009 e o art. 16 da Lei 9.507/97, que instituiu o procedimento do *habeas data*, sejam silentes, acredita-se que esse silêncio não impede a aplicação subsidiária da Lei 8.437/92, no tocante à possibilidade de se estender o procedimento previsto para o incidente de suspensão àquelas outras hipóteses em que o legislador nada comentou sobre o modo pelo qual o incidente se desenvolverá. Aliás, pensa-se que as hipóteses admitidas como aplicáveis subsidiariamente serão extensivas não só pelo esforço de interpretação teleológica, mas, sobretudo, como se verá, por um imperativo constitucional.

Recebida a petição inicial, pode ser que o presidente do tribunal não indefira o requerimento de suspensão, mas também, em contrapartida, não o defira de plano. Nesse caso, constata-se que, apesar de ter vencido a etapa inicial da admissibilidade, o presidente do tribunal não possui certeza acerca da necessidade de suspensão da execução da decisão.

Com isso, para evitar a injustiça de uma decisão liminar que conceda ou de outra que indefira, é salutar que determine a intimação do *parquet* (já que a sua intervenção nos parece ser obrigatória) para que possa intervir, emitindo o seu parecer a respeito do incidente. Assim, no prazo de cinco dias, deverá o Ministério Público ser ouvido. O referido prazo de cinco dias é posterior[4] ao prazo de igual período antes concedido ao autor da demanda para que se lhe permita expor suas razões e demonstrar que não haverá a grave lesão ao interesse público e, por isso, seria necessária a manutenção da decisão *a quo*.

É muito comum, mesmo depois de concedida a medida, já em sede de agravo, que o autor exponha como razões para reforma de decisão prolatada pelo presidente do tribunal, argumentos relacionados com direito afirmado por ele na demanda, citando como correta a decisão do juiz cuja execução foi suspensa. Nesses casos, percebe-se nitidamente que o autor da demanda, ora agravante, confunde o mérito da demanda com o mérito do incidente. O correto seria arrazoar que não incide o interesse público naquela situação, ou que não existe relação da execução da decisão concedida em seu favor com a grave lesão ao interesse público.

5.7 O DIREITO AO CONTRADITÓRIO PELO AUTOR DA DEMANDA

Até aqui se tem sustentado a constitucionalidade do instituto de suspensão de execução de decisão judicial e, de tal modo, pretende-se seguir adiante. Todavia, para tanto, não se pode admitir que não exista o princípio da bilateralidade da audiência, ampla defesa e contraditório, no procedimento deste incidente.

---

4. Segundo o art. 83 do CPC, "intervindo como fiscal da lei, o Ministério Público: I – terá vista dos autos depois das partes, sendo intimado de todos os atos do processo; (...)".

CAPÍTULO 05 • INCIDENTE DE REQUERIMENTO DE SUSPENSÃO DE EXECUÇÃO DE DECISÃO JUDICIAL **159**

Já por mais de uma vez nos manifestamos sobre o tema: a suspensão da liminar, por autoridade diversa da que a concedeu, é constitucionalmente inadmissível, à vista dos princípios norteadores da função jurisdicional, bem como das garantias do contraditório, da ampla defesa e, particularmente, do devido processo legal[5].

Antes de abrir um rápido parêntese para explicar a importância do princípio do contraditório, deseja-se deixar claro que não se pode admitir que o autor da demanda tenha suspensa a eficácia da decisão judicial que o favoreceu, decisão esta normalmente pautada num caráter de urgência, sem que se lhe oportunize a chance de ser ouvido acerca da medida que poderá vir a suportar[6].

Do ponto de vista do Poder Público (todos os Poderes), o exercício da função pública só se torna legítima se for feita mediante a possibilidade de se exercitar o contraditório, pois é do seu resultado que se terá como fundamentar de forma idônea a decisão prolatada. Portanto, é visto como fator de legitimação do exercício da função pública. Já quando se pensa sob a luz dos sujeitos interessados, é fator que permite a participação e exercício pleno da democracia, na busca de uma justiça social. Sob tal enfoque, o contraditório pressupõe informação necessária, possibilidade de reação com todos os meios possíveis e com base numa igualdade real, ainda que essa reação seja capaz de, na prática, influenciar (construir) nos resultados. O contraditório democrático e participativo é o eixo sobre o qual se assenta o processo/procedimento.

Deve existir, de modo efetivo, no processo civil, a oportunidade de se fazer ouvir, ou seja, permitir que, sobre todos os argumentos e provas produzidas, as partes tenham o direito de ser ouvidas. Não há necessidade de que, efetivamente, as partes exerçam o contraditório, sendo necessária, apenas, a existência de momento propício para fazê-lo, com armas e chances para tal. Ocorre que apresentar defesa ou não é ônus da parte, ou seja, se não o faz, assume os riscos e prejuízos de não tê-lo feito. Por contraditório, deve-se entender, para o autor, a possibilidade de poder deduzir ação em juízo, alegar e provar fatos constitutivos de seu direito, e, quanto ao réu, ser informado sobre a existência e conteúdo do processo e poder reagir, isto é, fazer-se ouvir. A ampla defesa é fundamental para que se permita o pleno exercício do contraditório, daí por que está relacionada diretamente com a existência de oportunidades iguais às partes e "paridade de armas" no exercício das diversas situações jurídicas processuais pelos sujeitos interessados do processo (ônus, deveres, sujeição, poderes etc.). Neste particular, merece destaque o artigo 7º do CPC ao dizer que "é assegurada às partes paridade de tratamento em relação ao exercício de direitos e faculdades processuais, aos meios de defesa, aos ônus, aos deveres e à aplicação de sanções processuais, competindo ao juiz zelar pelo efetivo contraditório".

---

5. Rodolfo de Camargo Mancuso. Provimentos antecipatórios na ação civil pública, *Ação civil pública*, coord. Édis Milaré, p. 457.
6. Nesse sentido Elton Venturi. Op. cit., p. 177 e ss.

O que o modelo constitucional de processo exige é que o contraditório seja uma realidade concreta no *processo*, sem o qual não se tem *processo justo e democrático*. Isso não significa dizer que o contraditório prévio não possa ser – em situações excepcionais em prol da efetividade – que ele seja postergado para um momento posterior à prolação da decisão judicial, como nos casos das técnicas de adiantamento da tutela jurisdicional, por exemplo, nas tutelas provisórias de urgência e evidência. Aí não há ofensa ao contraditório, senão porque o legislador admite que ele deve ser diferido em prol de outro princípio que é o da efetividade da tutela jurisdicional[7].

Assim, tecidas estas considerações, só se pode sustentar a constitucionalidade deste incidente de suspensão de execução de decisão judicial, caso exista o efetivo contraditório, o respeito ao devido processo legal, para que o autor da demanda possa alinhavar as razões que justificam o afastamento da suspensão da eficácia da decisão concedida a seu favor.

Entretanto, não se pensa que isso signifique que a medida suspensiva não possa ser concedida *inaudita altera parte*, já que, às vezes, a grave lesão é tão iminente que não poderia esperar a bilateralidade da audiência[8].

Na verdade, muitas vezes, a própria decisão cuja eficácia se pretende sustar é fruto de uma decisão *in limine litis* em que o réu não foi ouvido. E, vale dizer, não raras vezes esse requerimento de suspensão de execução da decisão acaba sendo o primeiro momento em que ele, réu (que suportará os efeitos da liminar), se manifesta no processo.

De tal modo, admitindo que tenha sido deferido de plano o requerimento de suspensão (com as cautelas comentadas), entende-se que a forma adequada para o autor da demanda exercer o contraditório será por meio do recurso de agravo inominado, que deverá ser julgado pelo Plenário ou órgão especial do tribunal, não sem antes ter sido aberto prazo para o Ministério Público intervir no feito.

Para aqueles casos em que o requerimento ainda não foi julgado, porque o juiz ainda não possui elementos de convicção suficientes para tanto, entende-se que o presidente do tribunal deverá mandar ouvir o autor em cinco dias para que este sustente suas alegações contra a decisão suspensiva da medida, cuja execução lhe favorece. Depois de se pronunciar, deverá abrir vista ao Ministério Público para que o membro do *parquet* possa emitir parecer acerca do incidente.

---

7. Art. 9º Não se proferirá decisão contra uma das partes sem que ela seja previamente ouvida. Parágrafo único. O disposto no caput não se aplica:

   I – à tutela provisória de urgência; II – às hipóteses de tutela da evidência previstas no art. 311, incisos II e III; III – à decisão prevista no art. 701.

8. Luigi Paolo Comoglio em colaboração com Michele Taruffo e Corrado Ferri. *Lezioni sul processo civile*. No mesmo sentido, ver Cândido Rangel Dinamarco. *A instrumentalidade do processo*, p. 177 e ss.

CAPÍTULO 05 • INCIDENTE DE REQUERIMENTO DE SUSPENSÃO DE EXECUÇÃO DE DECISÃO JUDICIAL **161**

Tendo sido caso de indeferimento de plano do incidente, e sendo o mesmo desafiado pelo recurso de agravo inominado interposto pelo requerente[9], então, parece, também aqui, que ao autor seja dada a oportunidade de oferecer as contrarrazões ao recurso de agravo. Se não fosse assim, estar-se-ia diante de uma absurda hipótese em que, se provido o agravo pelo tribunal, o autor da demanda nem sequer teria oportunidade de participar do referido incidente, o que seria uma monumental violação do princípio constitucional do contraditório e da ampla defesa.

Para os casos em que o indeferimento da medida ocorra depois de ter sido ouvido o autor da demanda e o próprio *parquet*, se o requerente se utilizar do recurso de agravo nos casos em que a norma lhe permite, ao autor da demanda deverá ser entregue a possibilidade de oferecer as suas contrarrazões do recurso, também em absoluto respeito ao princípio do contraditório.

Apesar de tudo quanto foi comentado neste tópico, apenas o art. 4.º da Lei 8.437/92 e o art. 25 da Lei 8.038/90[10] (estendida às sentenças proferidas em ação popular e ação civil pública por disposição expressa do art. 4.º, § 1.º da Lei 8.437/92) é que cuidam da "faculdade" do presidente do tribunal de ouvir o autor da demanda antes de julgar o pedido.

Pelo que se vê, ter ou não ter a previsão legal do contraditório não irá afastar o único caminho a ser trilhado pelo órgão julgador: respeito aos princípios constitucionais do processo. Assim, bem por isso, acredita-se que nenhuma lei poderá usurpar o direito do contraditório, muito menos essas que cuidam do incidente de suspensão de execução requerido ao presidente do tribunal. Dessa maneira, não existe a faculdade de se dar ou não o contraditório, uma vez que tal princípio é cláusula pétrea (art. 60, § 4.º, IV, da CF/88), ínsita e indissociável dos direitos e garantias individuais e coletivas[11].

5.8 A INTERVENÇÃO DO MINISTÉRIO PÚBLICO

Quanto à participação do Ministério Público, acredita-se ser obrigatória a sua intervenção no incidente, mesmo que em determinados dispositivos legais não esteja expressamente presente a previsão da sua atuação. Assim, seja após o deferimento da liminar, seja antes dele, o presidente do tribunal deverá ouvir o representante do

---

9. As Súmulas 506 do STF e 217 do STJ, que expressamente vedavam a interposição do referido recurso no processo de mandado de segurança, foram canceladas e por isso é permitido agravar da decisão do presidente que concede ou que nega a medida, mesmo nas suspensões em mandado de segurança (Lei 12.016/2009).
10. Art. 271, § 1.º, do RISTJ e art. 297, § 1.º, do RISTF.
11. Nesse sentido ver, com tirocínio certeiro, as lições extraídas das decisões monocráticas proferidas pelo Ministro Marco Aurélio, à época Presidente do Supremo Tribunal Federal (SS 1983/PE, j. 16.02.2003; SS 1921/AP *DJ* 15.04.2003; SS 2187/SC, *DJ* 03.04.2003; SS 1921 AgRg/AP, *DJ* 11.03.2003; SS 2176/RJ, *DJ* 11.03.2003).

Ministério Público acerca do incidente. Portanto, ainda que o art. 25, § 1.º, da Lei 8.038/90, mencione ser uma faculdade do presidente do tribunal ouvir o *parquet* no prazo de cinco dias antes de decidir o incidente, pensa-se que o correto entendimento, com suporte constitucional, e na esteira do art. 4.º, § 2.º da Lei 8.437/92, é o de que o *parquet* deve ser ouvido em 72 horas.

Segundo o art. 127, *caput*, da CF/88:

O Ministério Público é instituição permanente, essencial à função jurisdicional do Estado, incumbindo-lhe a defesa da ordem jurídica, do regime democrático e dos interesses sociais e individuais indisponíveis.

Ainda segundo o art. 178 do CPC "O Ministério Público será intimado para, no prazo de 30 (trinta) dias, intervir como fiscal da ordem jurídica nas hipóteses previstas em lei ou na Constituição Federal e nos processos que envolvam: I – interesse público ou social.

Destarte, assevera o art. 25 da Lei 8.625/93 que:

Além das funções previstas nas Constituições Federal e Estadual, na Lei Orgânica e em outras leis, incumbe, ainda, ao Ministério Público:

(...)

V – manifestar-se nos processos em que sua presença seja obrigatória por lei e, ainda, sempre que cabível a intervenção, para assegurar o exercício de suas funções institucionais, não importando a fase ou grau de jurisdição em que se encontrem os processos.

Por intermédio desses dispositivos citados, percebe-se que a atuação do Ministério Público no processo pode se dar de duas formas: como parte e como fiscal da ordem jurídica. Tanto num como noutro caso, terá por finalidade o zelo pelo interesse público.

A sua atuação como parte depende dos casos expressamente previstos na lei, conforme lhe determina o art. 178, I do CPC, combinado com o art. 129 da CF/88 e ainda os dispositivos da Lei 8.625/93 (LOMP) e LC 75/93.

Já a sua atuação como fiscal da ordem jurídica corresponde àquelas hipóteses em que a própria lei prevê, e, nesse caso, é indiscutível a sua intervenção, como ainda, naquelas situações previstas na norma do art. 178 do CPC, que encerra a possibilidade de que, mesmo não prevista em lei, exista a necessidade de intervenção do MP em razão da natureza da lide ou da qualidade da parte.

Há de ressaltar que não existe a chamada intervenção facultativa do Ministério Público no processo: ou é caso de sua intervenção ou não é caso para tanto. Se existe o interesse público em jogo, é mister a sua atuação como *custos legis*. O que diz o art. 178, I do CPC, é que a lei não cuidou de todos os casos em que é obrigatória a intervenção do Ministério Público, de modo que, mesmo que não prevista na lei, mas existindo na causa interesse público (na lide ou na qualidade da parte), então

CAPÍTULO 05 • INCIDENTE DE REQUERIMENTO DE SUSPENSÃO DE EXECUÇÃO DE DECISÃO JUDICIAL **163**

deverá existir a intervenção do MP. Caberá ao MP e ao juiz a avaliação da existência do interesse público que legitime a intervenção do MP, é claro que querem dizer que esse ato complexo, que depende da aceitação de ambos, não se dá apenas naquelas hipóteses em que a própria lei prevê a atuação do Ministério Público, mas naqueles casos em que a atuação do Ministério Público é *in re ipsa*, ou seja, é a própria essência do instituto que exige a referida intervenção.

Assim se passa, por exemplo, com a ação rescisória, em cujo procedimento previsto no CPC não está enumerada a participação do MP como *custos legis*, mas, indubitavelmente, existe interesse público que justifica a sua intervenção, uma vez que por via desta poderá retirar-se do mundo jurídico a coisa julgada, cuja finalidade é trazer segurança jurídica e estabilidade às decisões judiciais[12].

Portanto, *mutatis mutandis*, o mesmo se passa com relação ao incidente de suspensão de execução de decisão judicial para evitar grave lesão ao *interesse público* (saúde, economia, ordem e segurança públicos). Ora, se esse incidente existe de modo excepcional e para casos estreitíssimos de tutela dos valores da sociedade, e sua própria razão de existência ocorre em virtude da tutela do interesse público ameaçado de grave lesão; dessa forma, não se tem dúvida ao dizer que, aqui, a atuação do *parquet* é *in re ipsa*, não sobrando espaço nem para o MP nem para o presidente do tribunal verificarem se existe ou não o interesse público que legitime a intervenção do MP[13]. Como se disse, nesse caso ela é obrigatória[14].

---

12. Nesse sentido, ver José Carlos Barbosa Moreira. *Comentários ao Código de Processo Civil*, vol. V; Nery e Nery. Op. cit., p. 375; e ainda *RJTJSP* 73/260 e *RT* 528/105.

13. "A aferição da existência do interesse público que imponha a intervenção do MP pode ser objeto de controle do Judiciário" (*RSTJ* 57/195); "A intervenção do Ministério Público, na hipótese prevista no art. 82, III, não é obrigatória. Compete ao juiz, porém, julgar da existência do interesse que a justifica" (SIMP – concl. I – *RT* 482/270). Nesse sentido: *RT* 626/180, *RJTJSP* 98/305 (mantendo decisão do juiz que determinou a intervenção do MP, por tratar-se de ação reivindicatória que envolvia grande número de pessoas, com larga repercussão social). Citado por Theotonio Negrão. *Código processual civil e legislação processual em vigor*, p. 144. Assim, embora não se concorde de que a intervenção do MP, nestes casos do art. 82, III, fique submetida ao ato do juiz, já que se pensa tratar-se de ato complexo que depende da anuência tanto do *parquet* quanto do magistrado, isso em nada obsta ao que foi dito no texto. A obrigatoriedade da intervenção resulta do fato de que o interesse público está *in re ipsa* na própria razão de ser do incidente, não se discutindo aí da sua existência, já que a finalidade é justamente a sua tutela preventiva. A verificação da existência ou não da lesão ao interesse público constitui questão de mérito do próprio incidente, de modo que, por isso mesmo, pressupõe a intervenção do *parquet*.

14. Contra esse entendimento: "Suspensão de segurança. Agravo regimental. Intervenção do MP. Não obrigatoriedade (...) 1. É faculdade do Presidente do Tribunal oportunizar a intervenção do Ministério Público no pedido de suspensão de segurança. (...)" (AgRg na SS 1231, Corte Especial, rel. Min. Edson Vidigal, *DJ* 22.11.2004); "Não há, no rito célere da Suspensão de Segurança obrigação de intimar-se o Ministério Público, seja como parte ou como fiscal da lei, antes da decisão do Presidente do Tribunal" (TRF 1.ª Reg., AG-SS 200301000259710, *DJ* 03.11.2003).

5.9 O RECURSO DE AGRAVO NO INCIDENTE DE SUSPENSÃO DE EXECUÇÃO DE DECISÃO JUDICIAL

5.9.1 Generalidades

Conquanto o tema do presente capítulo esteja inserido no procedimento do incidente processual de sustação de eficácia da decisão, resolveu-se cuidar do assunto em tópico destacado, já que inúmeras e específicas são as considerações a fazer.

Um dos princípios norteadores da teoria geral dos recursos é o da taxatividade. Por via desse princípio, fica estabelecido que são recursos apenas aqueles que a lei federal prevê como tais (art. 994 do CPC). Como *recurso* é matéria de direito processual *stricto sensu*, depende de lei federal que estabeleça a sua criação.[15]

Pelo art. 996, III, combinado com o artigo 1.021 do CPC, o agravo interno é o recurso cabível contra decisão proferida pelo relator caberá agravo interno para o respectivo órgão colegiado, observadas, quanto ao processamento, as regras do regimento interno do tribunal.

Assim, o agravo interno é recurso cabível contra decisão interlocutória no âmbito dos tribunais. Não é de instrumento, porque se processa nos próprios autos e não se lhe exige a formação de um conjunto de peças processuais, porque instrumento algum será formado.

Essa modalidade de agravo foi denominada de "agravo interno" pelo NCPC e refere-se a todas aquelas hipóteses que eram denominadas de *agravo regimental*, *agravo inominado*, *regimental* e até mesmo "*agravinho*", como era chamado no dia a dia forense de algumas capitais brasileiras.

Analisando inicialmente o recurso cabível contra a decisão que concede a suspensão, verifica-se que, em alguns casos, este recurso pode acabar se constituindo no primeiro momento que tem o autor demandante para exercer o contraditório no incidente de suspensão de execução requerida ao presidente do tribunal, naquelas situações em que o presidente do tribunal concede de plano a medida requerida.

O objeto de julgamento do recurso de agravo previsto nas diversas leis que cuidam do requerimento de suspensão de execução de decisão judicial é a reforma ou anulação da decisão do presidente do tribunal. Nesse ponto, deve o recorrente ficar atento para não confundir o mérito do agravo com o mérito da demanda, como mencionado alhures.

É muito comum o erro do recorrente ao firmar como conteúdo o próprio mérito discutido em juízo e, justamente, por isso, acaba tendo como resultado a improcedência do agravo, porque o mérito do incidente não corresponde à lide discutida em juízo, senão pelo fato de que está ligado a esta de modo acessório.

---

15. Sobre o tema, ver Nelson Nery Junior. *Princípios fundamentais* – Teoria geral dos recursos, p. 45 e ss.; ver ainda Flávio Cheim Jorge. *Apelação cível*: teoria geral e admissibilidade, p. 82.

CAPÍTULO 05 • INCIDENTE DE REQUERIMENTO DE SUSPENSÃO DE EXECUÇÃO DE DECISÃO JUDICIAL

As razões de juridicidade ou injuridicidade, legalidade ou ilegalidade da decisão, cuja eficácia pretende ser suspensa em requerimento formulado ao presidente do tribunal, não servem como requisito para obtenção desta medida.

Isso significa dizer, em outras palavras, que o objeto de julgamento do incidente e, por consequência, do recurso contra sua decisão, deve estar relacionado com o juízo de admissibilidade ou mérito do incidente (sustação da eficácia da decisão para evitar grave lesão ao interesse público), que não se confunde com o mérito da ação deduzida em juízo, motivo pelo qual as razões jurídicas que justificaram a concessão da decisão cuja execução se pretende suspender não constituem causa de pedir nem do requerimento formulado ao presidente do tribunal e, muito menos, do recurso que desafia a sua decisão[16].

5.9.2 Cabimento do agravo interno

É possível o agravo interno tanto em relação à decisão que concede quanto daquela que denega o pedido de suspensão? Existe oportunidade para o presidente do tribunal reconsiderar a sua decisão? Qual o prazo para a interposição do agravo interno? Qual o mérito do agravo interno?

Como se vê, essas são algumas indagações acerca do recurso de agravo interno, previstas nos diversos dispositivos que cuidam do instituto de suspensão de execução de decisão judicial requerido ao presidente do tribunal. A tarefa que adiante cabe será tentar responder a essas indagações, bem como a outras delas decorrentes.

A despeito da falta de uniformidade do tratamento legal dispensado pelo legislador da suspensão de segurança em relação ao cabimento do agravo interno quando se compara as hipóteses do pedido de suspensão em mandado de segurança e *habeas data*, e das outras hipóteses em que se admite tal incidente processual, tais lacunas não serão impeditivas dos respectivos recursos, tendo em vista a aplicação subsidiária do CPC (art. 1021 e ss.).

5.9.2.1 *Agravo interno nos incidentes de suspensão de execução nos processos de mandado de segurança*

Em se tratando de processo de mandado de segurança que não seja de competência originária de tribunal, então o requerimento de suspensão de execução de liminar ou sentença será formulado ao presidente do tribunal, ao qual está vinculado hierarquicamente o juízo que concedeu a decisão. Assim, se foi um juiz federal que concedeu a liminar ou sentença, o requerimento de suspensão será endereçado ao presidente do TRF da respectiva região da qual o juiz faz parte.

---

16. Nesse sentido Elton Venturi. Op. cit., p. 222.

Portanto, para esses casos em que a liminar ou sentença é dada por juiz de primeiro grau de jurisdição, a regra procedimental adotada é a do art. 15 da Lei 12.016/2009 que, embora só admita o recurso de agravo interno da decisão do presidente do tribunal que julga procedente o pedido de suspensão de execução, suspendendo a eficácia da liminar ou sentença, acredita-se também ser cabível o referido recurso de agravo interno com fulcro no artigo 1.021 do CPC. Dessa maneira, se a decisão proferida é positiva ou denegatória (mérito ou inadmissibilidade), será admissível o recurso de agravo interno.

Já não se concordava com as súmulas 506 do STF e 217 do STJ[17], que vedavam o cabimento do agravo interno para desafiar a decisão negativa do Presidente no sistema regido pela Lei 4.348/64. As duas súmulas foram canceladas e adotado o alvitre de cabimento aqui sustentado na primeira edição deste trabalho. As razões de nossa discordância eram duas: a primeira, porque elas (as súmulas) negavam a aplicação subsidiária do CPC, que, por ser norma fundamental de direito processual civil, dispensa dispositivo que permita a sua aplicação subsidiária; a segunda, porque não seria possível aplicar referidas súmulas aos incidentes de suspensão de execução de decisão judicial que tramitam nos tribunais de cúpula, porque, nesse caso, quem cuida de tal procedimento é justamente a Lei 8.038/90, art. 25, como já mencionado alhures.

Por isso, definiu-se, antes do cancelamento das referidas súmulas, que já seria possível a utilização do recurso de agravo inominado das decisões dos presidentes de tribunais (de Justiça dos Estados, ou Regionais Federais, nas respectivas hipóteses de competência) que denega o pedido de suspensão de segurança pela simples interpretação lógica do princípio do contraditório, isonomia e ampla defesa, bem como da interpretação sistemática do próprio CPC em relação ao conceito de decisão interlocutória e a sua impugnação pelo recurso de agravo.

Já com relação ao CPC de 2015, a situação não padece de qualquer dúvida nem é necessário qualquer esforço exegético, já que o artigo 1.021 é claro ao permitir o cabimento de recurso de agravo interno contra decisão interlocutória no âmbito dos tribunais. Em se tratando de mandado de segurança de competência originária de tribunal, valem as mesmas considerações acima nos casos em que o pedido de suspensão de execução de liminar concedida pelo relator ou acórdão será endereçado ao presidente do STF (se a causa tiver por fundamento matéria constitucional) ou do STJ (se a causa não tiver por fundamento matéria constitucional). É absolutamente inócua a regra do artigo 25, §1º, não apenas por causa do artigo 39 da mesma lei 8.038, mas também pela aplicação subsidiária do artigo 1.021 do CPC.

---

17. A redação dessas súmulas era a seguinte: Súmula 217 do STJ: "Não cabe agravo de decisão que indefere o pedido de suspensão da execução da liminar, ou da sentença em mandado de segurança"; Súmula 506 do STF: "O agravo a que se refere o art. 4.º, da Lei 4.348, de 26 de junho de 1964, cabe, somente, do despacho do presidente do Supremo Tribunal Federal que defere a suspensão da liminar, em mandado de segurança; não do que a denega".

CAPÍTULO 05 • INCIDENTE DE REQUERIMENTO DE SUSPENSÃO DE EXECUÇÃO DE DECISÃO JUDICIAL

5.9.2.2 Prazo para interpor o agravo interno da decisão do presidente

Com relação ao prazo para a interposição do agravo inominado, o regime jurídico também não era uniforme, já que o art. 4.º da Lei 4.348/64 e o art. 25 da Lei 8.038/90 estabeleceram tempos distintos para a interposição do recurso. A primeira estabelecia prazo de 10 dias, enquanto na segunda o prazo seria de cinco dias. No entanto, o art. 4.º da Lei 4.348/64 foi revogado pela Lei 12.016/2009, que prevê, em seu art. 15, prazo de 5 (cinco) dias para a interposição do agravo, unificando, assim, os prazos para o recurso. Com a alteração legislativa provocada pelo art. 15 da Lei 12.016/2009, os prazos foram unificados, e passou a ser de cinco dias o prazo para interposição de agravo em mandado de segurança, tanto para os tribunais locais quanto para os tribunais de cúpula.

Tratando-se de suspensão de liminar em ação civil pública, descreve o artigo 12, §1º da Lei 7.347/85º que o prazo para a interposição do recurso que concede a suspensão seria de cinco dias. Todavia, em se tratando de sentença (na ACP), o pedido de suspensão de sua execução, dirigido ao presidente do tribunal, teria o seu regime legal estabelecido pelo art. 4.º, §§ 1.º e 3.º, da Lei 8.437/92, que, apesar de estabelecer o mesmo prazo de cinco dias, permite a interposição do recurso de agravo interno tanto da decisão que concede quanto da decisão que denega o pedido de suspensão (§ 3.º, art. 4.º). Vale dizer que, se denegado o pedido de suspensão sem que o autor tenha sido ouvido, parece ser obrigatório, em respeito ao princípio do contraditório, a permissão de que o autor possa contra-arrazoar o agravo interposto, como já foi comentado neste trabalho.

Já nos casos de tutela antecipada ou medida cautelar (concedida por liminar ou sentença), além da sentença em ação popular, aplicar-se-ia a regra da Lei 8.437/92, art. 4.º, permitindo-se o agravo interno tanto das decisões que concedem quanto das que denegam o pedido de suspensão de execução, no prazo de cinco dias contados da data da publicação da decisão.

Com o advento do novo Código de Processo Civil, todos os problemas e discussões em relação ao prazo para oferecimento do agravo interno, tanto da decisão que concede, quanto da que denega o pedido, já não mais existem, porque é clara a redação do artigo 1.070 "é de 15 (quinze) dias o prazo para a interposição de qualquer agravo, previsto em lei ou em regimento interno de tribunal, contra decisão de relator ou outra decisão unipessoal proferida em tribunal". Segue, portanto, a disciplina da própria regra geral do artigo 1.003 do CPC que enfatiza que "o prazo para interposição de recurso conta-se da data em que os advogados, a sociedade de advogados, a Advocacia Pública, a Defensoria Pública ou o Ministério Público são intimados da decisão". E, no parágrafo único, diz o dispositivo que "excetuados os embargos de declaração, o prazo para interpor os recursos e para responder-lhes é de 15 (quinze) dias".

Com a nova disciplina estabelecida pelo CPC de 2015, não se deveria discutir mais que o prazo para a interposição do agravo interno seria de 15 dias, estando tacitamente revogados todos os dispositivos relativos aos prazos para a interposição do agravo interno no incidente de suspensão de segurança, mas esta não é a orientação nos tribunais de cúpula que continuam a aplicar o prazo de 5 dias previsto na legislação especial e em seus Regimentos Internos.

Ainda com relação ao prazo, o Superior Tribunal de Justiça vem admitindo a prerrogativa do art. 183 do CPC:

> (...) 1. Preliminarmente, afasta-se a alegação de intempestividade do recurso, tendo em vista que a questão do prazo em dobro para recorrer, inclusive no âmbito da suspensão de liminar e sentença ou segurança, encontra respaldo na jurisprudência da própria Corte Especial, bem como nos demais órgãos julgadores do Superior Tribunal de Justiça. Ademais, a controvérsia foi dirimida com a redação do novo Código de Processo Civil, em seu art. 183, quando diz que "A União, os Estados, o Distrito Federal, os Municípios e suas respectivas autarquias e fundações de direito público gozarão de prazo em dobro para todas as suas manifestações processuais, cuja contagem terá início a partir da intimação pessoal ". A exceção à regra do caput também foi prevista no § 2.º do referido artigo, que exige para a não aplicação do benefício de contagem em dobro a menção expressa feita pela lei de regência, o que não se verifica no caso da suspensão de segurança. 2. A execução de medida liminar deferida em desfavor do Poder Público pode ser suspensa pelo Presidente do Superior Tribunal de Justiça, quando a ordem tiver o potencial de causar grave lesão aos bens tutelados pelo art. 4.º da Lei 8.437/1992 e art. 15 da Lei 12.016/2009, a saber, à ordem, à saúde, à segurança e à economia públicas. (AgInt na SS 2.902/RS, Rel. Ministra Laurita Vaz, Corte Especial, julgado em 01/02/2018, DJe 20/02/2018).

Por sua vez, o STF não tem admitido o prazo em dobro – posição que parece mais acertada em razão da necessidade de se imprimir celeridade ao procedimento – para a interposição do agravo interno:

> (...) De acordo com o art. 15, caput, da Lei 12.016/2009, indeferido o pedido de suspensão ou deferido, o recurso cabível da decisão do presidente do tribunal competente é o agravo interno. O prazo para o agravo, que não tem efeito suspensivo, é de 5 (cinco) dias, não dispondo a Fazenda Pública de prazo em dobro para a interposição deste recurso." (FUX, Luiz. Mandado de Segurança. 2ª ed. Rio de Janeiro: Forense, 2019. p. 145). SL 1287 MC / PI – Piauí Medida Cautelar Na Suspensão de Liminar – Relator(a): Min. Presidente Decisão proferida pelo(a): Min. Luiz Fux (Vice-Presidente) Julgamento: 23/01/2020 Publicação: 06/02/2020;

> Ementa: Agravo interno no recurso extraordinário com agravo. Administrativo. Ação civil pública. Contratações temporárias por prazo indeterminado para funções típicas da administração. Intempestividade do agravo. Recurso interposto sob a égide do novo código de processo civil. Ausência de condenação em honorários advocatícios no juízo recorrido. Impossibilidade de majoração nesta sede recursal. Artigo 85, § 11, do CPC/2015. Agravo interno desprovido. (ARE 1011037 AgR, Relator(a): Luiz Fux, Primeira Turma, julgado em 26/05/2017, Processo Eletrônico DJe-133 Divulg 19/06/2017 Public 20/06/2017).

5.10 PROCEDIMENTO DO AGRAVO INTERNO

O legislador que fixou as regras processuais da suspensão de segurança não cuidou do procedimento do agravo interno, devendo o operador do direito recorrer ao que determina o artigo 1.021 do CPC.

CAPÍTULO 05 • INCIDENTE DE REQUERIMENTO DE SUSPENSÃO DE EXECUÇÃO DE DECISÃO JUDICIAL

Proferida decisão positiva ou negativa do Presidente do Tribunal, caberá agravo interno para o respectivo órgão colegiado, observadas, quanto ao processamento, as regras do regimento interno do tribunal (art. 96, I, da CF/88).

Atendendo ao princípio da dialeticidade recursal na petição de agravo interno, o recorrente impugnará especificadamente os fundamentos da decisão agravada.

O agravo será dirigido ao próprio Presidente do Tribunal que intimará o agravado para manifestar-se sobre o recurso no mesmo prazo da interposição em respeito à isonomia processual, ao final do qual, não havendo retratação, levá-lo-á a julgamento pelo órgão colegiado competente para controle de suas decisões tal como estiver previsto no Regimento Interno do Tribunal, incluindo-o em pauta para julgamento.

Como se observa nos §§ do art. 1.021, é possível que o presidente do tribunal, ao receber o agravo interno, reconsidere a decisão, caso em que ou suspenderá a decisão (antes negada) ou então revigorará a decisão a que havia sido por ele suspensa, dependendo, é claro, de o agravo ter sido interposto da decisão concessiva ou denegatória do pedido de suspensão. O fenômeno da retratação da decisão pelo presidente do tribunal, via recurso de agravo interno, está ínsito às próprias origens históricas do recurso de agravo, constituindo, a nosso ver, além de economia processual, uma chance de o presidente do tribunal rever a decisão proferida, principalmente se foi prolatada de plano, sem que nem o autor nem o *parquet* tivessem sido ouvidos.

Na esteira do artigo 489, § 1º do CPC é vedado ao Presidente do Tribunal limitar-se à reprodução dos fundamentos da decisão agravada para julgar improcedente o agravo interno.

Na hipótese de o agravo interno ser declarado manifestamente inadmissível ou improcedente em votação unânime, o órgão colegiado, em decisão fundamentada, condenará o agravante a pagar ao agravado uma multa fixada entre um e cinco por cento do valor atualizado da causa, caso em que a interposição de qualquer outro recurso está condicionada ao depósito prévio do valor da multa prevista no § 4º, à exceção da Fazenda Pública e do beneficiário de gratuidade da justiça, que farão o pagamento ao final. É de se dizer que *de lege ferenda,* seria importantíssimo não só que a decisão que suspende a liminar seja notificada ao juízo por ofício, mas também que da decisão do agravo interno proferida no tribunal, seja oficiada ao juízo *a quo*, pelo simples fato de que, em ambos os casos, existirá o inegável caráter de vigência da medida.

5.11 O REQUERIMENTO DE SUSPENSÃO DA DECISÃO DIANTE DO RECURSO CONTRA A MESMA DECISÃO

Em relação a esse tema, desde já, pede-se atenção redobrada, dado que se trata de assunto extremamente complexo, e, por isso mesmo, não se furta a utilizar fartamente exemplos para explicar as situações acerca dele.

O tópico cuida de situações em que, diante de uma liminar em mandado de segurança, seja possível a utilização do requerimento de suspensão de execução da decisão judicial ao presidente do tribunal ou do pedido de suspensão da decisão agravada ao relator deste recurso.

Assim, para aclarar a situação, traz-se o seguinte exemplo: é concedida uma liminar em mandado de segurança coletivo determinando que sejam retirados quiosques da orla marítima municipal, porque os meios ambientes natural e artificial estariam sendo danificados. Diante da decisão prolatada, o ente político (Município) agrava de instrumento contra essa decisão e, com base no art. 932, II do CPC, requer que o relator do recurso dê efeito suspensivo à decisão (liminar), o que implicará, em outras palavras, que os quiosques não sejam retirados até que o agravo seja julgado pela Câmara. Assim, se obtido o efeito suspensivo, nem sequer será discutida a utilização do pedido de suspensão com base no art. 12, § 1.º, da LACP, pelo simples fato de que estaria patente a ausência de interesse processual na sua utilização.

Entretanto, o problema aparece quando é negado o pedido de efeito suspensivo do agravo, com base no art. 932, II do CPC, e, depois disso, a parte pretende obter o efeito suspensivo via requerimento ao presidente do tribunal (admitindo presentes os requisitos de admissibilidade). Seria possível isso?

Como já houve oportunidade de comentar, o recurso e o incidente de suspensão de execução de decisão são figuras distintas, já que o primeiro visa à reforma da decisão sob a alegação de sua injuridicidade, enquanto o segundo mantém intocável a decisão, incidindo apenas sobre a sua eficácia, sob a alegação de que, se for executada, a decisão causará dano irreparável ao interesse público.

> A sustação da eficácia da decisão de primeiro grau pode ser obtida por intermédio do agravo ou por via do requerimento de suspensão ao presidente do tribunal (respeitando quanto a esta última as exigências de cabimento). Entretanto, são 'remédios' concorrentes apenas quanto à obtenção da suspensão, que no caso do agravo é acessório do objeto desse recurso (o mérito é o ataque ao conteúdo da decisão), enquanto no caso do incidente constitui seu próprio objeto. Exatamente por isso, não podemos falar na existência de remédios idênticos, e, tampouco, em resultado prático final a ser obtido, já que quanto ao agravo pode-se obter muito mais que a suspensão da decisão, mas a sua reforma. O pedido de suspensão não é recurso e nem faz as vias de um recurso.

Assim, sendo possível, de um lado, obter-se o efeito suspensivo da decisão agravada por decisão do relator (art. 932, II do CPC), ou, por outro lado, obter-se a suspensão da execução da decisão judicial requerida ao presidente do tribunal, poder-se-ia indagar qual a diferença prática entre optar por um ou por outro caso.

Realmente, sob o ponto de vista do resultado prático, desde que presentes os requisitos de admissibilidade de cada um, em tese, aparentemente, não haveria diferença em utilizar um dos dois caminhos, não fossem as razões diversas que

CAPÍTULO 05 • INCIDENTE DE REQUERIMENTO DE SUSPENSÃO DE EXECUÇÃO DE DECISÃO JUDICIAL **171**

justificam a utilização de um e de outro, além, é claro, das diferenças relacionadas com a legitimidade, com a competência, com a finalidade etc.

Ora, para se obter o efeito suspensivo da decisão agravada com base no art. 932, II é mister que, além do perigo da demora, também seja demonstrado, na plausibilidade do pedido, que a decisão agravada foi antijurídica: as razões do agravo estarão sempre vinculadas ao pedido de *nova* decisão sob alegação de que ela teria negado a aplicação correta do direito por vício de atividade ou de juízo.

Todavia, isso não se passa com relação ao pedido de suspensão requerido ao presidente do tribunal, já que, nesse caso, as razões do requerimento nem sequer se aproximam da juridicidade ou antijuridicidade da decisão, o que se comprova pelo fato de que tal decisão permanece intacta, com conteúdo incólume[18], mesmo depois de concedida a medida pelo presidente.

Assim, naquele se pretende outra decisão acerca do tema, enquanto neste apenas a sustação de sua eficácia. Em outras palavras, o julgamento do recurso afetará o conteúdo da decisão (criando uma nova para ocupar seu lugar), enquanto o julgamento do incidente de suspensão se restringe apenas à sustação dos seus efeitos, permanecendo intactos o seu conteúdo e a sua existência.

Com isso tudo, quer-se dizer que é claro que não há identidade entre os caminhos a serem utilizados para obter a sustação da eficácia da decisão – embora o resultado final e prático, num e noutro caso, possam coincidir momentaneamente, porque a suspensão da execução da decisão (requerida ao presidente) também poderia ser conseguida com o relator antes do julgamento do recurso.

É certo que um não depende do outro[19], não possuem a mesma natureza jurídica, a mesma legitimidade, a mesma competência e, também, são fundamentados em razões absolutamente diversas, embora não se possa negar que, obtida a suspensão pelo agravo, não existirá interesse processual no incidente e vice-versa. Isso resulta óbvio (a ausência de interesse processual) pelo fato de que o objeto do incidente estará absorvido pela decisão liminar concessiva da suspensão pelo relator do agravo.

---

18. Concedida ou não a suspensão, o conteúdo da decisão é o mesmo, sendo que, no primeiro caso, apenas o seu efeito é sobrestado.

19. Calmon de Passos, antes da nova lei do agravo, escreveu: "A suspensão pelos presidentes dos tribunais é simplesmente o poder que lhes foi deferido (submetido ao controle do respectivo colegiado) para atribuírem efeito suspensivo a um recurso dele desprovido. Destarte, sem a interposição do recurso e a demonstração de sua admissibilidade, descabe o pedido de suspensão pela pessoa jurídica de direito público. Só assim entendida a providência é legítima e constitucional". J.J. Calmon de Passos. *Mandado de segurança coletivo, mandado de injunção e habeas data* – constituição e processo, p. 57. É inegável que na sua origem histórica a finalidade do pedido de suspensão da execução da liminar ou sentença era dar o efeito suspensivo ao recurso que não o possuía, justamente para os casos em que se admite o pedido de suspensão. Isso se confirma quando se lê o anteprojeto de lei que instituiu a Lei 191/36 (art. 13), em que se falava expressa e claramente que o pedido de suspensão endereçado ao presidente permanecia de pé, enquanto o recurso pendesse de julgamento, exigindo, portanto, que o referido recurso fosse interposto.

172 SUSPENSÃO DE SEGURANÇA • Marcelo Abelha Rodrigues

Agravo interno na suspensão de liminar e de sentença. Efeitos da decisão agravada limitados temporalmente pela decisão restabelecida na origem. Prazo expirado. Termo final implementado. Perda superveniente de interesse recursal.

1. A implementação do termo final ao qual estão adstritos os efeitos da decisão agravada esvaziam o objeto do recurso contra ela interposto.

2. Agravo interno prejudicado.

(AgInt na SLS 2.485/SP, Rel. Ministro João Otávio De Noronha, Corte Especial, julgado em 21/05/2019, DJe 24/05/2019).

Prova de que um remédio não substitui o outro, nem poderia fazê-lo, ocorre quando o perigo de grave lesão ocorre bem depois de ultrapassado o prazo para recorrer da decisão, que só posteriormente acabou por gerar dita lesão. Noutra hipótese, nada impediria, por exemplo, que fosse requerida ao presidente, e obtida, a suspensão da eficácia de uma sentença que confirmasse o teor de uma liminar que antes havia sido reformada pelo recurso de agravo[20].

Entretanto, se não existe problema em entender a concomitância entre os dois institutos quando, em um deles, é antes obtida a suspensão da execução da decisão, o mesmo não se pode dizer, por exemplo, quando o pedido suspensivo é negado no agravo pelo relator e, depois disso, o recorrente, agora na posição de legitimado ao pedido de suspensão, faz uso do requerimento incidente ao presidente do tribunal.

Assim, acaso não tenha sido obtido o efeito suspensivo da decisão pelo agravo (art. 932, II, do CPC), *não* estará trancada a via do requerimento de suspensão da execução da decisão ao presidente do tribunal, não incidindo, no caso, a preclusão lógica ou a ofensa ao princípio do juiz natural. Veja-se.

Inicialmente, admite-se que exista uma liminar concedida em mandado de segurança em face de um ente político (pessoa jurídica de direito público). Admite-se, ainda, que esse ente político agrave de instrumento dessa decisão e requeira, com base nos arts. 932, II do CPC, que a liminar tenha a sua execução suspensa, porque haveria o risco de lesão ao interesse público. Caso o relator não conceda a medida liminar no agravo, pergunta-se: poderia o ente político socorrer-se do pedido de suspensão de execução da decisão de primeiro grau ao presidente do tribunal? E, mais ainda, poderia tal órgão conceder a suspensão, mesmo sabendo que tenha havido decisão do relator[21]do agravo de instrumento

---

20. O art. 4º, §6º da Lei 8437/92: A interposição do agravo de instrumento contra liminar concedida nas ações movidas contra o Poder Público e seus agentes não prejudica nem condiciona o julgamento do pedido de suspensão a que se refere este artigo.

21. Não há que se falar em "mando" ou "desmando" de um desembargador (presidente) em relação ao outro. Não há, por assim dizer, ofensa e nem desrespeito de poder, nem decisão que valha mais que a outra. Ambos os remédios se voltam contra a decisão de primeiro grau. A Suspensão de Segurança ao presidente do tribunal não é para sustar os efeitos da decisão do relator, mas sim para sustar os efeitos da decisão de primeiro grau. Não se mistura esta hipótese com a que a liminar ou tutela antecipada é deferida pelo Relator,

CAPÍTULO 05 • INCIDENTE DE REQUERIMENTO DE SUSPENSÃO DE EXECUÇÃO DE DECISÃO JUDICIAL — 173

negando o efeito suspensivo (pendente de julgamento do recurso de agravo de instrumento)?

Para justificar a resposta afirmativa das indagações acima, é preciso partir de algumas premissas básicas:

1. Para a obtenção da medida prevista no art. 932, II é mister a presença do *periculum in mora* e do *fumus boni iuris*, ou seja, a existência de risco de dano irreparável ou de difícil reparação ao interesse público e a plausibilidade da alegação de *que a decisão agravada* (o seu conteúdo) é *eivada de antijuridicidade* por vício de juízo ou de atividade;

2. Para a obtenção da suspensão da execução da decisão judicial requerida ao presidente do tribunal (art. 12, § 1.º, da Lei 7.347/85), é necessária a demonstração do *periculum in mora* e do *fumus boni iuris*, ou seja, a existência de risco de dano irreparável ou difícil reparação ao interesse público e a *plausibilidade da alegação de que realmente existirá o risco da lesão ao dito interesse*;

3. O pedido de suspensão independe da existência do recurso de agravo, e vice-versa;

4. A competência para cada uma das hipóteses é diferente;

5. A legitimidade também difere;

6. O prazo para utilização da medida também é diferente;

7. A natureza jurídica dos institutos é divergente;

8. Os objetos não se confundem etc.

Diante dessas premissas, pode-se concluir que nada impede que o relator do agravo indefira o pedido do art. 932, II, por entender que não está presente o *fumus boni iuris*, sem sequer analisar o *periculum in mora*. Neste caso, pergunta-se: por que estaria trancada a via do incidente de suspensão requerido ao presidente do tribunal para suspender a decisão de primeiro grau, se os motivos que levaram à decisão denegatória pelo relator nem sequer são requisitos para a obtenção e concessão da suspensão pelo presidente? Se lá as razões são umas e aqui são outras, por que estará trancado o caminho do incidente processual?

Ratificando-se o que já foi exposto, no incidente requerido ao presidente do tribunal não se discute a juridicidade ou não da decisão, simplesmente porque o objetivo desse remédio não é pôr uma nova decisão no lugar. O presidente não funciona nem poderia funcionar como revisor dos atos do juiz, já que para isso existe recurso próprio para órgão colegiado do tribunal.

O presidente do tribunal não funciona como revisor do ato do relator que negou o pedido do art. 932, II relativo ao agravo que ainda pende de julgamento. O alvo é a decisão de primeiro grau, já que não é a decisão do relator que se executa e que pode causar grave lesão ao interesse público.

Ao contrário, o efeito suspensivo que pode ser concedido no recurso de agravo faz parte do próprio recurso de agravo (sendo uma medida acessória que pode ser

---

caso em que a competência seria do Presidente do STJ ou STF em respeito preservação da competência horizontal dos magistrados da mesma corte.

requerida pelo recorrente) e, por isso, atrelado ao seu pressuposto, qual seja o de retirar do universo jurídico, por um órgão colegiado, uma decisão que está eivada de vício (de procedimento ou de juízo) e, pela possibilidade de que possa causar dano enquanto o recurso pende de julgamento, permite ao relator desse recurso, mediante requerimento, suspender-lhe a execução.

Ora, parece claro que, embora o *perigo da demora* possa em algum momento coincidir num ou noutro caminho, é indiscutível que a relevância do fundamento que justifica a utilização de um ou de outro caminho são absolutamente distintos, justamente porque cada um destes fundamentos está relacionado com a própria essência do instituto escolhido.

Assim, quando se fala em preclusão lógica, é porque houve perda do direito de praticar um ato processual porque se praticou outro com aquele incompatível. Portanto, v.g., não é possível apelar da decisão que foi aceita pela parte sucumbente, porque, uma vez praticado esse ato, não mais existe a possibilidade de praticar o anterior. A preclusão é fenômeno ligado ao tempo no processo, porque diretamente relacionado com o seu caminhar e com a evolução dos atos processuais em direção ao fim do processo. Se se tinha a oportunidade de praticar para aquele momento processual um ato *x* ou um ato *y* e se se pratica um deles, o outro não mais poderá ser praticado, porque não mais existirá o momento para a sua realização.

Assim, se a parte interpôs o agravo e não logrou êxito no pedido de suspensão, por que teria havido preclusão lógica da possibilidade de se requerer a suspensão ao presidente? Qual é a incompatibilidade da utilização desse novo caminho, se são remédios distintos, para distintos juízos, com razões distintas e com prazos diferentes?

Para espancar de vez a tese da ausência de interesse processual porque teria ocorrido a preclusão lógica, faz a seguinte indagação: se, em lugar do recurso de agravo, a parte requeresse o pedido de suspensão ao presidente e este denegasse de plano, estando no prazo para interpor o recurso de agravo, estaria trancada essa via pelo fato de já se ter usado, sem sucesso, o incidente de suspensão? Admitir que sim seria, absurdamente, permitir que fosse tolhido o direito da parte de recorrer de uma decisão, sem que lhe tenha sido dada tal oportunidade anteriormente.

> Mesmo depois de obtida a suspensão da execução da liminar, ainda assim existiria interesse jurídico na interposição do agravo de instrumento (respeitados os demais requisitos de admissibilidade do recurso). Embora o inverso seja óbvio (quando não é obtida a suspensão), também há interesse no recurso quando já obtida a suspensão, porque este não se destina a atacar o conteúdo da decisão, que só é possível pelo recurso próprio.

Seria, em certo sentido, igualar o pedido de suspensão ao recurso de agravo, o que parece uma incongruência, e, aí sim, ferir o princípio do duplo grau de jurisdição, o devido processo legal e o Estado Democrático de Direito.

CAPÍTULO 05 • INCIDENTE DE REQUERIMENTO DE SUSPENSÃO DE EXECUÇÃO DE DECISÃO JUDICIAL

Em outras palavras, seria reduzir o recurso de agravo a um mero pedido de suspensão, e, se assim fosse, um dos remédios deveria ser extinto, porque não podem existir no processo dois remédios aparentemente distintos destinados ao mesmo fim. Como visto e acentuado, está longe de ser a situação que envolve o recurso de agravo com seu pedido suspensivo (art. 932, II) e o incidente processual de suspensão de execução judicial requerido ao presidente do tribunal nas hipóteses que a lei admite.

REFERÊNCIAS

ABELHA RODRIGUES, Marcelo. A suspensão de segurança. In: BUENO, Cassio Scarpinella; SUNDFELD, Carlos Ari (coord.). *Direito processual público*. São Paulo: Malheiros, 2000.

_____. *Manual de Direito Processual Civil*. São Paulo: Forense. 2016.

_____. *Execução por quantia certa contra devedor solvente*. São Paulo: Editora Foco. 2021.

_____. *Elementos de direito processual civil*. São Paulo: Ed. RT, 1997.

_____. *Mandado de segurança coletivo e política urbana*. São Paulo, 1995. Tese de mestrado da Faculdade de Direito da PUC-SP (inédita).

_____. O recurso de agravo no incidente de suspensão de segurança requerido ao presidente do tribunal. *Aspectos polêmicos e atuais dos recursos*. São Paulo: Ed. RT, 2000.

_____. Princípios do processo civil à luz do título III do Código de Defesa do Consumidor. *Revista Direito do Consumidor*, n. 15, São Paulo: Ed. RT.

_____; FIORILLO, Celso Antonio Pacheco. *Manual de direito ambiental*. 2. ed. São Paulo: Max Limonad, 1997.

_____; NERY, Rosa Maria Andrade; FIORILLO, Celso A. P. *Direito processual ambiental brasileiro*. Belo Horizonte: Del Rey, 1996.

_____. Apresentação e crítica de alguns aspectos que tornam a suspensão de segurança um remédio judicial execrável. *Interesse Público*, 45, p. 39-56.

_____. *Manual de direito processual civil*. Rio de Janeiro: Grupo gen. 2016.

ACKEL FILHO, Diomar. Writs *constitucionais*. São Paulo: Saraiva, 1988.

ALESSI, Renato. *Sistema instituzionale del diritto administrativa italiano*. 3. ed. Milano: Giuffrè, 1953.

ALLORIO, Enrico. *Problemas de derecho procesal*. Buenos Aires: EJEA, 1963. vol. I e II.

_____. Esecuzione forzata (diritto processuale civile). *Nuovissimo digesto italiano*, VI, Turim: UTET, 1960.

ALSINA, Hugo. *Tratado teorico y practico de derecho procesal civil y comercial*. Buenos Aires: Companhia Argentina, 1941. vol. II.

ARRUDA ALVIM, Eduardo. Antecipação da tutela. Curitiba: Juruá, 2007.

_____. *Mandado de Segurança no Direito Tributário*. São Paulo: Ed. RT, 1997.

AMARAL FILHO, Adilson Paulo Prudente do. A remessa oficial e o princípio da igualdade. *RePro* 80, São Paulo: Ed. RT.

ANDOLINA, Italo. *Contributo alla dottrina del titolo esecutivo*. Milano: Giuffrè, 1982.

ANICHINI, Ugolino. "Incidenti" (verbete). *Nuovo digesto italiano*, Turim: UTET. vol. 6.

ATALIBA, Geraldo. Ato Coator. In: FERRAZ, Sérgio (org.). *Cinqüenta anos de mandado de segurança*. Porto Alegre: Fabris, 1986.

ARAUJO, José Henrique Mouta. *Mandado de Segurança*. 2 ed. Juspodivm, 2010.

ARIETA, Giovanni. *I provvedimenti d'urgenza ex art. 700 CPC*. 2. ed. Padova: Cedam, 1985.

ARMELIN, Donaldo. Acesso à justiça. *Revista da Procuradoria do Estado de São Paulo*, n. 31.

_____. *Legitimidade para agir no direito processual civil brasileiro*. São Paulo: Ed. RT, 1979.

_____. Responsabilidade objetiva no Código de Processo Civil. In: CRUZ E TUCCI, José Rogério (coord.). *Processo civil* – Evolução – 20 anos de vigência. São Paulo: Saraiva, 1995.

_____. Tutela jurisdicional diferenciada. *Processo civil contemporâneo*. Curitiba: Juruá, 1994.

ARRUDA ALVIM NETTO, José Manoel de. Anotações sobre a medida liminar em mandado de segurança. *RePro* 39.

_____. Anotações sobre as perplexidades e os caminhos do processo civil contemporâneo – Sua evolução ao lado do direito material. *Revista Direito do Consumidor*, n. 2, São Paulo: Ed. RT, 1992.

_____. *Código do Consumidor comentado e legislação correlata*. 2. ed. São Paulo: Ed. RT, 1995.

_____. Mandado de segurança contra decisão que nega ou concede liminar em outro mandado de segurança. *RePro* 80, São Paulo: Ed. RT.

_____. *Manual de direito processual civil*. São Paulo: Ed. RT, 1994. vol. I e II.

_____. Revogação da medida liminar em mandado de segurança. *RePro* 11, São Paulo: Ed. RT, 1978.

_____. *Tratado de direito processual civil*. São Paulo: Ed. RT, 1994. vol. I.

_____. et alii. Anotações sobre a medida liminar em mandado de segurança. *RePro* 39, São Paulo: Ed. RT.

_____; WAMBIER, Teresa Arruda Alvim. *Assistência e litisconsórcio*. São Paulo: Ed. RT, 1986.

ASSIS, Araken de. *Manual do processo de execução*. 4. ed. São Paulo: Ed. RT, 1998.

ATHENIENSE, Aristóteles. A suspensão liminar no mandado de segurança. In: TEIXEIRA, Sálvio de Figueiredo (coord.). *Mandado de segurança e mandado de injunção*. São Paulo: Saraiva, 1990.

BANDEIRA DE MELLO, Celso Antônio. Análise das principais inovações do sistema e da estrutura do Código de Processo Civil. *RePro* 3. São Paulo: Ed. RT, 1976.

_____. *Curso de direito administrativo*. 6. ed. São Paulo: Malheiros, 1995.

_____. *Discricionariedade e controle jurisdicional*. São Paulo: Malheiros, 1992.

_____. *Elementos de direito administrativo*. São Paulo: Ed. RT, 1981.

BARBI, Celso Agrícola. *Ação declaratória principal e incidente*. 4. ed. Rio de Janeiro: Forense, 1976.

_____. *Comentários ao CPC*. 10. ed. Rio de Janeiro: Forense, 1998. vol. I.

_____. *Do mandado de segurança*. 7. ed. Rio de Janeiro: Forense, 1993.

BARBOSA MOREIRA, José Carlos. A ação popular como instrumento de tutela dos chamados interesses difusos. *Temas de direito processual*. São Paulo: Saraiva, 1977.

_____. A motivação das decisões judiciais como garantia inerente ao Estado de Direito. *Temas de direito processual civil*, 2. série. São Paulo: Saraiva, 1983.

_____. Apontamentos para um estudo sistemático da legitimação extraordinária. *Direito processual civil* – Ensaio e pareceres. Rio de Janeiro, Borsói, 1971.

_____. *Comentários ao Código de Processo Civil*. 6. e 7. ed. Rio de Janeiro: Forense, 1993 e 1997. vol. V.

_____. Dimensiones sociales del proceso civil. *RePro* 45, São Paulo: Ed. RT, 1987.

REFERÊNCIAS **179**

_____. *O juízo de admissibilidade no sistema dos recursos cíveis.* Rio de Janeiro: Borsói, 1986.

_____. *O novo processo civil brasileiro.* 20. ed. Rio de Janeiro: Forense. 1998.

_____. O que significa não conhecer de um recurso. *Temas de direito processual,* 6. série. São Paulo: Saraiva, 1998.

_____. Os poderes do juiz. *Processo civil contemporâneo.* Curitiba: Juruá, 1994.

_____. *Questões prejudiciais e coisa julgada.* Rio de Janeiro, 1967. Tese de concurso para docência livre de Direito Judiciário Civil apresentada à Congregação da Faculdade de Direito da Universidade Federal do Rio de Janeiro.

_____. Regras de experiência e conceitos jurídicos indeterminados. *Temas de direito processual,* 2. série. São Paulo: Saraiva, 1988.

_____. Sobre a "participação" do juiz no processo. *Participação e processo.* São Paulo: Ed. RT, 1988.

_____. Tendências na execução de sentenças e ordens judiciais. *Temas de direito processual,* 4. série. São Paulo: Saraiva, 1984.

BARCELOS, Pedro dos Santos. Medidas liminares em mandado de segurança. Suspensão de execução de medida liminar. Suspensão de execução de sentença. Medidas cautelares. *RT* 663. São Paulo: Ed. RT, 1981.

BARROS, Romeu Pires de Campos. Dos procedimentos incidentais no direito processual penal. *RePro* 40, São Paulo: Ed. RT, 1985.

BARROSO, Luís Roberto. *Interpretação e aplicação da Constituição.* São Paulo: Saraiva, 1996.

BASTOS, Celso Ribeiro. *Do mandado de segurança.* 2. ed. São Paulo: Saraiva, 1982.

BEDAQUE, José Roberto dos Santos. *Direito e processo.* 2. ed. São Paulo: Malheiros, 1995.

_____. *Tutela cautelar e tutela antecipada* – Tutelas sumárias de urgência (tentativa de sistematização). São Paulo: Malheiros, 1988.

BERMAN, Harold J. Origens filosóficas do direito americano. *Aspectos do direito americano.* Trad. Janine Ivone Ramos Péres e Arlette Pastor Centurion. Rio de Janeiro: Forense, 1963.

BERMUDES, Sérgio. *A reforma do Código de Processo Civil.* 2. ed. São Paulo: Saraiva, 1996.

_____. *Comentários ao Código de Processo Civil.* 2. ed., 1977. vol. I.

BOBBIO, Norberto. *A era dos direitos.* Trad. Carlos Nelson Coutinho. Rio de Janeiro: Campus, 1992.

_____. *Teoria de la norma giuridica.* Torino: Giappichelli, 1958.

BORGES, Marcos Afonso. *Embargos infringentes.* Goiás: Cejup, 1983.

BRAIBANT, G. *Le droit administratif français.* Paris: Daloz, 1988.

BUARQUE DE HOLANDA, Aurélio. *Novo dicionário da língua portuguesa.* 2. ed. Rio de Janeiro: Nova Fronteira, 1986.

BUENO, Cassio Scarpinella. As novas regras da suspensão de liminar. *Aspectos polêmicos e atuais do mandado de segurança.* 2002.

_____. *O Modelo Constitucional do Direito Processual Civil*: Um Paradigma Necessário de Estudo do Direito Processual Civil e Algumas de suas Aplicações. Disponível em https://edisciplinas. usp.br/pluginfile.php/2565837/mod_resource/content/1/Cassio%2C%20O%20modelo%20 constitucional%20do%20direito%20processual%20civil%20_Jornadas%202008_.pdf. Acesso em: 29 jul. 2021.

_____. *Liminar em mandado de segurança*. São Paulo: Ed. RT, 1998.

_____. *O poder público em juízo*. 1. ed. São Paulo: Max Limonad, 2000; 2. ed., Saraiva, 2004; 5. ed., Saraiva, 2009.

_____. *Tutela antecipada e execução provisória*. São Paulo: Saraiva, 1999.

_____. *A Nova Lei do Mandado de Segurança*: Comentários Sistemáticos à Lei n. 12.016, de 7-8-2009. São Paulo: Saraiva, 2009.

_____. *Novo Código de Processo Civil Anotado*. São Paulo: Saraiva. 2015.

BUZAID, Alfredo. *Da ação declaratória no direito brasileiro*. São Paulo: Saraiva, 1943.

_____. *Estudos de direito*. São Paulo: Saraiva, 1972. vol. I.

_____. *Mandado de segurança*. São Paulo: Saraiva, 1989. vol. I.

_____. BUZAID, Alfredo. Juicio de amparo e mandado de segurança: contrastes e confrontos. In: *Revista de direito processual civil*, São Paulo: Saraiva, v. 3, n. 5, p. 30–70, jan./jun., 1962.

CAETANO, Marcello. As raízes luso-brasileiras do mandado de segurança. *RF* 252, Rio de Janeiro: Forense.

CALAMANDREI, Piero. *Instituciones de derecho procesal civil*. Buenos Aires: Librería el Foro, 1996.

_____. *Introducción al studio sistemático de las providencias cautelares*. Buenos Aires: Librería el Foro, 1996.

CALMON DE PASSOS, J. J. *Comentários ao Código de Processo Civil*. 7. ed. Rio de Janeiro: Forense, 1994. vol. III.

_____. *Mandado de segurança coletivo, mandado de injunção e* habeas data – Constituição e processo. Rio de Janeiro: Forense, 1989.

CÂMARA, Alexandre Freitas. *Lições de direito processual civil*. Rio de Janeiro: Lumen Juris, 1998. vol. I.

_____. *O novo processo civil brasileiro*. São Paulo: Atlas. 2015.

CANOTILHO, J. J. Gomes; VITAL MOREIRA. *Constituição da República Portuguesa anotada*. 3. ed. Coimbra: Coimbra Editora, 1993.

_____. *Fundamentos da Constituição*. Coimbra: Coimbra Editora, 1991.

CAPPELLETTI, Mauro. *Acesso à justiça*. Porto Alegre: Sergio Antonio Fabris, 1988.

_____. El proceso como fenómeno social de masa. *Proceso, ideologias, sociedad*. Buenos Aires: EJEA, 1974.

_____. Formações sociais e interesses coletivos diante da justiça civil. *RePro* 5, São Paulo: Ed. RT, 1977.

CARNEIRO, Athos Gusmão. *Audiência de instrução e julgamento e audiências preliminares*. 7. ed. Rio de Janeiro: Forense, 1995.

CARNEIRO, Paulo Cezar Pinheiro Carneiro e Humberto Dalla Bernardina de Pinho (Coord.). *Novo Código de Processo Civil Anotado e Comparado*. Rio de Janeiro: Forense. 2015.

CARNELUTTI, Francesco. *Instituciones de derecho procesal civil*. Buenos Aires: Librería el Foro, 1997. vol. I e II.

_____. *Sistema de diritto processuale civile*. Padova: Cedam, 1939. vol. III.

CARREIRA ALVIM, José Eduardo. *O novo agravo*. Belo Horizonte: Del Rey, 1996.

REFERÊNCIAS **181**

CASTORO, Pasquale. *Il processo di esecuzione nel suo aspetto pratico* (ristampa della quarta edizione com appendice di aggiornamento). Milano: Giuffrè, 1970.

CASTRO NUNES. *Do mandado de segurança e de outros meios de defesa contra atos do poder público.* Rio de Janeiro: Forense Jurídica, 1956.

CAVALCANTI, Themístocles Brandão. *Do mandado de segurança.* 4. ed. Rio de Janeiro, 1957.

CHEIM JORGE, Flávio. *Apelação cível: teoria geral e admissibilidade.* São Paulo: Ed. RT, 1999.

_____. *Teoria geral dos recursos cíveis.* 2. ed. Rio de Janeiro: Forense, 2004.

CHIAPINI, Julio. *El proceso incidental.* Buenos Aires: Editorial Universidad, 1984.

CHIOVENDA. Giuseppe. Azioni e sentenze di mero accertamento. *Rivista di Diritto Processuale Civile,* vol. I, 1993.

_____. *Instituições de direito processual civil.* São Paulo: Bookseller, 1998. vol. I, II e III.

_____. *Principii di diritto processuale civile.* Napoles: Casa Editrice Dott Eugenio/Jovene, 1980.

COUTINHO, Ana Luísa Celino. *Mandado de segurança:* suspensão de segurança no direito brasileiro. Curitiba: Juruá, 1998.

COUTURE, Eduardo. *Fundamentos de derecho procesal civil.* 3. ed. (póstuma) Buenos Aires: Depalma, 1993.

_____. *Interpretação das leis processuais.* 4. ed. Rio de Janeiro: Forense, 1994.

_____. *Introducción al estudio del proceso civil.* Buenos Aires: Depalma, 1988.

_____. *Vocabulário jurídico.* Buenos Aires: Depalma, 1960.

CRETELLA JÚNIOR, José. *Curso de direito romano.* Rio de Janeiro: Forense, 1990.

_____. *Os* writs *constitucionais na Constituição de 1988.* São Paulo: Forense, 1989.

CUENCA, Humberto; COSTA, Emilio. *Proceso civil romano.* Buenos Aires: EJEA, 1957.

CUNHA, Gisele Heloisa. *Embargos infringentes.* São Paulo: Ed. RT, 1993.

CUNHA, Leonardo José Carneiro da. A *Fazenda Pública em juízo.* 4. ed. Dialética: São Paulo, 2006.

DANTAS, Marcelo Navarro Ribeiro. *Reclamação constitucional no direito brasileiro.* Porto Alegre: Sergio Antonio Fabris Ed., 2000.

DE PLÁCIDO E SILVA. *Vocabulário jurídico.* 12. ed. Rio de Janeiro: Forense, 1996. vol. I e II.

DIAS, Carlos Alberto. Liminares: poder discricionário ou vinculado. *RePro* 79, São Paulo: Ed. RT, 1995.

DIDIER Jr., Fredie e CUNHA, Leonardo José Carneiro da. *Curso de Direito Processual Civil.* Salvador: JusPodivm, 2006.

DINAMARCO, Cândido Rangel. *A instrumentalidade do processo.* 4. ed. São Paulo: Malheiros, 1994.

_____. *A reforma do CPC brasileiro.* São Paulo: Malheiros, 1995.

_____. *Execução civil.* 5. ed. São Paulo: Malheiros, 1997.

_____. *Fundamentos do processo civil moderno.* São Paulo: Ed. RT, 1986.

_____. *Litisconsórcio.* 3. ed. São Paulo: Malheiros, 1994.

_____. Suspensão do mandado de segurança pelo presidente do tribunal. *Fundamentos do processo civil moderno.* 3. ed. São Paulo: Malheiros, 2000.

ECO, Humberto. *Como se faz uma tese*. São Paulo: Perspectiva, 1989.

ENGISCH, Karl. *Introdução ao pensamento jurídico*. 5. ed. Lisboa: Fundação Calouste Gulbenkian.

ENTERRÍA, Garcia de. *Curso de derecho administrativo*. Madrid: Civitas, 1977. vol. II.

ESTELITA, Guilherme. *O ministério público e o processo civil*. Rio de Janeiro: Freitas Bastos, 1956.

FABRÍCIO, Adroaldo Furtado. *Ação declaratória incidental*. Rio de Janeiro: Forense, 1995.

_____. As novas necessidades do processo civil e os poderes do juiz. *Revista Direito do Consumidor*, n. 3, São Paulo: Ed. RT, 1992.

FADEL, Sérgio Sahione. *Código de Processo Civil comentado*. 4. ed. Rio de Janeiro: Forense, 1981. vol. I e II.

FAGUNDES, Seabra. A nova lei do mandado de segurança. *RF*, n. 144, Rio de Janeiro: Forense, 1958.

_____. *O controle dos atos administrativos pelo Poder Judiciário*. 6. ed. São Paulo: Saraiva, 1984.

FERNANDES, Antonio Scarance. *Incidente processual*. São Paulo: Ed. RT, 1991.

FERRARA, Rosario. *Contributto allo studio della tutela del consumatore*. Milano: Giuffrè, 1983.

FERRAZ, Manuel Carlos de Figueiredo. *Notas sobre a competência por conexão*. São Paulo: Saraiva, 1937.

FERRAZ, Sérgio. *Do mandado de segurança individual e coletivo (aspectos polêmicos)*. São Paulo: Malheiros. 1992.

_____. Provimentos antecipatórios na ação civil pública. In: MILARÉ, Édis (coord.). *Ação civil pública*. São Paulo: Ed. RT, 1995.

_____. et alii. Da liminar em mandado de segurança. *Mandado de segurança*. Porto Alegre: Fabris.

FEU ROSA, Marcos Vals. *Prazos dilatórios e prazos peremptórios*. Porto Alegre: Fabris, 1995.

FIGUEIREDO, Lúcia Valle. Ação civil pública – Considerações sobre a discricionariedade na outorga e no pedido de suspensão de liminar na concessão de efeito suspensivo aos recursos e na tutela antecipada. In: MILARÉ, Édis (coord.). *Ação civil pública*. São Paulo: Ed. RT, 1995.

_____. *Do mandado de segurança*. 2. ed. São Paulo: Malheiros, 1997.

FIORILLO, Celso Antonio Pacheco; ABELHA RODRIGUES, Marcelo. *Manual de direito ambiental*. 2. ed. São Paulo: Max Limonad, 1999.

FONSECA, Antonio Cezar Lima da. Liminar no mandado de segurança. *Revista de Direito Público* 96.

FORNACIARI JUNIOR, Clito. *Da reconvenção no direito processual civil brasileiro*. 2. ed. São Paulo: Saraiva, 1983.

FRAGA, Affonso. *Theoria e pratica na execução das sentenças*. São Paulo: C. Teixeira e C. Editores, 1922.

FREUND, Paul A. A corte suprema. *Aspectos do direito americano*. Trad. Janine Ivone Ramos Péres e Arlette Pastor Centurion. Rio de Janeiro: Forense, 1963.

GIANNINI, Massimo Severo. *Diritto amministrativo*. Milano, 1992. vol. 1.

_____. La tutela degli interessi collettivi nei procedimenti amministativi. *Le azioni a tutela do interesse collettivi*. Padova: Cedam, 1976.

GIANZI, Giuseppe. "Incidenti" (verbete). *Enciclopedia del diritto*. Milano: Giuffrè, 1971. vol. 21.

GIDI, Antonio. *Coisa julgada e litispendência nas ações coletivas*. São Paulo: Saraiva, 1995.

GOLDSCHMIDT, James. *Derecho procesal civil*. Buenos Aires: Labor, 1936.

_____. *Teoría general del proceso*. Buenos Aires: Labor, 1936.

GOMES, Orlando. *Contratos*. 17. ed. Rio de Janeiro: Forense, 1996.

GOMES JR., Luiz Manoel; CRUZ, Luana Pedrosa de Figueiredo; CERQUEIRA, Luís Otávio Sequeira de; FAVRETO, Rogerio; PALHARINI JR., Sidney. *Comentários à nova Lei do Mandado de Segurança*: Lei 12.016, de 7 de agosto de 2009. São Paulo: Ed. RT, 2009.

GOZAÍNI, Osvaldo A. *El derecho de amparo*. Buenos Aires: Depalma, 1995.

GRECO FILHO, Vicente. *Direito processual civil*. 6. ed. São Paulo: Saraiva, 1993. vol. I, II e III.

GRINOVER, Ada Pellegrini. *Ação declaratória incidental*. São Paulo: Ed. RT, 1972.

_____. *Código Brasileiro de Defesa do Consumidor comentado pelos autores do anteprojeto*. 4. ed. São Paulo: Forense Universitária, 1995.

_____. *Direito processual civil*. 2. ed. São Paulo: Bushatsky, 1975.

_____. *O processo em evolução*. São Paulo: Forense Universitária, 1996.

_____. *Os princípios constitucionais e o Código de Processo Civil*. São Paulo: Bushatsky, 1975.

_____; CINTRA; DINAMARCO. *Teoria geral do processo*. 8. ed. São Paulo: Ed. RT, 1991.

GUASP, Jaime. *Derecho procesal civil*. 3. ed. Madrid: Instituto de Estudos Políticos, 1977. vol. I.

GUERRA, Marcelo Lima. *Execução forçada*. São Paulo: Ed. RT, 1995.

_____. *Execução indireta*. São Paulo: Ed. RT, 1998.

GUERRA FILHO, Willis Santiago. *Processo constitucional e direitos fundamentais*. São Paulo: Celso Bastos, 1998.

KELSEN, Hans. *Teoria pura do direito*. Trad. João Baptista Machado. São Paulo: Martins Fontes, 1995.

KLIPPEL, Rodrigo e NEFFA Jr., José Antônio. *Comentários à Lei de Mandado de Segurança* (Lei nº 12.016/09). Rio de Janeiro: Lumen Juris. 2010.

LARA, Betina Rizzato. *Liminares no processo civil*. 2. ed. São Paulo: Ed. RT, 1994.

LARENZ, Karl. *Metodologia da ciência do direito*. 2. ed. Lisboa: Calouste Gulbenkian, 1989.

LAZZARINI, José Luis. *El juicio de amparo*. Buenos Aires: Editorial La Ley, 1988.

LAZZARINI, Álvaro. *Estudo de Direito Administrativo*. 2. ed. São Paulo: Ed. RT, 1999, p. 52.

LAZZARINI, Álvaro. A ordem constitucional de 1988 e a ordem pública. *Revista de Informação Legislativa*. Brasília, ano 29, n. 115, p. 275-294, jul. /set. 1992, p. 292.

LIEBMAN. Enrico Tullio. Do arbítrio à razão – Reflexões sobre a motivação das sentenças. *RePro* 30, São Paulo: Ed. RT, 1983.

_____. *Eficácia e autoridade da coisa julgada*. São Paulo: Forense, 1984.

_____. *Embargos do executado*. Trad. J. Guimarães Menegale. São Paulo: Saraiva, 1952.

_____. *Estudos sobre o processo civil brasileiro*. 2. ed. São Paulo: Bushatsky, 1976.

_____. *Manual de direito processual civil*. Trad. e coment. Cândido Rangel Dinamarco. Rio de Janeiro: Forense, 1984. vol. I.

_____. *Manuale di diritto processuale civile*. 4. ed. Milano: Giuffrè, 1980. vol. I.

_____. O despacho saneador e o julgamento do mérito. *Estudos sobre o processo civil brasileiro*. 2. ed. São Paulo: Bushatsky, 1976.

_____. *Processo de execução*. São Paulo: Saraiva, 1946.

LIMA, Alcides de Mendonça. A eficácia temporal da medida liminar em mandado de segurança. RF 178, Rio de Janeiro: Forense, 1958.

_____. *Recursos cíveis* – Sistema de normas gerais. São Paulo: Freitas Bastos, 1963.

LOPES, João Baptista. *Ação declaratória*. 3. ed. São Paulo: Ed. RT, 1991.

LOPES DA COSTA, Alfredo de Araújo. *Administração pública e a ordem jurídica privada (jurisdição voluntária)*. Belo Horizonte: Bernardo Álvares, 1961.

_____. *Direito processual civil brasileiro*. 2. ed. Rio de Janeiro: Forense, 1959. 4 vols.

MANCUSO, Rodolfo de Camargo. *Ação civil pública em defesa do meio ambiente, patrimônio cultural e dos consumidores*. 2. ed. São Paulo, 1991.

_____. *Ação popular*. São Paulo: Ed. RT, 1994.

_____. Provimentos antecipatórios na ação civil pública. In: MILARÉ, Édis (coord.). *Ação civil pública*: 15 anos. São Paulo: Ed. RT, 2000.

MANDRIOLI, Crisanto. *Corso di diritto processuale civile*. Torino: Giappichelli, 1981. vol. III.

_____. *L'azione esecutiva*. Milano: Giuffrè, 1955.

_____. Per una nozione strutturale dei provvedimenti anticipatori o interinali. *Rivista di Diritto Processuale*, 1964. vol. XIX.

MANRESA Y NAVARRO. *Comentarios a la Ley de Enjuiciamiento Civil*. Madrid: Reus, 1919. t. III.

MARCATO, Antonio Carlos. Da extinção anormal do processo. *RePro* 18, São Paulo: Ed. RT, 1980.

MARINONI, Luiz Guilherme. *Novas linhas do processo civil: o acesso à justiça e os institutos fundamentais do direito processual*. São Paulo: Ed. RT, 1993.

_____. *Tutela antecipatória, julgamento antecipado e execução imediata da sentença*. São Paulo: Ed. RT, 1998.

_____. e Sérgio Cruz Arenhart. *Processo de Conhecimento*. São Paulo: Ed. RT, 2010.

MARINONI, Tereza Cristina. Sobre o pedido de reconsideração. *RePro* 62, São Paulo: Ed. RT, 1991.

MARQUES, José Frederico. *Instituições de direito processual civil*. 4. ed. Rio de Janeiro: Forense, 1971. vol. I, II, III, IV e V.

_____. *Manual de direito processual civil*. 13. ed. São Paulo: Saraiva, 1990. vol. I e III.

_____. *Procedimentos especiais*. 7. ed. São Paulo: Malheiros, 1995.

MAXIMILIANO, Carlos. *Hermenêutica e aplicação do direito*. 2. ed. Rio de Janeiro: Forense, 1992.

MAZZILLI, Hugo Nigro. *A defesa dos interesses difusos em juízo*. 5. ed. São Paulo: Ed. RT, 1993.

MEDINA, José Miguel Garcia; ARAÚJO, Fábio Caldas de. *Mandado de segurança individual e coletivo*: comentários à Lei 12.016, de 7 de agosto de 2009. São Paulo: Ed. RT, 2009.

MEIRELLES, Hely Lopes. *Direito administrativo brasileiro*. 19. ed. São Paulo: Malheiros, 1994.

_____. *Mandado de segurança, ação popular, ação civil pública, mandado de injunção, habeas data*. 14. ed. São Paulo: Malheiros, 1992.

MENDES JÚNIOR, João. *Direito judiciário brasileiro*. 2. ed. Rio de Janeiro, 1918.

MENESTRINA, Francesco. *La pregiudiciale nel processo civile*. Milano: Giuffrè, 1963.

MESQUITA, José Ignacio Botelho de. *Uniformização de jurisprudência*. São Paulo: Ed. RT, 1986.

MICHELI, Gian Antonio *Derecho procesal civil*. Buenos Aires: EJEA, 1970. vol. I, II e IV.

MIGUEL Y ALONSO, D. Carlos. "Incidentes" (verbete). *Nueva enciclopedia juridica*. Barcelona: Francisco Seix, 1965. vol. XII.

MONACCIANI, Luigi. *Azione e legitimazione*. Milano: Giuffrè, 1951.

MONIZ DE ARAGÃO, Egas Dirceu. *Comentários ao Código de Processo Civil*. Rio de Janeiro: Forense, 1991. vol. 2.

_____. Conexão e tríplice identidade. *RePro* 29, São Paulo: Ed. RT, 1983.

MONTEIRO, João. *Processo civil e commercial*. 3. ed. São Paulo: Duprat & Comp., 1912.

MONTELEONE, Girolamo. Recenti sviluppi nella dottrina dell'esecuzione forzata. *Studi in onere de Tito Carnacini*. Milano: Giuffrè, 1984. vol. III, t. 2.

MOREIRA ALVES, José Carlos. *Direito romano*. 10. ed. Rio de Janeiro: Forense, 1996. vol. I.

NEGRÃO, Theotonio. *Código de Processo Civil e legislação em vigor*. São Paulo: Saraiva, 1998.

NERY JUNIOR, Nelson. *Ação civil pública e tutela jurisdicional dos interesses difusos*. São Paulo: Saraiva, 1984.

_____. Ação declaratória incidental. *RePro* 11, São Paulo: Ed. RT, 1978.

_____. Aspectos da responsabilidade civil do fornecedor no Código de Defesa do Consumidor (Lei 8.078/90). *Revista do Advogado*, São Paulo, AASP, 1990.

_____. Aspectos do processo civil no Código de Defesa do Consumidor. *Revista Direito do Consumidor*, n. 1, São Paulo: Ed. RT, 1992.

_____. *Atualidades sobre o processo civil*. 2. ed. São Paulo: Ed. RT, 1996.

_____. *Código Brasileiro de Defesa do Consumidor comentado pelos autores do anteprojeto*. 4. ed. São Paulo: Forense Universitária, 1995.

_____. Compromisso de ajustamento de conduta: solução para o problema da queima da palha da cana-de-açúcar. *RT* 692, São Paulo: Ed. RT, 1993.

_____. Condições da ação. *RePro* 64, São Paulo: Ed. RT, 1991.

_____. Mandado de segurança coletivo – Instituto que não alterou a natureza do mandado de segurança já constante das Constituições anteriores – Partidos políticos – Legitimidade *ad causam*. *RePro* 57, São Paulo: Ed. RT, 1990.

_____. Mandado judicial. Inexistência. Decadência. Ocorrência. Litigante de má-fé. Alteração da verdade dos fatos. *RePro* 34, São Paulo: Ed. RT, 1984.

_____. *Princípios do processo civil na Constituição Federal*. 4. ed. São Paulo: Ed. RT, 1998.

_____. *Princípios fundamentais* – Teoria geral dos recursos. 4. ed. São Paulo: Ed. RT, 1998.

_____. Princípios gerais do Código Brasileiro de Defesa do Consumidor. *Revista Direito do Consumidor*, n. 3, São Paulo: Ed. RT, 1992.

_____. Responsabilidade civil e meio ambiente. *Revista do Advogado* 37, AASP, 1992.

_____. *Vícios do ato jurídico e reserva mental*. São Paulo: Ed. RT, 1983.

_____; NERY, Rosa Maria Andrade. *Código de Processo Civil Comentado e legislação processual civil em vigor*. 3. ed. São Paulo: Ed. RT, 1997.

_____. *Comentários ao Código de Processo Civil*. São Paulo: Ed. RT, 2015.

NEVES, Celso. *Coisa julgada civil*. São Paulo: Ed. RT, 1971.

NORTHFLEET, Ellen Gracie. Suspensão de sentença e de liminar. *Revista do Instituto dos Advogados de São Paulo*. Ano 1, n. 2, São Paulo: Ed. RT, 1998.

OLIVEIRA JÚNIOR, Waldemar Mariz de. *Substituição processual*. Tese. São Paulo, 1969.

_____. *Teoria geral do processo civil*. São Paulo: Ed. RT, 1973. vol. I.

OLIVIERI, Angelo. "Incidenti" (verbete). *Digesto italiano: enciclopedia metodica e alfabetica di legislazione, dottrina e giurisprudenza*. Turim: UTET. vol. 26, t. 1.

Organização das Nações Unidas. *Official Records Of The World Health Orgamzation*, Disponível em: https://apps.who.int/iris/bitstream/handle/10665/85573/Official_record2_eng.pdf;jsessionid=70D11F48FE5E5A8888E3FDB8F72426A8?sequence=1. Acesso em: 20 jul. 2021.

ORTEGA y GASSET. *La rebelión de las masas*. 30. ed. Madrid, 1956.

PACHECO, José da Silva. Incidente processual. *Repertório enciclopédico do direito brasileiro*. Rio de Janeiro: Borsói. vol. 26.

_____. *Incidentes da execução*. Rio de Janeiro: Borsói, 1957.

PARÁ FILHO, Tomás. *Estudos sobre a sentença constitutiva*. Dissertação de concurso à cátedra de direito judiciário civil da Faculdade de Direito da Universidade de São Paulo. São Paulo, 1973.

PAULA BAPTISTA, Francisco de. *Compendio de theoria e pratica do processo civil comparado com o commercial e de hermeneutica juridica*. 4. ed. Rio de Janeiro: Garnier Livreiro-Editor, 1890.

PINTO FERREIRA. *Princípios gerais do processo civil moderno*. 6. ed. São Paulo: Saraiva, 1983. 2 vols.

PISANI, Proto. Appunti sulla tutela cautelare. *Rivista di Diritto Civile*, 1987. vol. I.

PODETTI, J. Ramiro. *Teoría y técnica del proceso civil*. Buenos Aires: Ideas, 1942.

_____. *Tratado de la competencia*. 2. ed. Buenos Aires, 1973.

PONTES DE MIRANDA, Francisco Cavalcanti. *Comentários ao CPC/39*. Rio de Janeiro: Forense, 1949. vol. I e V.

_____. *Tratado das ações*. São Paulo: Bookseller, 1998. vol. I.

PORTO, Odyr. Quais as condições e limites do pedido de suspensão dos efeitos da liminar ou da sentença concessiva do mandado de segurança. *Boletim ILC* 28/96.

PREVITALLI, Cleide Perero. Ação mandamental. *RePro* 19, São Paulo: Ed. RT.

RAMALHO, Barão de. *Practica civil e commercial*. São Paulo, 1861.

REDENTI, Enrico. *Il giudizio civile com pluralità di parte*. Milano: Giuffrè, 1962.

ROCCO, Ugo. *L'autorità della cosa giudicata e i suoi limitti soggetivi*. Roma, 1917.

ROCHA, C. *Pedido de Suspensão de decisões contra o Poder Público*. São Paulo: Saraiva.2012.

ROCHA, Cármen Lúcia Antunes. A liminar no mandado de segurança. In: TEIXEIRA, Sálvio de Figueiredo (coord.). *Mandados de segurança e de injunção*. São Paulo: Saraiva, 1990.

ROCHA, José de Moura. *Atualização do CPC*. Fortaleza: JM Editora, 1995.

ROSA, Eliézer. *Leituras de processo civil*. Rio de Janeiro: Guanabara, 1970.

ROSEMBERG, Leo. *Tratado de derecho procesal civil*. Trad. Angela Romera Vera. Buenos Aires: EJEA, 1955.

REFERÊNCIAS **187**

SÁ, Djanira Radamés. *Súmula vinculante*. Belo Horizonte: Del Rey, 1996.

SABATINI, Giuseppe. *Tratatto dei procedimenti incidentali nel processo penale*, n. 4. Turim: UTET, 1953.

SAGÜÉS, Néstor Pedro. Acción de amparo. *Derecho procesal constitucional*. 3. ed. Buenos Aires: Astrea, 1991. vol. III.

SANCHEZ, Carlos Sanchez Viamonte. Juicio de Amparo. *Enciclopedia Jurídica Omeba*. t. XVII. 1963.

SANTOS, Boaventura de Sousa. Introdução à sociologia da administração da justiça. *RePro* 37, São Paulo: Ed. RT, 1985.

SANTOS, Moacyr Amaral. *Primeiras linhas de direito processual civil*. São Paulo: Saraiva, 1992. vol. 3.

SATTA, Salvatore. *Manual de derecho procesal civil*. Buenos Aires: EJEA, 1971. vol. I e II.

SCHONKE, Adolfo. *Derecho procesal civil*. Trad. espanhola da 5. ed. alemã. Barcelona: Bosch, 1950.

SCIALOJA, Vittorio. *Procedimiento civil romano*. Trad. Santiago Santís Melendo e Marino Ayerra Redin. Buenos Aires: EJEA, 1954.

SENTÍS MELENDO, Santiago. *La prueba*. Buenos Aires: EJEA, 1979.

SIDOU, J. M. Othon. *Do mandado de segurança*. 2. ed. Rio de Janeiro: Freitas Bastos, 1959.

SILVA, João Calvão da. *Responsabilidade civil do produtor*. Coimbra: Almedina, 1990. (*Coleção Teses*.)

SILVA, José Afonso da. *Curso de direito constitucional positivo*. 13. ed. São Paulo: Malheiros, 1997.

SILVA, Ovídio A. Baptista da. *Curso de processo civil*. 3. ed. São Paulo: Ed. RT, 1998. vol. I e II.

_____. *Jurisdição e execução na tradição romano-canônica*. São Paulo: Ed. RT, 1996.

SIQUEIRA, Cleanto Guimarães. *A defesa no processo civil*. 2. ed. Belo Horizonte: Del Rey, 1997.

_____. *As novíssimas alterações no código de processo civil*. Rio de Janeiro: Forense. 2003.

SUNDFELD, Carlos Ari. *Fundamentos de direito público*. 2. ed. São Paulo: Malheiros, 1994.

TARUFFO, Michele. Il significado costituzionale dell'obbligo di motivazione. *Participação e processo*. São Paulo: Ed. RT, 1995.

TEIXEIRA, Sálvio de Figueiredo. *Código de Processo Civil anotado*. 6. ed. São Paulo: Saraiva, 1996.

THEODORO JÚNIOR, Humberto. *Curso de direito processual civil*. Rio de Janeiro: Forense, 1996. vol. I, II e III.

_____. Princípios gerais do direito processual civil. *RePro* 23, São Paulo: Ed. RT, 1981.

_____. *Curso de Direito Processual Civil*. Rio de Janeiro: Forense. 2015. vol. 1.

TORNAGHI, Helio. *Comentários ao Código de Processo Civil*. São Paulo: Ed. RT, 1975. vol. I e II.

_____. *Curso de processo penal*. São Paulo: Saraiva, 1991. vol. 1.

_____. *Instituições de processo penal*. 2. ed. São Paulo: Saraiva, 1977. vol. 2.

_____. *Relação processual penal*. São Paulo: Saraiva, 1987.

TOURINHO FILHO, Fernando da Costa. *Processo penal*. 12. ed. São Paulo: Saraiva, 1991. vol. 1.

TUCCI, Rogério Lauria. *Devido processo legal e tutela jurisdicional*. São Paulo: Ed. RT, 1993.

_____. *Do julgamento conforme o estado do processo*. 2. ed. São Paulo: Saraiva, 1982.

_____; TUCCI, José Rogério Cruz e. *Constituição e processo*. São Paulo: Saraiva, 1997.

TOMBINI, Carla Fernanda Barcellos. *Suspensão de segurança na visão dos tribunais superiores*. Belo Horizonte: Fórum, 2009.

VASCONCELLOS, Antonio Vital Ramos de. Aspectos controvertidos da suspensão de segurança. *Repertório IOB de Jurisprudência* 16/93. s/ed., 2. quinzena de agosto de 1993.

VENTURI, Elton. *Suspensão de liminares e sentenças contra o poder público*. São Paulo: Ed. RT, 2005.

VESCOVI, Enrique. *Derecho procesal civil*. Montevideo: Idea, 1974. t. I e II.

VIDIGAL, Luis Eulálio Bueno. *Comentários ao Código de Processo Civil*. São Paulo: Ed. RT, 1974.

_____. *Direito processual civil*. São Paulo: Saraiva, 1965.

VIVALDI, Julio E. Salas. *Los incidentes*. 5. ed. Santiago: Editorial Juridica de Chile, 1982.

VON BULOW, Oskar. *La teoría de las excepciones procesales y los presupuestos procesales*. Buenos Aires, 1964.

WALD, Arnoldo. *Do mandado de segurança na prática judiciária*. Rio de Janeiro: Forense, 1958.

WAMBIER, Teresa Arruda Alvim. *O novo regime do agravo*. São Paulo: Ed. RT, 1996.

_____. *Medida cautelar, mandado de segurança e ato judicial*. 3. ed. São Paulo: Ed. RT, 1994.

_____. Noções gerais sobre o processo civil no Código do Consumidor. *Revista Direito do Consumidor*, n. 10, São Paulo: Ed. RT.

_____. *Nulidades da sentença*. 3. ed. São Paulo: Ed. RT, 1993.

WAMBIER, Teresa Arruda Alvim e Fredie Didier, Eduardo Talamini e Bruno Dantas. *Breves comentários ao Novo Código de Processo Civil*. São Paulo: Ed. RT, 2015.

WATANABE, Kazuo. *Da cognição no processo civil*. São Paulo: Ed. RT, 1987.

YARSHELL, Flávio Luiz. Antecipação de tutela específica nas obrigações de declaração de vontade, no sistema do CPC. In: WAMBIER, Teresa Arruda Alvim (coord.). *Aspectos polêmicos da antecipação da tutela*. São Paulo: Ed. RT, 1997.

_____. *Tutela jurisdicional*. São Paulo: Atlas, 1999.

_____. *Tutela jurisdicional específica nas obrigações de declaração de vontade*. São Paulo: Malheiros, 1993.

_____. *Tutela jurisdicional e tipicidade*. Tese de doutoramento da Universidade de São Paulo – Faculdade de Direito. São Paulo, 1996.

ZANZUCHI, Marco Tullio. *Diritto processuale civile*. 4. ed. Milão, 1947. vol. I.

ANOTAÇÕES